Transformation einer Volkswirtschaft

Zeitgeschichte im Gespräch
Band 31

Herausgegeben vom
Institut für Zeitgeschichte München-Berlin

Redaktion:
Bernhard Gotto, Michael Schwartz,
Sebastian Voigt
in Zusammenarbeit mit Lilli Helmbold

Transformation einer Volkswirtschaft

Neue Forschungen zur Geschichte der Treuhandanstalt

Herausgegeben von
Dierk Hoffmann

METROPOL

Eine Publikation des Instituts für Zeitgeschichte München–Berlin

Leibniz Institute for Contemporary History | Institut für Zeitgeschichte München-Berlin

Weitere Informationen finden Sie unter www.ifz-muenchen.de

Die Veröffentlichung wurde durch den Open-Access-Publikationsfonds für Monografien der Leibniz-Gemeinschaft gefördert.

Umschlagabbildung:
Am 1. 1. 1992 demonstrieren in Berlin vor dem Treuhand-Gebäude in der Leipziger Straße (heute Bundesfinanzministerium) Arbeiter aus dem Stahlwerk Hennigsdorf

ISBN: 978-3-86331-535-1

Ansbacher Straße 70 | D–10777 Berlin
www.metropol-verlag.de

Druck: buchdruckerei.de, Berlin

Inhalt

DIERK HOFFMANN

Einleitung

Mitte Februar 1991 hielt Alexander Koch, Personalvorstand der Treuhandanstalt, einen Vortrag an der Friedrich-Alexander-Universität in Erlangen-Nürnberg. Der frühere Arbeitsdirektor bei Grundig in Fürth, seit Herbst 1990 Mitglied im Vorstand der Treuhandanstalt, nahm kein Blatt vor den Mund: Die Modernisierung der ostdeutschen Wirtschaft sei „zwangsläufig sehr hart". Er verteidigte das bereits beschlossene Aus für die DDR-Renommierbetriebe Pentacon und Interflug. Es sei wohl „unabwendbar, dass die Treuhandanstalt wegen ihrer Entscheidungen für die nächsten Jahre zum Prügelknaben der Nation wird".[1] Bereits zu diesem Zeitpunkt entsprach die kritische Selbstwahrnehmung des Treuhandmanagers weitgehend der Fremdwahrnehmung durch viele Ostdeutsche, deren Arbeitsplätze im Zuge der Transformation von der Plan- zur Marktwirtschaft akut bedroht waren. Wurde die Treuhandanstalt in der friedlichen Revolution 1989 noch als Hoffnungsträger gesehen, so schlug die Stimmung gegenüber der Privatisierungsbehörde ein Jahr später ins Gegenteil um: Die Treuhand mache die Betriebe platt, lautete ein rasch und oft erhobener Vorwurf.[2] Sie orientiere sich nur an der kurzfristigen Rentabilität; Unternehmen würden „mutwillig zerstört".[3] Angesichts der einsetzenden Welle von Betriebsschließungen und damit einhergehender Massenarbeitslosigkeit zog die Presse immer öfter Parallelen zur Weltwirtschaftskrise 1929 in Deutschland. So schrieb beispielsweise die Wirtschaftswoche am 22. März 1991: „Demnächst ist es wieder soweit."[4]

Damit setzte frühzeitig ein Deutungskampf über die Ursachen der Deindustrialisierung in den ostdeutschen Bundesländern und die Rolle der Treuhandanstalt ein, der in den 1990er und 2000er Jahren immer wieder neu aufflackerte und angesichts der Landtagswahlen 2019 in Brandenburg, Sachsen und Thüringen auf einen neuen

Höhepunkt zusteuerte. Das öffentliche Urteil über die Treuhandanstalt ist in Deutschland nach wie vor nahezu einhellig negativ: So wurde die Behörde als „Symbol der Zerschlagung“[5] und als „Traumatisierungsanstalt“[6] bezeichnet. Kritiker haben die Privatisierungspolitik der Treuhandanstalt sogar als „Fortsetzung des Kalten Krieges mit anderen Mitteln“[7] beschrieben. Die Privatisierungsbehörde wurde deshalb zu Recht als „erinnerungskulturelle ‚Bad Bank‘ des Ostens“[8] bezeichnet. Da sich die Privatisierung der volkseigenen Betriebe und ihre Folgen tief ins kollektive Gedächtnis der ostdeutschen Bevölkerung eingebrannt haben, steht die erfahrungsgeschichtliche Dimension auch im Zentrum der öffentlich geführten Debatte über die Transformation von der Plan- zur Marktwirtschaft.[9]

Die Treuhandanstalt stellte für die Marktwirtschaft westdeutscher Prägung ein ordnungspolitisches Novum dar, für das es kein Vorbild gab. In der öffentlichen Debatte tauchten Anfang der 1990er Jahre rasch schillernde Begriffe auf, mit denen die Funktion und Aufgabe dieser einzigartigen Behörde auf den Punkt gebracht werden sollten. So war etwa von einem „Staat im Staate“[10] die Rede. Altbundeskanzler Helmut Schmidt wiederum sah in der Anstalt eine „überaus mächtige, mit großen Kompetenzen und Finanzmitteln ausgestattete Nebenregierung“.[11] Journalisten und Publizisten veröffentlichten zeitgleich zahlreiche Bücher, bei denen sich das Negativurteil schon im Titel niederschlug: „Kolonie im eigenen Land“[12], „Treuhand-Poker“[13], „Der Treuhandskandal“[14], „Die Treuhand und die zweite Enteignung“.[15] Somit überwogen auch bei westdeutschen Akteuren schnell die negativen Deutungen, die Bestandteil des „Überwältigungsnarrativs“ (Andreas Wirsching) sind, das sich in Ost- und Westdeutschland bereits in den 1990er Jahren herausbildete. Noch immer beeinflusst es die gegenwärtigen geschichtspolitischen Debatten stark.

Schon damals begann auch die wissenschaftliche Beschäftigung mit der Einführung der Marktwirtschaft in Ostdeutschland und den damit verbundenen gesellschaftlichen Wandlungsprozessen. Insbesondere Sozialwissenschaftler und Soziologen[16], aber auch Wirtschaftswissenschaftler[17] und Juristen[18] prägten die rasch expandierende Transformationsforschung. Darüber hinaus lieferten Politik- und Verwaltungswissenschaftler wichtige Erkenntnisse über

Funktion und Bedeutung der Treuhandanstalt für das politische System der Berliner Republik.[19] Dagegen entdeckte die Historikerzunft den Untersuchungsgegenstand erst relativ spät – nicht zuletzt wegen der 30-Jahres-Sperrfrist.[20]

Während die Treuhandanstalt als „negativer Erinnerungsort" im kollektiven gesamtdeutschen Bewusstsein stets präsent geblieben ist, sind quellenbasierte Erkenntnisse über die vielschichtigen Dimensionen der Transformation in Ostdeutschland nach wie vor selten. Die kürzlich erfolgte Aktenöffnung – nicht nur der Treuhandanstalt – schuf für die historische Analyse der Transformation von der Plan- zur Marktwirtschaft eine neue Basis. Auf breiter Quellengrundlage können nun erstmals Fragen zur Treuhandanstalt und zur Privatisierung der volkseigenen Betriebe der ehemaligen DDR empirisch fundiert beantwortet werden. Für die derzeit laufenden und zukünftigen Forschungsarbeiten zur Geschichte der Treuhandanstalt gilt es, neben der erfahrungsgeschichtlichen Perspektive das breite Methodenarsenal der Politik-, Kultur-, Wirtschafts- und Sozialgeschichte zu nutzen. Dabei sollte die Treuhandanstalt, die in der öffentlichen Debatte sehr stark isoliert betrachtet wird, in einen größeren Kontext eingebettet werden. Die Behörde und ihre Arbeitsweise sollten also historisiert werden. Dabei geraten verschiedene Ebenen des Transformationsprozesses in den Blick, deren Analyse zum besseren Verständnis der dramatischen Entwicklung in den 1990er Jahren in Ostdeutschland beiträgt. Auf diese Weise konnen empirisch valide Antworten über den historischen Ort der Treuhandanstalt im vereinten Deutschland geliefert werden.

Angesichts neuer, umfangreicher Quellenbestände hat das Institut für Zeitgeschichte München–Berlin am 31. Januar und 1. Februar 2019 den Workshop „Transformation einer Volkswirtschaft. Neue Perspektiven auf die Geschichte der Treuhandanstalt" durchgeführt, auf dem laufende beziehungsweise kürzlich abgeschlossene Forschungsprojekte vorgestellt und diskutiert wurden. Die Ergebnisse werden hiermit der Öffentlichkeit präsentiert.[21] Folgende Leitfragen standen im Mittelpunkt: Welche wirtschaftspolitischen Leitbilder lagen der Privatisierung zugrunde und inwieweit veränderten sich diese unter dem Eindruck der Dynamik des Vereinigungsprozesses? Wie verlief die Privatisierungspraxis und welche

Faktoren waren ausschlaggebend für die Verkaufsverhandlungen? Welche Folgen hatte die Privatisierung für Ost- und Westdeutschland? Wie reagierten etwa die westdeutschen Interessenverbände, die zunächst einmal ihren Einflussbereich auf das Gebiet der ehemaligen DDR ausweiten konnten und teilweise im Verwaltungsrat der Treuhandanstalt saßen? Folgte auf die Transformation im Osten die Kotransformation im Westen?[22] Welche Erwartungshaltungen gab es nach dem Mauerfall am 9. November 1989 und welche Kommunikationsstrategien verfolgten die einzelnen Akteure? Dazu beleuchtete der Workshop vier Themenkomplexe: die Treuhandanstalt im politischen Kräftefeld der Bundesrepublik (I), Wirtschafts- beziehungsweise Privatisierungskonzepte (II), Privatisierungspraxis am Beispiel einzelner Branchen (III) sowie soziale und mentale Folgen der Privatisierungspolitik (IV).

Die Beiträge des Bandes verdeutlichen *erstens*, dass zahlreiche Akteure an der Privatisierung der ostdeutschen Betriebe in unterschiedlichem Maße beteiligt waren. Die Treuhandanstalt agierte nicht im luftleeren Raum, sondern war abhängig von rechtlichen Vorgaben[23], aber auch von anderen politischen Akteuren. Sie war zudem ein Fremdkörper im Verfassungsgefüge der Bundesrepublik: Denn die Politik hatte ihr Aufgaben übertragen, mit denen sie massiv in die Kompetenzen der Länder eingriff[24] – insbesondere bei der Ausgestaltung der Industrie- und Strukturpolitik. Daher waren Konflikte mit den ostdeutschen Landesregierungen beim strukturellen und personellen Auf- und Ausbau der Behörde unter ihrem Präsidenten Detlev Karsten Rohwedder vorprogrammiert. Mitunter wurden sie auch öffentlich ausgetragen.[25] Innerhalb der Bundesregierung reklamierten sowohl der Finanzminister als auch der Wirtschaftsminister die Zuständigkeit für die Treuhandanstalt für sich, wie Andreas Malycha in seinem Beitrag darlegt. Obwohl die strittige Frage mit dem Inkrafttreten des Einigungsvertrages am 3. Oktober 1990 zugunsten des Bundesfinanzministeriums entschieden worden war, plädierte das Bundeswirtschaftsministerium in der Folgezeit für einen Wechsel der Fachaufsicht. Um eine direkte Konfrontation innerhalb der Regierungskoalition zu vermeiden, verzichtete jedoch Wirtschaftsminister Jürgen Möllemann (FDP) im Juli 1991 auf eine nachträgliche Änderung der ministeriellen Zuständigkeiten. Bei dieser Auseinandersetzung sah Möllemann die Zuständigkeit seines Ressorts für die Industrie-, Struktur- und Regionalpolitik durch die Ausweitung der Aufgaben der Treuhandanstalt unmittelbar bedroht. Da die Treuhandanstalt an der Schnittstelle zwischen Staat und Wirtschaft eine Sonderrolle einnahm, blieb das Verhältnis zwischen der Behörde und der Bundesregierung angespannt. Reibungsverluste waren die Folge: Den Vorstoß der Nachfolgerin Rohwedders, Birgit Breuel (CDU), im Mai 1991, im Finanzministerium eine „Clearing-Stelle“ zur Verbesserung der Kommunikation zu schaffen, wies Minister Theo Waigel (CSU) mit dem Argument zurück, eine solche Einrichtung entspreche nicht dem Ressortprinzip.

Die Privatisierung der ostdeutschen Betriebe war nicht die Stunde der Wirtschaftsweisen, sondern der Unternehmensberater. Zahlreiche Ökonomen sahen sich angesichts des zur Jahreswende von 1990 auf 1991 immer deutlicher erkennbaren Zusammenbruchs der Wirtschaft in Ostdeutschland offenbar als Gralshüter der reinen Marktlehre und warnten vor einer Dauersubventionierung maroder Betriebe. Als sich die Treuhandanstalt Anfang 1991 bereits mit arbeitsmarkt- und sozialpolitischen Fragen beschäftigte, um eine Antwort auf die drohende Massenarbeitslosigkeit zu finden, betrachtete der Wissenschaftliche Beirat beim Bundeswirtschaftsministerium noch immer die rasche Privatisierung als die zentrale Voraussetzung für eine nachhaltige Verbesserung der Beschäftigungssituation. Die Tätigkeit der Treuhandanstalt dürfe nicht zu einer „großen Subventionsveranstaltung“[26] werden. Rüdiger Pohl, Lehrstuhlinhaber für Volkswirtschaftslehre an der Fernuniversität Hagen, warnte wiederum vor falschen Weichenstellungen und riet der Politik, „den Abbau unrentabler Arbeitsplätze nicht unnötig zu verzögern“.[27] Unter Ausblendung der Altschulden, die auf den DDR-Betrieben bereits lasteten, glaubte der spätere Präsident des ifo-Instituts Hans-Werner Sinn in der Ausgabe von Anteilsscheinen an die ostdeutsche Bevölkerung den Schlüssel zum Erfolg gefunden zu haben: „Die ostdeutsche Wirtschaft könnte schneller wachsen, und die Angleichung der Lebensverhältnisse in Ost und West ließe sich früher verwirklichen.“[28] Und der Präsident des Instituts für Weltwirtschaft, Horst Siebert, gleichzeitig Mitglied des Sachverständigenrates zur Begutachtung der gesamtwirtschaftlichen Entwicklung, beschwor das Mantra der westdeutschen Währungsreform von 1948 als Startschuss für das sogenannte Wirtschaftswunder[29] und sprach sich in Anlehnung an Joseph Schumpeter für „Anpassungsprozesse der schöpferischen Zerstörung für die alten Betriebe“[30] als Voraussetzung für einen wirtschaftlichen Neuanfang aus.

Marcus Böick betont in seinem Beitrag die Rolle nichtstaatlicher Akteure bei der Transformation der ostdeutschen Wirtschaft. Unmittelbar nach dem Mauerfall kamen westdeutsche Wirtschaftsberater in die noch bestehende DDR, weil ihre betriebswirtschaftliche Expertise dort in zunehmendem Maße nachgefragt wurde. Gleichzeitig profitierten die westlichen Beratungsfirmen vom neoliberalen Zeitgeist, der Anfang der 1980er Jahre auch in die Bonner Republik eingezogen war. Das bevorstehende Ende des Staatssozialismus in der DDR, aber auch in Osteuropa bot den international agierenden Unternehmensberatungen die Chance, sich ein neues riesiges Betätigungsfeld zu erschließen. Die Berater waren somit „Transfereliten“, die unter den radikal veränderten Rahmenbedingungen das entstandene wirtschaftspolitische Vakuum mit ihren Konzepten und Ideen besetzten. Außerdem steigerte das Engagement der Berater in Ostdeutschland, deren Gesamtzahl 1991 und 1992 im niedrigen vierstelligen Bereich lag, die Bedeutung der Beratungsbranche im vereinten Deutschland langfristig erheblich.

Der Mauerfall am 9. November 1989 läutete das Ende der SED-Herrschaft ein. Damit erodierte auch die DDR-Staatlichkeit, wie sich schon wenige Wochen danach bei der Einrichtung der Runden Tische auf zentraler, regionaler und lokaler Ebene offen zeigte. Das Ende der zentralen Wirtschaftsverwaltung folgte nur kurze Zeit später: Am 18. Januar 1990 wurde aus der Staatlichen Plankommission das Wirtschaftskomitee.[31] Es wurde nach der freien Volkskammerwahl am 18. März 1990 formell aufgelöst und teilweise in das noch in der kurzen Regierungszeit von Ministerpräsident Hans Modrow gebildete Ministerium für Wirtschaft überführt. Die neuen Institutionen hatten jedoch nur eine kurze Halbwertzeit und entfalteten keine Durchschlagskraft. Die letzte SED-Regierung unter Hans Modrow hatte kaum noch Einfluss auf die wirtschaftliche Entwicklung in der DDR.[32] In dieses Vakuum stießen nicht nur westdeutsche Wirtschaftsberater, sondern auch westdeutsche Interessenverbände.

Jann Müller untersucht in seinem Beitrag die Rolle der Wirtschaftsverbände in Ostdeutschland. Während sich erste Industrie- und Handelskammern auf Initiative ostdeutscher Kleinunternehmer bereits Anfang 1990 bildeten, erfolgte die Gründung von Arbeitgeberverbänden erst später von oben, teilweise in Form einer „Ostausdehnung bestehender westdeutscher Branchenverbände". Innerhalb kurzer Zeit gelang es zwar, die ostdeutsche Wirtschaft in die bestehenden Organisationsstrukturen zu integrieren. Im Zuge der Wirtschaftskrise in Ostdeutschland gerieten die Unternehmerorganisationen aber unter den Erwartungsdruck ihrer ostdeutschen Mitglieder. Damit tauchten für die Verbandsführungen Probleme auf, deren Ursprünge in die 1980er Jahre zurückreichten und zu denen insbesondere rückläufige Mitgliederzahlen und Klagen über „Verbandsmüdigkeit" zählten.

Die Beiträge des Bandes unterstreichen *zweitens*, dass weder auf ostdeutscher noch auf westdeutscher Seite ein Masterplan zur Transformation der Wirtschaft in Ostdeutschland vorhanden war. Der Mauerfall und das Ende des SED-Regimes lösten vielmehr eine in der DDR erstmals öffentlich geführte Debatte über unterschiedliche Ordnungsmodelle aus. Das galt auch für die Sphäre der Wirtschaft. Dabei zeigten sich jedoch unauflösbare Widersprüche: Das Gesetz zur Privatisierung und Reorganisation des volkseigenen Vermögens – kurz Treuhandgesetz – vom 17. Juni 1990, das die frei gewählte Volkskammer kurz zuvor beschlossen hatte, legte allgemein fest: „Das volkseigene Vermögen ist zu privatisieren."[33] Die Einnahmen der Treuhandanstalt sollten vorrangig für die Strukturanpassung der Unternehmen verwendet werden.[34] Nach einer Bestandsaufnahme sei „nach Möglichkeit vorgesehen, dass den Sparern zu einem späteren Zeitpunkt [...] ein verbrieftes Anteilsrecht am volkseigenen Vermögen eingeräumt werden kann".[35] Die Gründungsurkunde der Treuhandanstalt beinhaltete somit ein Spannungsverhältnis zwischen Privatisierung einerseits und Ausgabe von Anteilsscheinen an die ostdeutsche Bevölkerung andererseits, das bis heute die öffentliche Debatte über vermeintliche Alternativen zum Privatisierungskurs der Treuhandanstalt immer wieder aufs Neue befeuert.

Auch auf westdeutscher Seite bestand keine einheitliche Meinung darüber, wie der Übergang von der Plan- zur Marktwirtschaft zu bewerkstelligen sei. Dabei hatte es zwar in den 1950er und 1960er Jahren einzelne Denkschriften zu diesem Thema gegeben, die aber rasch in den Schubladen verschwunden waren.[36] Ob die Auflösung des Forschungsbeirats für Fragen der Wiedervereinigung 1975 dazu führte, dass die Bundesrepublik auf die Herausforderung der Vereinigung 1989/90 nicht vorbereitet war, darf angesichts der Tatsache, dass es in Westdeutschland durchaus noch andere kritische Wirtschaftsexpertisen gab, bezweifelt werden.[37] Fest steht, dass die Bundesregierung bei der Formulierung ihrer wirtschaftspolitischen Leitbilder offiziell an den Mythos von Ludwig Erhard anzuknüpfen versuchte. Insbesondere im Bundeskanzleramt diente die Rolle des ersten Bundeswirtschaftsministers bei der Währungsreform 1948 immer wieder als Referenzgröße.[38] Dagegen dürfte die Arbeit der Beamten im Bundeswirtschafts- und Bundesfinanzministerium sehr viel stärker von der langjährigen Beschäftigung mit dem industriellen Bundesvermögen (VEBA, VIAG, Volkswagen) geprägt gewesen sein.[39] Daher muss bei der Untersuchung der wirtschaftspolitischen Leitbilder, die der Privatisierung in Ostdeutschland zugrunde lagen, zwischen verschiedenen Akteuren und Ebenen unterschieden werden.

Die wirtschaftspolitischen Leitbilder in Westdeutschland müssen auch vor dem Hintergrund der Debatten der 1980er Jahre in der Bonner Republik gesehen werden. Die Regierungskoalition von CDU/CSU und FDP unter Bundeskanzler Helmut Kohl (CDU) hatte von Anfang an als eines ihrer zentralen Ziele formuliert, die Wirtschaft zu modernisieren und damit deren Leistungsfähigkeit zu steigern. Der rhetorisch oft proklamierten Trias – Entfesselung der Marktkräfte, Rückzug des Staates und Förderung der „Leistungskraft" – sah sich die schwarz-gelbe Bundesregierung als wirtschaftspolitisches Leitbild verpflichtet. Deregulierung, Entstaatlichung[40], Privatisierung beziehungsweise Vermarktlichung[41] (als Delegierung vormals öffentlicher Aufgaben und Güter an Märkte) standen weit oben auf der politischen Agenda. Gleichzeitig setzte sich Kohl im CDU-Bundesvorstand ganz dezidiert vom neoliberalen Wirtschaftskurs Ronald Reagans und Margaret Thatchers ab.[42] Der Ruf nach einem Rückzug des Staates hatte im Übrigen auch langfristige Folgen für das westdeutsche System sozialer Sicherheit: So wurden private

Arbeitsvermittler zugelassen, die private Eigenvorsorge gestärkt sowie die Schutzbestimmungen des Arbeitsrechts gelockert.[43] Außerdem sollten durch Einschnitte im sozialen Netz die Staatsfinanzen wieder in Ordnung gebracht und die Arbeitskosten gesenkt werden. Im Einzelfall gestalteten sich die entsprechenden Vorhaben jedoch äußerst schwierig, wie etwa die Reform des Ladenschlussgesetzes zeigt.[44]

Die Privatisierung der ostdeutschen Betriebe durch die Treuhandanstalt muss schließlich auch im Kontext des weltweiten Strukturwandels gesehen werden, der sich Anfang der 1970er Jahre verstärkte[45], Anfang der 1990er Jahre nochmals beschleunigte und auch den Verkauf der volkseigenen Betriebe in Ostdeutschland beeinflusste. Dabei zeichneten sich vor allem die Grenzen nationaler Wirtschaftspolitiken immer mehr ab. So wurden der ost- und der westdeutsche Außenhandel von einer zunehmenden Europäisierung und Globalisierung geprägt.[46] Die Europäische Gemeinschaft beziehungsweise ab 1993 die Europäische Union nahm insofern eine bedeutende Rolle ein, als sie etwa bei der Festlegung von Absatzkontingenten oder von Subventionszahlungen ein gewichtiges Wort mitredete und die Rolle eines Vetospielers einnehmen konnte. Das wiederum wirkte sich auf die Privatisierung von Stahlindustrie und Werft-, aber auch der Chemischen Industrie in Ostdeutschland aus.[47] Kurzum: Die ostdeutschen Betriebe mussten innerhalb kürzester Zeit durch Privatisierung für den Weltmarkt wettbewerbsfähig gemacht werden.

Doch zunächst stand auf westdeutscher Seite Anfang 1990 nur eine Währungsunion zwischen den beiden deutschen Staaten im Vordergrund der Überlegungen, wie Katja Fuder in ihrem Beitrag betont. Erst kurz vor der Verabschiedung des Vertrags über die Wirtschafts-, Währungs- und Sozialunion rückte die Frage zur Zukunft des volkseigenen Vermögens in der DDR in den Mittelpunkt. Dabei spielte die Rentabilität der ostdeutschen Betriebe rasch eine zentrale Rolle. Erste Untersuchungen, die noch von der Regierung Lothar de Maizière (CDU) in Auftrag gegeben worden waren, lieferten ernüchternde Ergebnisse: Nach Auswertung von 2600 Betrieben lag die Rate der als konkursgefährdet eingestuften Betriebe im Juni 1990 bei 39 Prozent.[48] Da das Bundeswirtschaftsministerium auf dieser

Grundlage – so Fuder – mit steigenden Verlustzahlen rechnete, wurde eine „zügige Privatisierung zur Erzielung schnell verfügbarer Erlöse für umso dringlicher gehalten". Die Altschuldenproblematik schien daher eine möglichst rasche Privatisierung der volkseigenen Betriebe zu erfordern. Nur so glaubte man in Bonn, die Verluste der Betriebe auffangen zu können, die von einem Konkurs unmittelbar bedroht waren. Die Grundannahmen der Bundesregierung waren jedoch illusorisch, denn die Lücke zwischen erwarteten Privatisierungserlösen und tatsächlichem Mittelbedarf wurde unterschätzt. Nach der Währungsumstellung betrug die Summe sämtlicher Altschulden etwa 120 Milliarden DM, mehr als ein Vierfaches der offiziellen DDR-Schulden. Unter diesen Umständen war an eine Vermögensverteilung an die DDR-Bevölkerung nicht mehr zu denken, zumal die Bundesregierung einen generellen Schuldenschnitt ablehnte.

Max Trecker diskutiert Alternativen zur Privatisierungspolitik der Treuhandanstalt. Im Mittelpunkt seines Beitrags steht die Mittelstandspolitik. Bundesregierung und Treuhandanstalt ließen sich 1990 von einem „Propagandamythos" der SED täuschen: Obwohl in der DDR mit der Verstaatlichungskampagne von 1972 große Teile des verbliebenen Mittelstands endgültig verschwunden waren, gab es 1990 keine Stunde Null. Trecker sieht sowohl personelle als auch ökonomische Kontinuitäten: Zum einen wurde ein Großteil der ehemaligen Eigentümer nach der Verstaatlichung von 1972 als Geschäftsführer eingesetzt. Zum anderen gab es auch weiterhin Handwerksbetriebe in privater Hand, die im SED-Konsumsozialismus der 1980er Jahre aufgewertet wurden. Diese „Privatunternehmen" spielten jedoch 1990 bei den Privatisierungsplänen der Bundesregierung und der Treuhandanstalt keine große Rolle. Der Fokus der Mittelstandspolitik lag vielmehr auf den 1972 verstaatlichten Betrieben; deren Restitution zog sich aufgrund der komplizierten Eigentumsfrage über mehrere Jahre hin und habe sich als schwere Hypothek auf dem Weg zur Revitalisierung des industriellen Mittelstands in Ostdeutschland erwiesen. In diesen Fällen hätte möglichweise eine schnelle Privatisierung die größten Überlebenschancen für die Betriebe geboten.

Die Beiträge des Bandes zeigen *drittens*, dass die Privatisierung bei den einzelnen Betrieben höchst unterschiedlich verlief, von mehreren Faktoren abhing und sich bis Ende der 1990er Jahre erstrecken konnte. Dabei nahm die Treuhandanstalt mitunter die Rolle einer Vermittlungsinstanz ein, auf deren Entscheidungen Unternehmen und potenzielle Käufer Einfluss zu nehmen suchten. In der Frühphase litten die Entscheidungspraktiken der Behörde unter einem Mangel an Zeit und fachlicher Expertise. Außerdem musste die Treuhandzentrale auf die öffentliche Meinung reagieren. Bei zukünftigen Forschungen wird es darum gehen, verschiedene Idealtypen herauszuarbeiten: Dabei müssten beispielsweise die Betriebsgröße, der Zeitpunkt der Privatisierung, die Markt- und Ertragslage und das Produktsortiment des Unternehmens, die potenziellen Kaufinteressenten, aber auch der politische Handlungsrahmen vor Ort Berücksichtigung finden. Für den vorliegenden Band wurden – auch aufgrund der guten Quellenüberlieferung – nur größere Unternehmen ausgesucht, die weitgehend im Zuständigkeitsbereich der Treuhandzentrale in Berlin lagen und deshalb nur einen Teil der Privatisierungsfälle abdecken. Es bleibt ein Desiderat der Forschung, die Privatisierungspolitik der 15 Treuhandniederlassungen systematisch zu untersuchen, die grundsätzlich für die Betriebe mit bis zu 1500 Beschäftigten zuständig waren.[49]

Eva Schäffler untersucht in ihrem Beitrag die Übernahme des Pressenbauers Umformtechnik Erfurt (UTE) durch den tschechischen Großkonzern Škoda Plzeň – einen der wenigen Fälle, in denen ein ausländischer Investor den Zuschlag erhielt. Die Privatisierung der UTE, die Anfang der 1990er Jahre mit erheblichen Absatzschwierigkeiten zu kämpfen hatte, erwies sich demnach als ein langwieriger Prozess, bei dem mehrere Kaufinteressenten eine Rolle spielten. Zunächst versuchte die Treuhandanstalt, Investoren aus dem Ausland zu gewinnen. Nachdem die ersten Gespräche ergebnislos abgebrochen werden mussten, kristallisierte sich Škoda Anfang 1994 als einzig verbliebener Investor heraus. Ein erster Übernahmevertrag wurde bereits wenige Wochen später abgeschlossen, obwohl die Finanzierungszusagen der beteiligten Banken aufgrund der unkalkulierbaren Risiken noch nicht vorlagen. Die Verhandlungen über das Finanzierungskonzept gefährdeten den Vertragsabschluss und setzten die Treuhandanstalt unter Zugzwang, denn diese wollte die Privatisierung bis Ende 1994 abschließen. Da Škoda jedoch die vertraglichen Zusagen nicht einhalten konnte und in der Folgezeit selber in eine wirtschaftliche Schieflage geriet, wurde die Privatisierung in der Öffentlichkeit als Misserfolg gewertet. Erst durch die Übernahme der UTE durch einen westdeutschen beziehungsweise österreichischen Kaufinteressenten in den 2000er Jahren konnte schließlich die Zukunft des Unternehmens gesichert werden.

Bei der Privatisierung der ostdeutschen Pharmaindustrie unterscheidet Rainer Karlsch in seinem Beitrag zwei Phasen: Bis zum Frühjahr 1991 setzte die Treuhandanstalt auf den schnellstmöglichen Verkauf an große westdeutsche Unternehmen, da die Behörde noch nicht über die Strukturen und das Personal verfügte, um wettbewerbskonforme Ausschreibungen zu gewährleisten. Dabei war weniger der Verkaufserlös ausschlaggebend als vielmehr die rasche Integration der ostdeutschen Standorte in die Strukturen der westdeutschen Unternehmen. Ab Sommer 1991 gelang es dann der Treuhandanstalt, die Ausschreibungs- und Verkaufspraxis zu professionalisieren. Insgesamt wurden in keinem anderen Bereich der Chemiebranche ähnlich hohe Erlöse erzielt wie im Pharmabereich. Der Zeitpunkt der Privatisierung war mitentscheidend für den langfristigen Erfolg: Während es in der Frühphase zur Abwicklung der Pharma Neubrandenburg GmbH kam, was in erster Linie aber auch mit den hohen Entschuldungs- und Modernisierungskosten zusammenhing, wertet Karlsch den Verkauf der drei großen ostdeutschen Pharmahersteller als Erfolg der Treuhandanstalt.

Am Beispiel der beiden Carl-Zeiss-Stiftungen und -Unternehmen in Oberkochen beziehungsweise Heidenheim und Jena unterstreicht André Steiner in diesem Band die Bedeutung von gewachsenen Unternehmens- und Markenkernen im Privatisierungsprozess. Bei Carl Zeiss Jena handelte es sich zudem um ein Vorzeigeunternehmen der ostdeutschen Wirtschaft mit nationaler und internationaler Strahlkraft, das schon aus Prestigegründen nicht untergehen durfte. Die Gespräche über die Vereinigung der beiden Stiftungen wurden zunächst dadurch erschwert, dass einerseits die Rechtspositionen beider Seiten zu wahren waren, andererseits ein Weg zur Schaffung einer Stiftung gefunden werden musste. Insbesondere die bestehende Rechtsunsicherheit über die Namens- und Warenzeichenrechte, die auch schon vor 1989 und 1990 nicht hatte beseitigt werden können, erhöhte letztlich den Druck, sodass eine Einigung zwischen den Unternehmen beziehungsweise Stiftungen, den beiden Sitzländern Thüringen und Baden-Württemberg und der Treuhandanstalt zustande kam. Steiner wertet die Vereinigung der beiden Stiftungen als Erfolg und bescheinigt der Treuhandanstalt, eine konstruktive Rolle gespielt zu haben. Der damit verbundene Verlust von Arbeitsplätzen beim „überdimensionierten Zeiss-Kombinat“ war in erster Linie Folge und Teil des weltweiten Strukturwandels.

Bei der Privatisierung der Stahlwerke Hennigsdorf und Brandenburg stieß die Entscheidung der Treuhandanstalt auf Kritik der unterlegenen inländischen Bewerber und der Öffentlichkeit, denn der Zuschlag ging an die italienische Riva-Gruppe, wie Wolf-Rüdiger Knoll in seinem Beitrag darlegt. Vertreter der westdeutschen Stahlriesen solidarisierten sich mit der ostdeutschen Belegschaft, um Druck auf die Entscheidung der Treuhandanstalt auszuüben. Die Gewerkschaften und die brandenburgische Landesregierung beschuldigten die Behörde zeitweise sogar, ihr Votum für einen ausländischen Investor über das Wohl der Stahlwerker zu stellen. Knoll gelangt zu dem Schluss, dass sich die Treuhandanstalt bei ihrer Entscheidung aber nicht nur an den eingereichten Angeboten und den darin fixierten Arbeitsplatz- und Investitionszusagen orientierte. Die Behörde wollte offenbar auch dem Vorwurf begegnen, es gebe bei der Privatisierung der ostdeutschen Wirtschaft keine Chancengleichheit zwischen in- und ausländischen Anbietern. Bundesregierung und Treuhandanstalt wollten die Entscheidung für die Riva-Gruppe demzufolge als Signal an europäische Investoren verstanden wissen. Schließlich misstraute die Treuhandanstalt den westdeutschen Stahlunternehmen, die sich etwa bei der Übernahme des Kaltwalzwerkes in Oranienburg nicht an die Vertragsbestimmungen gehalten hatten. Doch auch die Treuhandanstalt musste sich Kritik gefallen lassen, da sie die Verkaufsgespräche durch die nachträgliche Präzisierung der Ausschreibungskriterien unnötig belastete.

Aus volkswirtschaftlicher Perspektive beschäftigt sich Gerhard Heimpold in seinem Beitrag mit dem Konzept der sogenannten industriellen Kerne. Es wurde zwar erst 1992 offizieller Bestandteil der Wirtschaftspolitik der Bundesregierung in Ostdeutschland, seine

Ursprünge reichten aber bis zum Kanzlerversprechen für den Erhalt des Chemiestandortes im Frühjahr 1991 zurück. Da sich die konjunkturelle Lage und das Investitionsklima in Ostdeutschland zum Jahreswechsel von 1990 auf 1991 zunehmend verschlechtert hatten, fiel in Bonn die politische Entscheidung, größere Betriebe, die als sanierungsfähig galten und die über eine regionale Leuchtturmfunktion verfügten, vor einer Privatisierung umfassend zu sanieren. Anhand von fünf Fallbeispielen skizziert Heimpold die langfristige Umstrukturierung und teilweise langwierige Privatisierung von ehemaligen volkseigenen Betrieben, die als industrielle „Kristallisationszentren" identifiziert worden waren. Auch wenn die für die Analyse ausgesuchten Betriebe erhalten werden konnten, gab es einen massiven Arbeitskräfteabbau. Die Sanierung und Privatisierung waren „ohne umfangreiche finanzielle Mittel der öffentlichen Hand" nicht möglich. Angesichts des derzeitigen globalen Strukturwandels (Digitalisierung) stehen auch die ostdeutschen Industriebetriebe aktuell vor den nächsten großen Herausforderungen.

Die Beiträge des Bandes befassen sich *viertens* mit den sozialen und mentalen Folgen des Transformationsprozesses in Ostdeutschland. Erste Proteste, die in den DDR-Betrieben bereits vor dem Mauerfall begannen und anfangs mit der Kritik an den Mängeln der Planwirtschaft und mit dem zunehmenden Autoritätsverfall der Betriebsleiter zusammenhingen, weiteten sich rasch aus und schlossen schon bald wirtschaftliche Zukunftsängste mit ein. Zwischen August 1989 und April 1990 registrierte die vom DDR-Innenministerium geführte Statistik insgesamt 206 Streiks und 12 Betriebsbesetzungen.[50] Am Beispiel des Automobilwerks Eisenach untersucht Jessica Elsner in diesem Band den Wandel der betrieblichen Arbeitswelt zwischen 1989 und 1991. Kurz nach dem Mauerfall sprach die Belegschaft in Diskussionsforen Missstände im Betrieb offen an und forderte konkrete Verbesserungen. Dabei ging es auch um die bisherige Praxis der Vergabe von Ferienplätzen und Kuren, aber auch um die Pkw-Verteilung. Die Aufbruchstimmung verflog jedoch schnell, als die Betriebsleitung auf einer großen Betriebsversammlung am 4. Juli 1990 Pläne zum Stellenabbau präsentierte. Die Entlassungen betrafen zunächst die ausländischen und älteren Beschäftigten sowie Frauen. Nachdem die Treuhandanstalt die Abwicklung des Automobilwerks Eisenach aufgrund schlechter Bilanzzahlen angekündigt hatte, kam es zum Massenprotest: Anfang 1991 blockierten rund 1000 Fahrzeuge öffentlichkeitswirksam die Autobahn A4 bei Eisenach. Nach Einschätzung Elsners konnte das Ende der Produktion zumindest um einige Wochen hinausgeschoben werden. Obwohl die Liquidation des Unternehmens eingeleitet worden war, profitierten viele Beschäftigte langfristig von der Ansiedlung neuer Firmen.

Auf den Strukturwandel, der nahezu parallel zum Privatisierungsprozess stattfand und der mit Massenarbeitslosigkeit verbunden war, reagierte der westdeutsche Wohlfahrtsstaat mit dem ihm zur Verfügung stehenden arbeitsmarkt- und sozialpolitischen Instrumentarium.[51] Die damit verbundenen Transferzahlungen von West nach Ost werden insgesamt auf ca. 2 Billionen Euro geschätzt.[52] Das alles konnte aber nicht verhindern, dass sich vor allem in ländlichen Regionen frühzeitig das Gefühl ausbreitete, nicht vom „Aufschwung Ost“ zu profitieren. Anfang 1991 setzte sich in der Presse immer mehr das Narrativ von den abgehängten Regionen in Ostdeutschland durch, die offenbar Parallelen zum verarmten Süden Italiens aufwiesen, wie Dierk Hoffmann in seinem Beitrag erläutert. Auf dem gesamtdeutschen Arbeitsmarkt setzten allerdings die Strukturveränderungen schon vor der Wirtschafts-, Währungs- und Sozialunion ein; vom Arbeitsplatzverlust waren als Erste Frauen, ältere Berufstätige und Ausländer unmittelbar betroffen. Auf die sozioökonomische Transformation reagierte die sächsische Landesregierung unter anderem mit einer Imagepolitik, die drei Ziele verfolgte: Erstens ging es Ministerpräsident Kurt Biedenkopf (CDU) darum, in der Bevölkerung Vertrauen zu gewinnen. Deshalb grenzte er sich von der Treuhandanstalt öffentlich ab und verlangte, an der Privatisierung sächsischer Betriebe beteiligt zu werden. Zweitens sollte die Stellung Sachsens gegenüber dem Bund gestärkt werden, um eine gute Ausgangsposition für die bevorstehende Auseinandersetzung über die Lastenverteilung der deutschen Einheit zu erzielen. Drittens verband Biedenkopf damit einen alternativen Privatisierungskurs, denn er versuchte, finanzstarke in- und ausländische Investoren für die Sanierung sächsischer Treuhandbetriebe zu gewinnen.

Als die Privatisierung der volkseigenen Betriebe Mitte der 1990er Jahre weitgehend abgeschlossen war, sah die Schlussbilanz in den ostdeutschen Bundesländern niederschmetternd aus: Von den ca. 12 000 Treuhandunternehmen waren rund 30 Prozent liquidiert worden; von den ursprünglich vier Millionen Industriearbeitsplätzen blieb nur etwas mehr als ein Drittel übrig. Die kollektive Erfahrung von Massenarbeitslosigkeit schuf nicht nur neue soziale Ungleichheiten, sondern prägte auch die politischen und mentalen Einstellungen vieler Menschen in den ostdeutschen Bundesländern nachhaltig. Mit den Betriebsschließungen gingen nicht nur sicher geglaubte Arbeitsplätze verloren. Es verschwand auch die betriebszentrierte „sozialistische Arbeitswelt“, die für die Bevölkerung bis zum Mauerfall 1989 eine Rundumversorgung von den Kitas und Ferienheimen bis hin zu Feierabendheimen und Kulturhäusern bereitgehalten hatte. Deshalb war der Übergang von der Plan- zur Marktwirtschaft für viele Ostdeutsche mit kumulativen Verlusterfahrungen verbunden.

Abschließend gilt es zunächst einmal, allen Autoren für ihre Beiträge zu danken. Wichtige Anregungen lieferten während des Workshops die Kommentatoren Prof. Dr. Thomas Großbölting, Prof. Dr. Dagmara Jajeśniak-Quast, Prof. Dr. Hélène Miard-Delacroix, PD Dr. Michael C. Schneider und Prof. Dr. Wolfgang Seibel. Die Finanzierung des Workshops und der Drucklegung übernahm das Institut für Zeitgeschichte München–Berlin. Dafür ist dem Direktor, Herrn Prof. Dr. Andreas Wirsching, und der Verwaltungsleiterin, Frau Christine Ginzkey, ganz herzlich zu danken. Die Drucklegung betreute in gewohnt zuverlässiger Weise Herr Dr. Sebastian Voigt. Bei der Fertigstellung des Manuskriptes waren Frau Dr. Beata Lakeberg, Herr Paul Sprute und Frau Lilli Helmbold behilflich. Gedankt sei der gesamten ZiG-Redaktion, neben Dr. Sebastian Voigt auch Prof. Dr. Michael Schwartz und PD Dr. Bernhard Gotto, dem zuständigen Lektor im IfZ, Herrn Günther Opitz M. A., und dem Metropol Verlag. Alle Genannten haben zum raschen Erscheinen dieses Bandes beigetragen.

Anmerkungen

1 Zitate in: Für die nächsten Jahre ein Prügelknabe der Nation, in: Nürnberger Nachrichten, 18. 2. 1991.
2 Vgl. Ein „Tornado der Kritik“ fegt über die Treuhand, in: Süddeutsche Zeitung, 2. 3. 1991.
3 Eine faire Chance wird nicht gewährt, in: taz, die tageszeitug, 28. 2. 1991.
4 Rabatten hacken, in: Wirtschaftswoche, 22. 3. 1991.
5 Symbol der Zerschlagung, in: Frankfurter Allgemeine Zeitung, 22. 5. 2018.
6 Traumatisierungsanstalt Treuhand, in: taz, 30. 11. 2017.
7 Dietmar Bartsch, Die Treuhandwunde heilen, in: Frankfurter Allgemeine Zeitung, 5. 6. 2019.
8 Constantin Goschler/Marcus Böick, Wahrnehmung und Bewertung der Arbeit der Treuhandanstalt (Studie im Auftrag des Bundesministeriums für Wirtschaft und Energie), Bochum 2017, S. 10, https://www.bmwi.de/Redaktion/DE/Publikationen/Studien/wahrnehmung-bewertung-der-arbeit-der-treuhandanstalt-lang.html [26. 3. 2020].
9 Vgl. Petra Köpping, Integriert doch erst mal uns! Eine Streitschrift für den Osten, Berlin 2018. Die Rosa-Luxemburg-Stiftung eröffnete am 20. 8. 2019 in Erfurt eine Wanderausstellung mit 25 Einzelbiografien. Zur Ausstellung erschien auch ein Begleitband. Vgl. Rosa-Luxemburg-Stiftung (Hrsg.), Schicksal Treuhand – Treuhand-Schicksale, Juli 2019, https://www.rosalux.de/fileadmin/rls_uploads/pdfs/sonst_publikationen/Begleitbuch_Treuhand.pdf [26. 3. 2020].
10 Irrwege im Niemandsland, in: Der Spiegel, 4. 3. 1991.
11 Helmut Schmidt, Handeln für Deutschland. Wege aus der Krise. Berlin 1993, S. 32.
12 Peter Christ/Ralf Neubauer, Kolonie im eigenen Land. Die Treuhand, Bonn und die Wirtschaftskatastrophe der fünf neuen Länder, Berlin 1991.
13 Martin Flug, Treuhand-Poker. Die Mechanismen des Ausverkaufs, Berlin 1992.
14 Heinz Suhr, Der Treuhandskandal. Wie Ostdeutschland geschlachtet wurde, Frankfurt a. M. 1991.
15 Rüdiger Liedtke (Hrsg.), Die Treuhand und die zweite Enteignung der Ostdeutschen, München 1993.
16 Vgl. hierzu (ohne Anspruch auf Vollständigkeit): Hans Joas/Martin Kohli (Hrsg.), Der Zusammenbruch der DDR. Soziologische Analysen, Frankfurt a. M. 1993; Transformationsprozesse. Schriftenreihe der Kommission für die Erforschung des sozialen und politischen Wandels in den neuen Bundesländern e. V. (KSPW), 25 Bde., Opladen 1994–1998; Hans Bertram/Raj Kollmorgen (Hrsg.), Die Transformation Ostdeutschlands. Berichte zum sozialen und politischen Wandel in den neuen Bundesländern, Opladen 2001; Heinrich Best/Everhard Holtmann (Hrsg.), Aufbruch der entsicherten Gesellschaft. Deutschland nach der Wiedervereinigung, Frankfurt a. M. 2012.

17 Vgl. Gerlinde Sinn/Hans-Werner Sinn, Kaltstart. Volkswirtschaftliche Aspekte der deutschen Vereinigung, Tübingen 1991.
18 Vgl. Michael Kloepfer/Jobst-Friedrich von Unger (Mitarb.), Öffentlich-rechtliche Vorgaben für die Treuhandanstalt, in: Wolfram Fischer/Herbert Hax/Hans Karl Schneider (Hrsg.), Treuhandanstalt. Das Unmögliche wagen, Berlin 1993, S. 41–84; Harm Peter Westermann, Der rechtliche Rahmen und seine Veränderung, in: ebd., S. 85–110.
19 Vgl. Wolfgang Seibel, Verwaltete Illusionen. Die Privatisierung der DDR-Wirtschaft durch die Treuhandanstalt und ihre Nachfolger 1990–2000, Frankfurt a. M. 2005.
20 Vgl. Marcus Böick, Die Treuhand, Idee – Praxis – Erfahrung 1990–1994, Göttingen 2018.
21 Das Institut für Zeitgeschichte München–Berlin führte gemeinsam mit dem Leibniz-Institut für Ost- und Südosteuropaforschung Regensburg am 7. und 8. 3. 2019 einen weiteren Workshop durch („Transformation als Erfahrungsraum. Transnationale Perspektiven“), dessen Ergebnisse ebenfalls publiziert werden.
22 Vgl. Philipp Ther, Die neue Ordnung auf dem alten Kontinent. Eine Geschichte des neoliberalen Europa, Berlin 2016.
23 Die einzelnen Rechtsbestimmungen (u. a. Treuhandgesetz, Hemmnisbeseitigungsgesetz, Vermögensrechtsänderungsgesetz, Spaltungsgesetz, Investitionsvorranggesetz, D-Markbilanzgesetz, Kreditaufnahmegesetz) sind abgedruckt in: Treuhandanstalt (Hrsg.), Dokumentation 1990–1994, Bd. 1, Berlin 1994.
24 Vgl. Seibel, Verwaltete Illusionen, S. 116.
25 Vgl. den Beitrag von Dierk Hoffmann in diesem Band.
26 Parlamentsarchiv des Deutschen Bundestags (PA), Bestand 3107, Finanzausschuss, 12. Wahlperiode, Drucksache 15, Gutachten des Wissenschaftlichen Beirats beim Bundeswirtschaftsministerium vom 16. 2. 1991, S. 7.
27 Die Politik sollte den Abbau unrentabler Arbeitsplätze nicht unnötig verzögern, in: Handelsblatt, 25. 1. 1991.
28 Verteilen statt verkaufen, in: Wirtschaftswoche, 25. 1. 1991. Das Beteiligungsmodell baute Sinn in seinen Publikationen noch weiter aus. Vgl. Sinn/Sinn, Kaltstart, S. 110–121.
29 Aus vollem Rohr, in: Wirtschaftswoche, 22. 3. 1991.
30 Aufschwung nur bei klaren Eigentumsrechten, in: Handelsblatt, 6. 3. 1991.
31 Vgl. Andreas Malycha, Die Staatliche Plankommission (SPK) und ihre Vorläufer 1945 bis 1990, in: Dierk Hoffmann (Hrsg.), Die zentrale Wirtschaftsverwaltung in der SBZ/DDR. Akteure, Strukturen, Verwaltungspraxis, Berlin 2016, S. 17–132, hier S. 129–131.
32 Vgl. André Steiner, Die DDR-Volkswirtschaft am Ende, in: Klaus-Dietmar Henke (Hrsg.), Revolution und Vereinigung 1989/90. Als in Deutschland die Realität die Phantasie überholte, München 2009, S. 113–129, hier S. 119.
33 Gesetzblatt der DDR 1990, Teil I, Nr. 33, S. 300–303, hier S. 300 (§ 1, Abs. 1).
34 Ebd., S. 301 (§ 5, Abs. 1).

35 Ebd. (§ 5, Abs. 2).
36 Vgl. Böick, Die Treuhand, S. 105–115.
37 So Roland Wöller, Der Forschungsbeirat für Fragen der Wiedervereinigung Deutschlands 1952–1975. Zur politischen und wissenschaftlichen Diskussion der wirtschaftlichen Wiedervereinigung, Düsseldorf 2004, S. 295.
38 Vgl. Vorlage des Regierungsdirektors Mertes an Bundeskanzler Kohl am 2. 2. 1990, in: Hanns Jürgen Küsters/Daniel Hofmann (Bearb.), Dokumente zur Deutschlandpolitik. Deutsche Einheit. Sonderedition aus den Akten des Bundeskanzleramtes 1989/90, München 1998, S. 749 f.; Vermerk des Regierungsdirektors Nehring vom 6. 2. 1990, in: ebd., S. 761.
39 Vgl. Katja Fuder, Der Staat als Unternehmer. Das industrielle Bundesvermögen seit 1945, in: Frank Schorkopf u. a. (Hrsg.), Gestaltung der Freiheit. Regulierung von Wirtschaft zwischen historischer Prägung und Normierung, Tübingen 2013, S. 175–196.
40 Vgl. Thomas Handschuhmacher, Eine „neoliberale“ Verheißung. Das politische Projekt der „Entstaatlichung“ in der Bundesrepublik der 1970er und 1980er Jahre, in: Frank Bösch/Thomas Hertfelder/Gabriele Metzler (Hrsg.), Grenzen des Neoliberalismus. Der Wandel des Liberalismus im späten 20. Jahrhundert, Stuttgart 2018, S. 149–176.
41 Vgl. dazu: Ralf Ahrens, Macht und Märkte. Vermarktlichung als historische Forschungsperspektive, in: Rüdiger Graf (Hrsg.), Ökonomisierung. Debatten und Praktiken in der Zeitgeschichte, Göttingen 2019, S. 73–93.
42 Vgl. Berichte zur Lage, 13./14. Oktober 1985, in: Helmut Kohl, Berichte zur Lage 1982–1989. Der Kanzler und Parteivorsitzende im Bundesvorstand der CDU Deutschlands, bearb. von Günter Buchstab/Hans-Otto Kleinmann, Düsseldorf 2014, S. 341–364, hier S. 343; Berichte zur Lage, 26./27. Januar 1986, in: ebd., S. 378–398, hier S. 383; Berichte zur Lage, 3./4. September 1992, in: Helmut Kohl, Berichte zur Lage 1989–1998. Der Kanzler und Parteivorsitzende im Bundesvorstand der CDU Deutschlands, bearb. von Günter Buchstab/Hans-Otto Kleinmann, Düsseldorf 2012, S. 381–387, hier S. 381.
43 Ausführlicher dazu: Hans Günter Hockerts, Vom Wohlfahrtsstaat zum Wohlfahrtsmarkt? Privatisierungstendenzen im deutschen Sozialstaat, in: Norbert Frei/Dietmar Süß (Hrsg.), Privatisierung. Idee und Praxis seit den 1970er Jahren, Göttingen 2012, S. 70–87.
44 Vgl. Andreas Wirsching, Abschied vom Provisorium 1982–1990, München 2006, S. 255.
45 Vgl. Anselm Doering-Manteuffel/Lutz Raphael/Thomas Schlemmer (Hrsg.), Vorgeschichte der Gegenwart. Dimensionen des Strukturbruchs nach dem Boom, Göttingen 2016; Werner Plumpe/André Steiner (Hrsg.), Der Mythos von der postindustriellen Welt. Wirtschaftlicher Strukturwandel in Deutschland 1960–1990, Göttingen 2016; Lutz Raphael, Jenseits von Kohle und Stahl. Eine Gesellschaftsgeschichte Westeuropas nach dem Boom, Berlin 2019.
46 Vgl. Thomas W. Zeiler, Offene Türen der Weltwirtschaft, in: Akira Iriye (Hrsg.), 1945 bis heute. Die globalisierte Welt, München 2013, S. 183–356, hier S. 318–346.

47 Vgl. dazu den Beitrag von Gerhard Heimpold im vorliegenden Band sowie die Branchenstudien von Rainer Karlsch, Wolf-Rüdiger Knoll und Eva Lütkemeyer im Rahmen des Projekts „Geschichte der Treuhandanstalt 1989/90–1994" am Institut für Zeitgeschichte München–Berlin, https://www.ifz-muenchen.de/aktuelles/themen/geschichte-der-treuhandanstalt/ [26. 3. 2020].

48 Vgl. Marc Kemmler, Die Entstehung der Treuhandanstalt. Von der Wahrung zur Privatisierung des DDR-Volkseigentums, Frankfurt a. M. 1994, S. 133.

49 Diese Zahl orientierte sich offenbar am Mitbestimmungsgesetz von 1976. Vgl. Karriere in Deutschland, in: Die Presse, 15. 3. 1991.

50 Vgl. Bernd Gehrke, Die „Wende"-Streiks. Eine erste Skizze, in: Bernd Gehrke/Renate Hürtgen (Hrsg.), Der betriebliche Aufbruch im Herbst 1989: Die unbekannte Seite der DDR-Revolution. Diskussion – Analysen – Dokumente, Berlin 2001, S. 247–270, hier S. 247.

51 Ausführlicher dazu: Gerhard A. Ritter (Hrsg.), Geschichte der Sozialpolitik in Deutschland seit 1945. Bd. 11: Bundesrepublik Deutschland 1989–1994. Sozialpolitik im Zeichen der Vereinigung, Baden-Baden 2007.

52 Vgl. Andreas Rödder, 21.0. Eine kurze Geschichte der Gegenwart, München 2015, S. 210.

ANDREAS MALYCHA

Politische Kontrolle?

Die Bundesregierung und die Treuhandanstalt

Bei der Privatisierung der ostdeutschen Industriebetriebe spielte die Treuhandanstalt (THA) in der öffentlichen Wahrnehmung die Hauptrolle, während die Bundesregierung stets im Hintergrund blieb. Die Privatisierungsbehörde agierte jedoch nicht losgelöst von staatlichen und politischen Akteuren.[1] Ihre Tätigkeit vollzog sich maßgeblich unter dem Einfluss der Wirtschaftspolitik der Bundesregierung. Insofern wurde ihr Handlungsspielraum auch durch die politischen Einflussnahmen der Bonner Ministerien mitbestimmt.[2] Dieser Beitrag zielt deshalb auf das Zusammenspiel zwischen der Treuhandzentrale in Berlin und dem Bundesfinanz- (BMF) beziehungsweise Bundeswirtschaftsministerium (BMWi) sowie dem Bundeskanzleramt in Bonn. Dabei stehen die Spannungen und Kontroversen zwischen diesen Akteuren im Mittelpunkt. Auf der Grundlage neu zugänglicher Akten des BMF, des BMWi, des Bundeskanzleramts sowie der THA lässt sich die Behörde im politischen Kräftefeld der Berliner Republik nunmehr empirisch gesichert verorten.

Professionalisierungsphase: Die THA unter Detlev K. Rohwedder (August 1990 bis April 1991)

Mit der Wirtschafts-, Währungs- und Sozialunion am 1. Juli 1990 veränderten sich die Rahmenbedingungen und damit auch die Arbeitsweise der THA dramatisch. In besonderer Weise mussten Regelungen für den Übergang der Behörde in das vereinigte Deutschland geschaffen und zunächst einmal ihre Satzung und ihr Statut modifiziert werden.[3] Im Juli beziehungsweise August 1990 fanden mehrere Gespräche zwischen den zuständigen Bonner Ministerien und dem Präsidenten der THA, Detlev K. Rohwedder, darüber statt, welches Ressort die Fachaufsicht über die THA als künftige bundesunmittelbare Anstalt des öffentlichen Rechts ausüben sollte.[4] Bis zu diesem Zeitpunkt war die THA dem DDR-Ministerpräsidenten unterstellt. In den Gesprächen zur Vorbereitung einer notwendigen Satzungsänderung und des Einigungsvertrages verständigten sich Wirtschafts- und Finanzministerium, dass der Bundesminister der Finanzen die Fachaufsicht im Einvernehmen mit dem Bundesminister für Wirtschaft wahrnehmen sollte.[5] Staatssekretär Horst Köhler (CDU) setzte sich bei Bundesfinanzminister Theo Waigel (CSU) zudem dafür ein, über das BMF möglichst großen Einfluss auf die Personalpolitik der Berliner Treuhandzentrale auszuüben, insbesondere auch bei der Besetzung von Aufsichtsräten und Vorständen der Beteiligungsunternehmen.[6] Gleichwohl blieb die Zuordnung der THA zum Bundesfinanzministerium nicht unwidersprochen. So forderte Bundeswirtschaftsminister Helmut Haussmann (FDP) noch im August 1990, die THA nach den ersten gesamtdeutschen Wahlen der Rechts- und Fachaufsicht des BMWi zu unterstellen.[7] Dabei spielte auch eine Rolle, dass die beiden Ressorts von unterschiedlichen Koalitionspartnern geführt wurden. Damit bestand im Hinblick auf die bevorstehenden Bundestagswahlen eine gewisse Konkurrenzsituation.

Mit dem Inkrafttreten des Einigungsvertrages zum 3. Oktober 1990 ging die Fachaufsicht auf das BMF über.[8] Rohwedder machte seinen Verbleib als Präsident der THA aber von der Forderung abhängig, den Handlungs- und Entscheidungsspielraum des Vorstandes nicht durch ständige Weisungen und einzelfallbezogene Eingriffe des Ministeriums einzuengen.[9] Dementsprechend wurde die Fachaufsicht durch das BMF zunächst relativ großzügig ausgelegt und auf die Auskunfts- und Informationspflicht beschränkt. Strittige Fragen wurden im Vorfeld von Aufsichtsratssitzungen geklärt. Die Fachaufsicht beschränkte sich auf die Begleitung der Arbeit der THA bei den größeren, politisch relevanten Entscheidungen einerseits und auf die Sicherstellung der organisatorischen, finanziellen und personellen Arbeitsfähigkeit der THA andererseits.[10] Mit dieser Regelung erhielt die THA jenen Handlungs- und Entscheidungsspielraum, den

Rohwedder für die Wahrung der unternehmerischen Unabhängigkeit und Eigenverantwortung gefordert hatte.

Im BMF übernahm die im Januar 1991 neu gegründete Abteilung VIII „Bundesbeteiligungen/Treuhandanstalt", die für die Grundsätze der Privatisierungs- und Beteiligungspolitik des Bundes zuständig war, die unmittelbare Rechts- und Fachaufsicht über die THA.[11] Mit der Leitung dieser Abteilung wurde der promovierte Volkswirt Eckart John von Freyend betraut. Er war zuvor beim Bundesverband der Deutschen Industrie als Mitglied der Hauptgeschäftsführung tätig und wurde im November 1990 im Rang eines Ministerialdirektors in das BMF berufen. Der Leiter der Abteilung nahm als ständiger Gast an den Sitzungen des Verwaltungsrates der THA teil. Sein unmittelbarer Vorgesetzter im BMF war Staatssekretär Horst Köhler, der seit Oktober 1990 für das BMF im Verwaltungsrat der THA saß. Er gehörte zudem dem Präsidialausschuss, dem Personalausschuss sowie dem Finanzausschuss des Verwaltungsrates an. Seit Januar 1991 war der Parlamentarische Staatssekretär beim Bundesminister der Finanzen, Joachim Grünewald (CDU), für die Angelegenheiten der THA, insbesondere für die Beziehungen zu den Fraktionen im Deutschen Bundestag, zuständig. Das BMF hielt auch über seine Außenstelle in Berlin den direkten Kontakt zur Treuhandzentrale.

Im BMWi war Staatssekretär Dieter von Würzen (parteilos) für die THA zuständig. Das BMWi unterhielt ebenfalls eine Außenstelle in Berlin. Seine mit der THA betrauten Referate berieten längere Zeit über eine Änderung der Ressortzuständigkeit und damit über eine Änderung des Treuhandgesetzes. In einem Vermerk für Wirtschaftsminister Jürgen Möllemann (FDP) vom 8. März 1991 plädierte der „Beauftragte für die Treuhandanstalt" Homann für einen Wechsel der ministeriellen Zuständigkeit. Die Fachaufsicht des BMWi über die THA sei unbedingt notwendig, da es nun im Hinblick auf die ostdeutschen Unternehmen um eine „aktive Sanierungspolitik" gehe. Weiter hieß es: „Die Rechtsaufsicht des BMF beschränkt sich weitgehend darauf, festzustellen, dass sich die THA im Rahmen der Gesetze hält und insbesondre die Bundeshaushaltsordnung beachtet. Dies hat kein großes politisches Gewicht. Wichtig ist aber, dass mit der Zuständigkeit des BMWi für Industrie-, Struktur- und

Regionalpolitik diese automatisch auch im Hinblick auf die THA gelten muss. Mit der deutlichen Aufgabenausweitung der aktiven Sanierungspolitik kommt der Federführung des BMWi eine noch größere Bedeutung zu, die auch nach außen hin verdeutlicht werden müsste."[12]

Daher sei mit dem BMF ein Einvernehmen über den Wechsel in der Fachaufsicht zu erzielen, das auch nach außen transparent gemacht werden müsse. Wirtschaftsminister Möllemann dachte in eine ähnliche Richtung und forderte im Februar 1991 die Fachaufsicht des Wirtschaftsministeriums für die THA. Seiner Ansicht nach sei die THA ein Instrument der Wirtschaftspolitik. Der „Fehler des Einigungsvertrages"[13] müsse korrigiert werden. Finanzminister Waigel machte jedoch mehrfach deutlich, dass er hierbei zu keinen Kompromissen bereit war. Die CSU-Landesgruppe im Deutschen Bundestag reagierte empört auf den Vorstoß Möllemanns. Sie riet ihm, seine „Unverschämtheiten" einzustellen, „da er seither jeden Nachweis über die Qualifikation für sein Amt schuldig geblieben sei".[14] Möllemann beendete den Kompetenzstreit mit Waigel, indem er im Juli 1991 erklärte, auf weitere Auseinandersetzungen mit dem Bundesfinanzminister zu verzichten.[15] Schon im Januar 1991 hatte Homann vor „koalitionspolitischen Problemen"[16] gewarnt, die sich letztlich aus einer Änderung der ministeriellen Zuständigkeiten ergeben könnten. Auf eine direkte Konfrontation mit dem Finanzministerium wollte es die Ministerialbürokratie des Bundeswirtschaftsministeriums nicht ankommen lassen. So blieb es bei der fachlichen Zuordnung in der Abteilung VIII des Bundesfinanzministeriums.

Direkte Arbeitsbeziehungen bestanden auch zum Bundeskanzleramt, insbesondere zum Leiter der Abteilung Wirtschafts- und Finanzpolitik, Johannes Ludewig (CDU). Ludewig, den der Bundeskanzler zugleich zum Sonderbeauftragten für den Aufbau Ost ernannt hatte, nahm regelmäßig an den Sitzungen des Präsidialausschusses des Verwaltungsrates der THA teil. Dadurch war er über die im Verwaltungsrat zu behandelnden Vorgänge und Sachverhalte informiert.[17] Als informelles Gremium erlangte die „Ludewig-Runde" eine besondere Bedeutung. Sie trat seit Mitte Mai 1991 in regelmäßigen Abständen als Koordinierungsinstrument des

Bundeskanzleramtes unter Vorsitz von Ludewig zusammen.[18] An den Treffen nahmen in der Regel Vertreter des Bundeskanzleramtes, die Chefs der Staatskanzleien der ostdeutschen Bundesländer sowie der Generalbevollmächtige der THA, Wolfgang Mueller-Stöfen, teil. Ziel der Treffen war es zunächst, die Umsetzung der Beschlüsse der Bundesregierung zum „Aufbau Ost“ zu koordinieren sowie Informationen über allgemeine Probleme des ökonomischen Umbaus der ostdeutschen Wirtschaft auszutauschen.[19] Darüber hinaus trafen sich informelle Gesprächskreise unter der Leitung von Rudolf Seiters (CDU), dem Chef des Bundeskanzleramtes. In unregelmäßigen Abständen fanden zudem sogenannte Kanzlergespräche zu besonderen Themenfeldern statt, etwa über die wirtschaftliche Entwicklung in Ostdeutschland.

Im März 1991 wurde das von Henry Bren d'Amour geleitete Bonner Büro der THA eingerichtet. Zunächst plante Rohwedder, über dieses Büro die Beziehungen der THA zu den Bundesministerien zu koordinieren. Er verwarf jedoch alsbald diesen Gedanken. In einem Brief an Bren d'Amour räumte er ein, in der Beschreibung der Aufgaben des Bonner Büros während eines Gesprächs am 15. März 1991 „in der Eile doch ein wenig über das Ziel hinausgeschossen“ zu sein. Um seine Überlegungen zu verdeutlichen, schrieb er: „Das Büro Bonn der Treuhandanstalt wird im Deutschen Bundestag und im Bundesrat tätig werden. Die Beziehungen der Treuhandanstalt zum Bundeskanzleramt, zum Bundesminister der Finanzen, zum Bundeswirtschaftsminister, zu den anderen obersten und oberen Bundesbehörden sowie zu den Spitzenverbänden der Deutschen Wirtschaft werden auch künftig durch das Direktorat Beziehungen zum Bund in der Zentrale in Berlin und nicht durch das Büro Bonn betreut werden. Die Arbeiten des Büros Bonn sind als notwendige Ergänzung zu den Arbeiten der Zentrale und der Niederlassungen der Treuhandanstalt anzusehen.“[20]

Das Büro Bonn führte fortan schwerpunktmäßig den Dialog mit den Bundestagsfraktionen und -abgeordneten im Hinblick auf die Arbeit der THA, insbesondere bei Anfragen aus den Wahlkreisen der Abgeordneten. Das Büro in Bonn wurde vor allem seit 1992 in die Rolle einer Außenstelle der Berliner Treuhandzentrale gedrängt, um die stark zunehmenden Anfragen und Informationsanforderungen einzelner Bundestagsabgeordneter zu bearbeiten. Der Leiter des Büros räumte den persönlichen Kontakten zu den Abgeordneten und ihren Mitarbeitern in Bonn sowie zu den Bundestagsfraktionen und ihren Arbeitsgruppen einen hohen Stellenwert ein. In einem Schreiben an den Generalbevollmächtigen der THA vom 14. Januar 1993 erinnerte Bren d'Amour an die Bemühungen des Bonner Büros, gerade zu den kritisch gegenüber der THA eingestellten Parlamentariern der CDU/CSU-Bundestagsfraktion eine solide Vertrauensbasis herzustellen. Dadurch hätten anstehende heikle Diskussionen im Bundestag von vornherein entschärft werden können: „Eine differenzierte und mithin gerechtere Bewertung der Arbeit der THA, d. h. auch der Abbau von Vorurteilen konnte in zahlreichen Fällen erreicht werden."[21] Die Wirkung dieser Bemühungen wurde in der Treuhandzentrale jedoch allgemein als gering eingestuft.

Für die Beziehungen zu den Bundesbehörden sowie zu den Spitzenverbänden der Deutschen Wirtschaft war schließlich das von Wolfgang Vehse geleitete Direktorat „Bund/Internationale Beziehungen" in der Berliner Treuhandzentrale zuständig. Das Direktorat pflegte außerdem die Kontakte der Treuhandanstalt zu den Ausschüssen des Deutschen Bundestages, insbesondere zum Haushaltsausschuss sowie zu dessen Unterausschuss Treuhandanstalt. Da die Bundesministerien und das Bundeskanzleramt im Geschäftsverkehr häufig bilateral mit einzelnen Mitarbeitern der THA-Branchendirektorate kommunizierten, legte die Organisationsanweisung vom 11. Juli 1991 fest, dass sowohl für die Beziehungen zu den Bundesbehörden als auch zu den Landesregierungen ausschließlich das Direktorat „Bund/Internationale Beziehungen" zuständig sei.[22] Sämtliche Geschäftsvorgänge, die als Adressaten oder Absender den Bund beziehungsweise die Spitzenverbände der deutschen Wirtschaft auswiesen, waren ausnahmslos unter Beteiligung dieses Direktorats zu bearbeiten. Das BMWi hielt diese Organisationsanweisung allerdings nicht für praktikabel: „Danach lief alles mit Zeitverlust über Herrn Vehse. Das haben wir bereits erfolglos (wg. zu langer Dauer) praktiziert. Wir brauchen ebenso wie die Mitarbeiter der THA (die das so sehen wie wir) den direkten, u. a. telefonischen Kontakt zur schnellen Abstimmung. Dies funktioniert auch."[23]

Reorganisationsphase: Neue Aufgaben und politische Auseinandersetzungen unter Birgit Breuel (Mai 1991 bis Juni 1993)

In der Amtszeit Birgit Breuels (CDU) wurde die THA ständig umstrukturiert. Der Grund dafür waren einerseits die anfängliche Ineffizienz der Behörde sowie andererseits veränderte und erweiterte Aufgaben, die der THA durch politische Entscheidungen übertragen wurden. So mussten für die Zuordnung von Vermögensgegenständen, die der Deutsche Bundestag erst im März 1991 gesetzlich geregelt hatte, personelle Ressourcen gewonnen werden, die den Branchendirektoraten kurzfristig entzogen wurden. Dadurch wurden einzelne Vorstands- und Unternehmensbereiche neu organisiert beziehungsweise aufgelöst.[24]

Da die THA weder als Unternehmen noch als staatliche Behörde fungierte, sorgte die Frage nach ihrer Handlungsautonomie gegenüber der Bundesregierung immer wieder für neuen Zündstoff. Präsidentin Breuel wies in Gesprächen mit Vertretern des Bundes wiederholt darauf hin, dass die THA durch ihre Aufgaben an der Schnittstelle zwischen Staat und Wirtschaft eine Sonderstellung einnehme. Insbesondere tat sich die Präsidentin mit dem Umstand schwer, dass die ministerielle Fach- und Rechtsaufsicht mit einer parlamentarischen Kontrolle durch den Haushaltsausschuss des Deutschen Bundestages beziehungsweise seines Unterausschusses Treuhandanstalt verbunden war, die sich nicht nur auf die Haushaltsbewilligung bezog.[25] Während eines Gesprächs mit Bundeswirtschaftsminister Möllemann im Juli 1992 in der Treuhandzentrale bat sie darum, im politischen Raum weiter um Verständnis dafür zu werben, dass die THA kein normales Unternehmen sowie auch keine Bundesbehörde sei. Die Vielzahl der Themen vom Immobilienverkauf über das Parteivermögen bis zur Kommunalisierung sowie die Geschwindigkeit der Aufgabenerledigung gestatte es nicht, übliche Rechnungshofmaßstäbe anzulegen.[26] Das Selbstverständnis der THA gestalte die Zusammenarbeit mit dem Bundesrechnungshof schwierig und konfliktbeladen.[27]

Schon zu Beginn ihrer Amtszeit beklagte sich Breuel über die vermeintliche Überbeanspruchung der THA durch Beamte der

Bundesbehörden. Während eines Gesprächs mit Staatssekretär von Würzen am 16. Mai 1991 begründete sie dies mit zu vielen Einzelfragen und Anforderungen, die permanent an verschiedene Referate der Treuhandzentrale in den letzten Monaten herangetragen worden seien.[28] Zugleich wandte sich Breuel im Mai 1991 an Bundesfinanzminister Waigel, um sich über eine unkoordinierte Flut von Informationswünschen aus dem BMF zu beklagen.[29] Dem Bundesfinanzminister legte sie daher nahe, in seinem Ressort eine „Clearing-Stelle für eine Koordination" zu schaffen, um die verschiedenartigsten Informationswünsche aus Bonn zu konzentrieren und letztlich zu reduzieren. Waigel unterstütze in seiner Antwort zwar das Anliegen, die Beziehungen zwischen den zuständigen Ressorts der Bundesministerien und der THA besser zu koordinieren. Die Einrichtung einer zentralen *Clearing*-Stelle hielt er jedoch nicht für erforderlich: „Solch eine Einrichtung würde auch dem Prinzip der eigenen Ressortverantwortlichkeit eines jeden Ministers nicht entsprechen."[30] Auch das BMWi wies den Klagebrief Breuels deutlich zurück: „Wir müssen eine Clearing-Stelle beim BMF bzw. bei der Repräsentanz der THA in Bonn strikt ablehnen. Es geht nicht um ‚Transparenz der Kommunikation', sondern um gegenseitige Abstimmung und Information. Wenn THA eine wichtige wirtschaftspolitische Funktion hat, muss sie sich deshalb Fachaufsicht in eigenem Interesse gefallen lassen."[31]

Seit der Jahreswende von 1991 auf 1992 änderte sich der politische Handlungsrahmen der THA. Während die Treuhandspitze 1990 und 1991 weitgehend unabhängig von den wirtschafts- und finanzpolitischen Erwägungen der Bonner Ministerien, insbesondere beim Aufbau ihrer Organisationsstruktur und der Privatisierungspraxis, handeln konnte, verengte sich seit Anfang 1992 ihr Handlungs- und Entscheidungsspielraum, vor allem im Hinblick auf die Fachaufsicht des BMF. Bonner Ministerialbeamte griffen nun in die Gestaltung der inneren Organisation der Treuhandzentrale ein. Angesichts staatsanwaltschaftlicher Ermittlungen gegen einzelne Mitarbeiter und die Vorstandsmitglieder Gunter Halm und Wolf Klinz wurde der personelle und strukturelle Auf- und Ausbau einer Innenrevision sowie des Vertragsmanagements erst auf Druck der Bonner Fachaufsicht realisiert. So wiederholte Staatssekretär Köhler im April

1992 seine Forderung an die Präsidentin, aufgrund des weiterhin unbefriedigenden Zustands im Vertrags*controlling* aktiv zu werden. In seinem Schreiben an Breuel teilte er seinen Eindruck mit, dass das Vertrags*controlling* immer noch unzureichend sei. Es fehle insbesondere die für die begleitende Finanzkontrolle durch das BMF notwendige zeitnahe Berichterstattung der THA an den Bundesminister der Finanzen.[32]

In der Abteilung VIII des BMF war immer häufiger davon die Rede, dass die THA ihrer Auskunfts- und Informationspflicht nicht mehr in dem erforderlichen Maß nachkomme und damit die Rechts- und Fachaufsicht zunehmend eingeengt werde. So bat Staatssekretär Köhler die Präsidentin in seinem Schreiben vom April 1992, das BMF über alle sich abzeichnenden wichtigen Angelegenheiten rechtzeitig zu unterrichten. Dies gelte insbesondere für Entscheidungen, die später dem Verwaltungsrat vorzulegen seien.[33] Die Forderungen des Finanzministers zur Informationsbeschaffung und Einflussnahme gegenüber der THA bezogen sich in der Regel auf das Finanzgebaren, da insbesondere der Wirtschafts- und Finanzplan der THA von der Zustimmung des Bundesministers der Finanzen abhing. In Anbetracht der seit 1992 öffentlich geführten Diskussionen und vermehrten Anfragen im Plenum und den Ausschüssen des Deutschen Bundestages ließ sich der Bundesminister häufiger über einzelne Privatisierungsfälle, die Gehaltsstruktur für leitende Mitarbeiter sowie über die Personalentwicklung und die finanziellen Auswirkungen bei Liquidationsverfahren unterrichten.

Im Oktober 1993 beklagte sich Breuel bei Finanzminister Waigel über die Verschlechterung der Zusammenarbeit zwischen dem Treuhandvorstand und dem Bonner Ministerium. Mit großer Sorge betrachte der Vorstand vor allem, dass sich Form und Stil im Umgang des Ministeriums mit der THA in gravierender Weise geändert hätten. Dies werde deutlich in der wachsenden Zahl punktueller aufsichtsrechtlicher Maßnahmen und Anfragen sowie in dem größeren zeitlichen Rahmen, den Entscheidungsprozesse in Bonn beanspruchten. Gleichzeitig würden Treuhandmitarbeiter immer öfter darüber berichten, dass auf der Arbeitsebene seitens des BMF die ursprüngliche Bereitschaft zu einer vertrauensvollen und konstruktiven Zusammenarbeit nachlasse. Vermehrt seien misstrauische und maßregelnde Töne zu vernehmen. Weiter schrieb Breuel in ihrem Brief: „Diese symptomatischen Vorgänge im einzelnen sind meines Erachtens deshalb bedenklich, weil sie unsere gemeinsame Position in der öffentlichen Diskussion schwächen. Die Entwicklung insgesamt aber kann nicht nur der Arbeit und Aufgabenerfüllung der Treuhandanstalt erheblichen Schaden zufügen, sie ist vielmehr auch geeignet, zu Lasten des BMF den Eindruck zu erwecken, dass man durch die plötzlich rasant zunehmende Aufsichtsdichte etwas nachzuholen versuche, was in der Vergangenheit versäumt worden wäre.“[34]

Zugleich sah Breuel die Gefahr, dass die THA mehr und mehr aus ihrer Rolle einer weitgehend selbstständig entscheidenden, in ihren Organen an einer Aktiengesellschaft orientierten Anstalt in die Abhängigkeit einer nachgeordneten Bundesbehörde gedrängt werden solle. Dies führe dazu, dass die THA ihre Arbeit nicht mehr auftragsgemäß durchführen beziehungsweise beenden könne.

Übergangsphase: Debatten über eine Treuhandanstalt-Nachfolgeorganisation (Juli 1993 bis Dezember 1994)

Seit Mitte 1992 beschäftigte sich der Vorstand konzeptionell mit der Selbstauflösung der THA und ihrer Überführung in neue Strukturen. Die zuständigen Bundesministerien bestanden darauf, in die Erarbeitung von Nachfolgekonzepten zeitnah eingebunden zu werden. So konstituierte sich im Oktober 1992 eine Arbeitsgruppe aus Vertretern des Treuhandvorstandes, des BMF sowie des BMWi, um gemeinsam ein zustimmungsfähiges Konzept über eine Nachfolgeorganisation zu erarbeiten.[35]

Das vom Gesamtvorstand der THA am 6. Juli 1993 befürwortete Konzept „zur Überführung der Treuhandanstalt in neue Strukturen“ legte Breuel dem Verwaltungsrat zehn Tage später vor. Dort stieß es allerdings auf erheblichen Widerstand.[36] Vertreter der Gewerkschaften sowie der ostdeutschen Länder kritisierten, dass die Zustimmung zur Vorstandsvorlage parlamentarischen Abstimmungsvorgängen und Vereinbarungen zwischen Bund und Ländern vorgreife. Breuel begründete das Organisationskonzept damit, dass diejenigen Aufgaben, die über 1994 hinaus wahrgenommen werden müssten, in mehreren, rechtlich selbstständigen Organisationseinheiten (GmbH) zusammengefasst werden sollten. Eine zeitnahe Entscheidung über die neue Organisationsstruktur sei nötig, mahnte Breuel. Ohne eine Perspektive über 1994 hinaus sei ein erheblicher Personalrückgang, vor allem bei den Leistungsträgern zu befürchten. So müsse auch mit der vorgesehenen Gründung der privatrechtlichen Gesellschaften bald begonnen werden.

Wie sich allerdings schnell zeigte, gingen die Vorstellungen hierzu zwischen dem Treuhandvorstand und den Bundesministerien weit auseinander. Das BMF war an einer Überführung der THA in „haushaltsrechtliche Normalstrukturen“[37] interessiert und wollte das Finanzierungsrisiko des Bundes so gering wie möglich halten. Das vom Treuhandvorstand beschlossene Nachfolgekonzept scheiterte letztlich am Widerstand aus Bonn. Breuel wollte ursprünglich die übrig gebliebenen Beteiligungsunternehmen weitgehend an die Länder abgeben. Dieses Ansinnen lehnten sowohl die Bundesministerien als auch das Bundeskanzleramt ab. Der Haushaltsausschuss des Deutschen Bundestages verweigerte dem Überleitungskonzept mit den Stimmen der Koalitionsabgeordneten von CDU/CSU und FDP am 9. März 1994 seine Zustimmung.[38]

Nach einer heftig umstrittenen Überarbeitungsphase billigte der Haushaltsausschuss des Deutschen Bundestages schließlich am 20. April 1994 das vom Bundesminister der Finanzen vorgelegte Konzept zur Neustrukturierung der THA. Darin wurde die Bundesanstalt für vereinigungsbedingte Sonderaufgaben als Nachfolgeorganisation Eigentümerin der noch nicht privatisierten Beteiligungsunternehmen.[39] Die von Breuel vehement befürwortete Ausgründung einer Vertragsmanagement GmbH, also des Kernbestandes einer möglichen Treuhand-Nachfolgeorganisation, wurde endgültig abgelehnt. Die verbliebenen Aufgaben der THA, nämlich Vertragsmanagement, Reprivatisierung und Abwicklung, wurden gegen den erklärten Willen des Treuhandvorstandes der Bundesanstalt für vereinigungsbedingte Sonderaufgaben zugeordnet.

Fazit

Seit dem Inkrafttreten des Einigungsvertrages am 3. Oktober 1990 wurde die Fachaufsicht durch das BMF zunächst relativ großzügig umgesetzt und auf die Auskunfts- und Informationspflicht sowie die Kontrolle der Jahres- und Finanzpläne der THA beschränkt. Angesichts der immer deutlicher zutage tretenden wirtschaftlichen Strukturprobleme und beginnender Massenarbeitslosigkeit in Ostdeutschland sowie der zunehmend kritischer werdenden Kontrolltätigkeit der parlamentarischen Gremien verstärkte sich die politische Einflussnahme aus Bonn. Die Fachaufsicht des BMF beschränkte sich nicht mehr nur auf die Einhaltung haushaltsrechtlicher Bestimmungen, sondern dehnte sich jetzt auf Privatisierungsverhandlungen unterhalb der Zustimmungsebene im Verwaltungsrat aus.

Daraus ergaben sich rasch Konfliktfelder zwischen dem Treuhandvorstand und den Bundesministerien. Letztlich macht die Analyse des sich wandelnden Verhältnisses zwischen THA und Bonner Fachaufsicht das grundlegende Problem im politischen Umfeld der Privatisierungsbehörde deutlich: Der THA wurde von Anbeginn an eine Rolle übertragen, die die Bundesregierung nicht übernehmen wollte. Sie war offiziell Trägerin aller unpopulären Entscheidungen und wurde für alle Fehler und Pannen im ostdeutschen Transformationsprozess verantwortlich gemacht.

Anmerkungen

1 Vgl. Roland Czada, Die Treuhandanstalt im Umfeld von Politik und Verbänden, in: Wolfram Fischer/Herbert Hax/Hans Karl Schneider (Hrsg.), Treuhandanstalt – Das Unmögliche wagen, Forschungsberichte, Berlin 1993, S. 148–173; Wolfgang Seibel, Verwaltete Illusionen. Die Privatisierung der DDR-Wirtschaft durch die Treuhandanstalt und ihre Nachfolger 1990–2000, Frankfurt a. M. 2005.

2 Vgl. Marcus Böick, Im „Säurebad der Einheit". Die Treuhandanstalt in den medienöffentlichen Debatten der frühen 1990er Jahre, in: Deutschland Archiv 43 (2010), S. 425–432.

3 Vgl. Marc Kemmler, Die Entstehung der Treuhandanstalt. Von der Wahrung zur Privatisierung des DDR-Volkseigentums, Frankfurt a. M. 1994, S. 139–172.

4 Vgl. Seibel, Verwaltete Illusionen, S. 119 ff.; Marcus Böick, Die Treuhand. Idee – Praxis – Erfahrung 1990–1994, Göttingen 2018, S. 285 f.
5 Vgl. Wolfgang Seibel, Die organisatorische Entwicklung der Treuhandanstalt, in: Fischer/Hax/Schneider (Hrsg.), Treuhandanstalt, S. 111–147, hier S. 112.
6 Bundesarchiv (BArch) Koblenz, B 126/145221, Vorlage Köhlers für Waigel vom 27. 8. 1990.
7 Vgl. Seibel, Verwaltete Illusionen, S. 121.
8 Vgl. Michael Kloepfer, Öffentlich-rechtliche Vorgaben für die Treuhandanstalt, in: Fischer/Hax/Schneider (Hrsg.), Treuhandanstalt, S. 41–84, hier S. 61 f.
9 Bundesarchiv (BArch) Berlin, B 412/3699, Schreiben von Rohwedder an Köhler vom 20. 9. 1990; vgl. Kemmler, Die Entstehung der Treuhandanstalt, S. 192.
10 Vgl. Jobst-Friedrich von Unger, Staatliche Kontrolle über die Treuhandanstalt, Berlin 2002, S. 265.
11 Vgl. Seibel, Verwaltete Illusionen, S. 119.
12 BArch Koblenz, B 102/379221, Vermerk von Homann für Möllemann vom 8. 3. 1991.
13 Zit. nach: Christoph Greiner, Der Mensch und Politiker Jürgen W. Möllemann. Eine wissenschaftliche Analyse, Stuttgart 2012, S. 159.
14 CSU Pressemitteilungen, Nachrichten aus der CSU-Landesgruppe im Deutschen Bundestag vom 28. 4. 1991. Zit. nach: ebd.
15 Vgl. ebd.
16 BArch Koblenz, B 102/379205, Vermerk von Homann für von Würzen vom 7. 1. 1991.
17 Vgl. Thomas Knoll, Das Bonner Bundeskanzleramt. Organisation und Funktionen von 1949–1999, Wiesbaden 2004, S. 336.
18 Vgl. von Unger, Staatliche Kontrolle über die Treuhandanstalt, S. 337.
19 Vgl. Roland Czada, Das Erbe der Treuhandanstalt, in: Otto Depenheuer/Karl-Heinz Paqué (Hrsg.), Einheit – Eigentum – Effizienz. Bilanz der Treuhandanstalt, Berlin 2012, S. 125–146, hier S. 134.
20 BArch Berlin, B 412/3704, Schreiben Rohwedders an Bren d'Amour vom 28. 3. 1991.
21 BArch Berlin, B 412/3233, Schreiben von Bren d'Amour an van Scherpenberg vom 14. 1. 1993.
22 BArch Berlin, B 412/8344, Organisationsanweisung Nr. 22/91 über die Beziehungen zum Bund und den Spitzenverbänden der deutschen Wirtschaft vom 11. 7. 1991.
23 BArch Koblenz, B 102/379212, Vermerk von Homann für von Würzen vom 7. 6. 1991.
24 Vgl. Seibel, Die organisatorische Entwicklung der Treuhandanstalt, S. 134–137.
25 Der „Unterausschuss Treuhandanstalt" des Haushaltsausschusses befasste sich auch mit Schwerpunkten der Geschäfts- und Privatisierungspolitik der THA. So standen auf der Tagesordnung der Sitzungen u. a. die Privatisierungsrichtlinien, Grundsätze für die Regelung von ökologischen Altlasten,

die Übernahme von Altkrediten sowie die Berufung und Vergütung von Führungspersonal. Die Behandlung einzelner Privatisierungsfälle hatte allerdings kaum Einfluss auf die Privatisierungspraxis der THA.

26 BArch Koblenz, B 126/145224, Vermerk über den Besuch des Ministers bei der THA am 22. 7. 1992.

27 Als rechtsfähige bundesunmittelbare Anstalt des öffentlichen Rechts unterlag die THA der Bundeshaushaltsordnung, die dem Bundesrechnungshof im § 111 ein Prüfungsrecht einräumte.

28 BArch Koblenz, B 102/379211, Vermerk von Homann für Möllemann vom 16. 5. 1991.

29 BArch Koblenz, B 102/379212, Schreiben Breuels an Waigel vom 27. 5. 1991.

30 BArch Koblenz, B 102/379215, Schreiben Waigels an Breuel vom 10. 7. 1991

31 BArch Koblenz, B 102/379212, Vermerk von Homann für von Würzen vom 7. 6. 1991.

32 BArch Koblenz, B 102/410380, Schreiben Köhlers an Breuel vom 14. 4. 1992.

33 Ebd.

34 BArch Berlin, B 412/3172, Schreiben Breuels an Waigel vom 23. 10. 1993.

35 Vgl. Seibel, Verwaltete Illusionen, S. 322.

36 BArch Berlin, B 412/8874, Protokoll der 39. Verwaltungsratssitzung am 16. 7. 1993.

37 Seibel, Verwaltete Illusionen, S. 312.

38 BArch Berlin, B 412/8883, Beschluss des Haushaltsausschusses vom 9. 3. 1994.

39 BArch Berlin, B 412/3172, Beschluss des Haushaltsausschusses vom 20. 4. 1994.

MARCUS BÖICK

Berater in „blühenden Landschaften"

Wirtschaftsprüfer und Unternehmensberater bei der Treuhandanstalt

Einleitung: 1989/90 – (auch) eine *beratene Revolution*?

In den letzten Jahren loderten immer wieder erinnerungskulturelle Debatten um das Alleinstellungsmerkmal der revolutionären Umbrüche von 1989 und 1990 in Ostmitteleuropa auf. Dabei fanden in den vergangenen Jahrzehnten einige griffige Attribute Verwendung: *Verhandelt* sollten die Revolutionen sein, weil die realsozialistischen Eliten den Herrschaftsübergang in besonderen Gremien wie den Runden Tischen mit Oppositionskräften aushandelten; als *verratene* Revolutionen erschienen sie im Rückblick hingegen enttäuschten früheren Revolutionären und Linken mit Blick auf einen nicht realisierten „Dritten Weg" zwischen Kommunismus und Kapitalismus; als *friedlich* wiederum galten und gelten die Revolutionen demgegenüber mit Blick auf den weitgehenden Gewaltverzicht der protestierenden Bevölkerungen – was mithin als Spezifikum dieser Umbrüche in der Forschung kontrovers diskutiert wurde und wird.[1]

Eine andere Perspektive, die vor allem die umfassenden Ost-West-Verflechtungen[2] in den Fokus rückt, könnte am Begriff einer *beratenen* Revolution ansetzen. Dies würde gerade im deutsch-deutschen Kontext den Blick auf eine Konstellation richten, die für die osteuropäischen Umbrüche 1989/90 spezifisch erscheint. Insbesondere westliche Berater und Experten spielten in den konkreten wie alltäglichen Umgestaltungsprozessen quantitativ wie auch qualitativ eine maßgebliche Rolle, gerade auch hinter den Kulissen. Diese besondere Rolle von West-Beratern in Revolution und Transformation ist – sieht man von berühmt-berüchtigten neoliberalen Gruppen wie den „Chicago Boys" in Moskau oder anderswo ab[3] – bislang kaum systematisch erforscht worden.[4]

Diese Lücke zu schließen erscheint umso dringlicher, da die besonders heterogene und zugleich schwer abgrenzbare Gruppe an westlichen Transfereliten maßgeblichen Anteil daran hatte, das im Herbst 1989 unvermittelt erkennbar gewordene ideenpolitische Vakuum nach dem plötzlichen Machtverfall der realsozialistischen Diktaturen mit neuen Konzepten und praktischen Handlungsanweisungen zu füllen.[5] Etwas salopp formuliert: Zwar schienen Ende der 1980er Jahre sämtliche Akteure in Ost und West vom vollständigen wie abrupten Zusammenbruch der sowjetischen Machtsphäre überrascht, aber geübte Politik-, Wirtschafts- und Unternehmensberater drangen nun eilig durch den gelüfteten *Eisernen Vorhang*, um den vermuteten und auch bestehenden Orientierungs- und Beratungsbedarf auf allen Ebenen zu stillen und letztlich für sich zu nutzen.[6]

Im deutsch-deutschen Fall führte die räumliche, sprachliche wie auch kulturelle Nähe zu einer raschen und ausgeprägten Präsenz von zahlreichen ab Ende 1989 durch die erodierende DDR streifenden West-Beratern unterschiedlichster politischer Couleur oder professioneller Provenienz. Sie wurden teils als allwissende Heilsbringer empfangen, teils bald auch als windige Betrüger beäugt.[7] In Ingo Schulzes 2005 erschienenem Roman „Neue Leben" mutiert der Hauptheld Enrico Türmer unter dem unheilvollen Einfluss des mephistophelischen West-Beraters Clemens von Barrista von einem anfangs schwärmerisch-idealistisch sozialistischen Theatermann binnen kurzer Zeit zu einem knallhart kalkulierenden kapitalistischen Medienmanager.[8]

Der West-Berater wurde nun rasch zu einem zentralen Topos der Vereinigungsgesellschaft – aber nicht unbedingt im positiven Sinne, war doch die anfängliche Hochachtung gegenüber westlichem *Know-how* in Ostdeutschland im Zuge der „Vereinigungskrise" rasch in wachsende Skepsis oder gar offenes Misstrauen umgeschlagen.[9] Dies betrifft gerade die in jüngster Zeit mit Blick auf allmähliche Aktenöffnungen, runde Jahrestage und rechtspopulistische Wahlerfolge in Ostdeutschland intensiv politisch diskutierte wie auch wissenschaftlich wiederentdeckte Treuhandanstalt.[10] Denn gerade in dieser nach wie vor hochumstrittenen Organisation war die gehäufte wie markante Präsenz oft auch jüngerer Berater im Osten in den frühen 1990er Jahren zahlreichen zeitgenössischen Medienvertretern aufgefallen. Junge Adlige tummelten sich als Berater dutzendweise und sehr gut bezahlt im „Schloss Breuel“, wie es in einem kritischen Artikel aus dem Jahr 1992 hieß.[11] Auch der direkt im Gebäude der Treuhandzentrale untergebrachte Bundesrechnungshof kritisierte ab 1991 immer wieder die hohen Kosten für den umfassenden Beratereinsatz bei der Treuhand.[12]

Doch jenseits medialer oder politischer Kritik von außen ist über die konkrete Rolle von Unternehmensberatern und Wirtschaftsprüfern gerade auch im Innenleben der Treuhandanstalt bis heute wenig bekannt; systematisch untersucht wurde diese professionelle Gruppe noch nicht – was mit der disparaten Quellenlage seitens der Beratungsunternehmen zusammenhängt. Dabei forcierten die Berater, so die These, als zentrale Expertengruppe im Gefüge des heterogenen Treuhandpersonals die beschleunigte Umsetzung ökonomischen, insbesondere betriebswirtschaftlichen Wissens in die konkrete Alltagspraxis der Treuhand und des von ihr gestalteten, hochdynamischen wie konfliktreichen Betriebsumbaus.[13]

Im Folgenden sollen exemplarisch einige Bereiche und Phasen identifiziert werden, in denen externe Berater entscheidenden Einfluss auf die Geschicke von Treuhand und Wirtschaftsumbau nahmen. Exemplarisch geht es hierbei, erstens, um die Rolle von Beratern als kurzfristige Aufbauhelfer im Jahr 1990, bevor in einem zweiten Schritt verschiedene Aktions- und Handlungsfelder in der Treuhandpraxis der Jahre nach 1991 herausgestellt werden.

Aufbauhelfer der Treuhandanstalt (1990/91)

Mit der Maueröffnung am 9. November 1989 wurde der ehemalige Todesstreifen nicht nur durchlässig für millionenfache ostdeutsche Westbesuche nebst Begrüßungsgeld; gleichermaßen bedeutsam erschien bald auch der Verkehr in die entgegengesetzte Richtung von West nach Ost, der nicht zuletzt viele westdeutsche Experten in die nun offene DDR führte. Hatten sich die Debatten im Spätherbst 1989 noch um graduelle Reformen innerhalb der DDR und einen

„Dritten Weg“ zwischen Plan und Markt bewegt, erhöhte sich mit der wachsenden Orientierung am vermeintlichen bundesdeutschen Erfolgsmodell im Frühjahr 1990 der konkrete Beratungsbedarf in der DDR.[14]

Mit dem Jahreswechsel von 1989 auf 1990 stieg die Zahl an freien oder institutionell gebundenen Experten und Beratern aus der alten Bundesrepublik sprunghaft an. Sie kamen in einen aus ihrer Sicht meist sehr wilden und rauen Osten. In Ministerien, Verwaltungen, Betrieben oder Städten herrschte zu diesem Zeitpunkt tatsächlich immenser Bedarf an westlichem *Know-how*, wie die eintreffenden Berater schnell feststellen sollten. Der mit großem Aktenkoffer und ebenso üppigem Mobiltelefon auf holprigem Straßenbelag im Mercedes-Benz reisende West-Berater avancierte so zu einer regelrechten, in den Medien oft gebrauchten Chiffre der unmittelbaren Umbruchszeit – und nicht wenige dieser Berater waren gekommen, um letztlich auch längerfristig in Ostdeutschland zu bleiben.[15]

Gerade in der Wirtschaft wuchs die Zahl an beratenden Interventionen massiv. So meldete sich im Januar 1990 prominent der Sachverständigenrat beim Bundeswirtschaftsministerium – die sogenannten Wirtschaftsweisen – mit einem ausführlichen Sondergutachten zum bevorstehenden Umbau der ostdeutschen Zentralplanwirtschaft zu Wort und empfahl der DDR einen möglichst konzentrierten und konsequenten Nachbau des westdeutschen Erfolgsmodells.[16] Aber auch auf zahlreichen, in großer Eile organisierten Ost-West-Tagungen, -Konferenzen und -Kongressen wurden etliche Vorschläge diskutiert: Hierbei meldeten sich westdeutsche Experten ausführlich zu Wort.[17]

Nur einige Beispiele aus dem Frühjahr 1990: Der linke Volkswirt Peter Bofinger empfahl die Bildung einer „DDR-Holding AG“, deren Aktien kostenlos mit einer Fünf-Jahres-Sperrfrist an die ostdeutsche Bevölkerung ausgegeben werden sollten. Der Hamburger Unternehmer Peter Körber schlug vor, das DDR-Volkseigentum komplett an eine gemeinnützige „Sozialkapital-Stiftung“ zu übertragen. Der Münchner Unternehmensberater Albrecht Graf Matuschka brachte eine spektakuläre „Kapitalreform“-Initiative ins Gespräch, bei der das volkseigene Vermögen zum einen zu 40 Prozent an die Bevölkerung beziehungsweise zu neun Prozent an die

Belegschaften verteilt werden sollte. Die Mehrheit der Anteile sollte zum anderen unter seiner Leitung an Privatinvestoren verkauft werden.[18]

Auch jenseits öffentlicher Debatten oder ökonomischer Fachkongresse wuchs der praktische Einfluss von Beratern in den ersten Monaten des Jahres 1990 deutlich. Der Beratungs- und Erneuerungsbedarf in der DDR schien unerschöpflich. Dabei bestimmten fast ausschließlich westdeutsche Berater die ostdeutsche Szenerie. Deutlich wird dies etwa an einer Randepisode aus dem Januar: Dabei trafen sich ostdeutsche Oppositionsvertreter in der Schweiz demonstrativ mit japanischen Bankberatern, um so alternative Sichtweisen und mögliche Investoren akquirieren zu können. Kurz darauf schlug diese Gruppe am Zentralen Runden Tisch die Einrichtung einer neuartigen „Treuhand-Stelle" zur Bewahrung und Verteilung des „Volksvermögens" vor, um es auf diese Weise vor dem befürchteten Zugriff östlicher „Seilschaften" oder westlicher „Kapitalinteressen" zu schützen.[19]

Gerade diese im Februar 1990 im improvisierten Zusammenspiel von Oppositionsvertretern und der Modrow-Regierung binnen weniger Tage eingerichtete Treuhandstelle wurde bald selbst zum Gegenstand ökonomischer Beratungsaktivitäten. Den folgenden Volkskammerwahlkampf bestritten die sich rasch transformierenden Parteien in der DDR dann bereits – mit Ausnahme der Oppositionsgruppen – mit maßgeblicher Unterstützung der von ihren westlichen Schwesterparteien entsandten Politikberater. Der überraschend deutliche Wahlerfolg der konservativen Kräfte am 18. März 1990 wurde auch von den Zeitgenossen als klares Plebiszit für eine rasche Vereinigung gedeutet. Als unmittelbare Konsequenz kehrten das Treuhandgesetz vom 17. Juni sowie die am 1. Juli in Kraft getretene Wirtschafts-, Währungs- und Sozialunion das Aufgabenspektrum der Organisation nicht nur diametral von der Bewahrung zur Verwertung um, sondern wiesen der bis dato noch randständigen Organisation eine entscheidende Rolle beim raschen Übergang von der Plan- zur Marktwirtschaft zu.[20]

Die Regierungen in Bonn beziehungsweise Ost-Berlin strebten zugleich eine personelle Umbesetzung der Treuhandspitze an: Künftig sollte die Organisation von erfahrenen westdeutschen

Managern und Unternehmern geführt werden. Zum Gründervater dieser neuen Treuhand als Privatisierungsagentur avancierte schließlich ab Juli 1990 Detlev Karsten Rohwedder. Bereits im Frühjahr 1990 war der Vorstandschef der Dortmunder Hoesch AG selbst immer wieder in die DDR gereist und hatte dort prominent seinen Rat als erfahrener wie zupackender Sanierer angeboten. Im Juni 1990 wurde Rohwedder nun zum ersten Chef des neu gebildeten Verwaltungsrates berufen – und geriet dabei unversehens in einen scharfen Konflikt mit dem ersten Treuhandpräsidenten Rainer Maria Gohlke, dem vormaligen Bundesbahnchef und früheren IBM-Manager.[21]

Der Konflikt zwischen Gohlke und Rohwedder, der schließlich mit Gohlkes überraschendem Rücktritt nach nur wenigen Wochen endete, war auch in starkem Maße auf Führungs- und Beratungsfragen bezogen. Während Gohlke alle Fäden selbst in der Hand behalten wollte, drängte Chefaufseher Rohwedder auf eine verstärkte Delegation der Aufgaben sowie einen umfassenden personellen, konzeptionellen wie organisatorischen Aus- und Umbau der Organisation. Dieses Programm nahm Rohwedder – ab dem 22. August 1990 als Gohlkes Nachfolger im Präsidentenamt – zielstrebig in Angriff. Für den Umbau der Treuhandanstalt, die zu diesem Zeitpunkt lediglich über eine mit knapp 100 einstigen Planwirtschaftskadern besetzte DDR-Behördenorganisation verfügte, holte sich Rohwedder prominente Unterstützung: den Münchner Unternehmensberater Roland Berger.[22]

Der mit Rohwedder bereits aus Hoesch-Zeiten bekannte Berater spielte in dieser Frühphase der Treuhand eine entscheidende Rolle. So erarbeiteten Bergers Experten im Sommer 1990 kurzfristig eine Reihe von grundlegenden Struktur- und Konzeptpapieren, die auf eine dramatische Umgestaltung der Organisation abzielten – ganz nach den damals gängigen Mustern moderner Unternehmensführung. Einzig die Privatisierung müsse, wie es etwa in einem Papier vom August hieß, als „primäres Ziel" der Organisation gelten, dem die „Sanierung und Strukturanpassung" sowie die Stilllegung nachzuordnen seien. Diese Zielstellung sei durch eine „dezentrale Durchführung" zu erreichen, die durch eine „Investmentbank-ähnliche Struktur und Arbeitsweise" geprägt werden sollte. Die Zentrale habe demgegenüber die „Erfolgskontrolle“ und die Wahrung „einheitlicher Prinzipien“ zu gewährleisten. Für die „organisatorische und personelle Ausgestaltung“ bedeute dies, die Organisation „so ‚schlank‘ wie möglich“ auszuformen: durch den „extensiven Einsatz externer Spezialisten“ sowie eine „Selbstbeschränkung im operativen Controlling“ – womit die Berger-Experten auch ein lukratives Geschäftsfeld für sich selbst im Blick hatten.[23]

Auch andere Unternehmensberater unterstützten die neue Treuhand-Führung um Rohwedder vor allem in der Frühphase als Struktur- und Strategiehelfer. Dabei forcierten sie den organisationsstrukturellen wie auch kulturellen Umbau von einer funktionalen Behörden- in eine divisionale Unternehmensstruktur. Auf personalpolitischer Ebene gaben ebenfalls externe Experten dem neuen Präsidenten entscheidende Impulse: So war es der bestens vernetzte Münchner Personal-Headhunter Dieter Rickert, der aus eigener Initiative die später bekannte Werbekampagne „Profis für die DDR!“ anstieß, die in den Führungsetagen der Deutschland AG erhebliches Aufsehen erregte. Rickert, unter Treuhand-Managern später als „Jäger ’90“ regelrecht mystifiziert, hatte dem neuen Präsidenten vorgeschlagen, gezielt vor allem ältere und jüngere Führungskräfte in Westdeutschland ins Visier zu nehmen und mithilfe patriotischer Apelle sowie professioneller Herausforderungen kurzfristig für ein persönliches Treuhandengagement zu begeistern.[24]

Der von Rohwedder massiv vorangetriebene Aus- und Umbau der Treuhandanstalt von einer DDR-Verwaltungsstelle in eine unternehmerisch agierende Privatisierungsagentur, der ab Oktober 1990 deutlich an Tempo aufnahm, wäre also ohne das umfassende Engagement von Beratern wie Roland Berger, Dieter Rickert oder auch aus den Reihen von McKinsey kaum denkbar gewesen. Im Sommer 1990 lieferten sie kurzfristig vor allem Konzepte und Vorschläge für eine radikale Umgestaltung der Organisation: Die Berater halfen somit, die Treuhandanstalt in jene spezifisch unternehmerische Ausnahmeorganisation im Schnittfeld von Politik, Wirtschaft und Gesellschaft zu verwandeln, die durch ihre beschleunigte Privatisierungs- und Stilllegungspraxis bald schon zur „bestgehassten“ Organisation des Ostens mutierte.[25]

Interessenkonflikte? Berater in der Treuhand-Praxis (1991/92)

Doch auch neben anfänglichen Konzept-, Struktur- und Personalfragen wurde der Einfluss von externen Experten auf den Geschäftsalltag zügig institutionalisiert und verstetigt. Dabei erwies sich die Liquiditätskrise, die nach der Wirtschafts- und Währungsunion über die Treuhand und ihre Betriebe hereinbrach, als Katalysator: Im Juli und August 1990 benötigte das Gros der über 8000 Treuhandbetriebe mit ihren rund vier Millionen Mitarbeitern dringend kurzfristige Kredite für die Auszahlung von Löhnen und Gehältern. Die neu formierte Treuhandspitze um Rohwedder musste dann auch aus politischen Erwägungen ohne jedwede belastbaren Informationen für diese kurzfristigen Kreditanfragen in zweistelliger Milliardenhöhe bürgen.[26]

Diese finanzpolitische Ausnahmesituation, die aus Bonner Perspektive untragbar erschien, führte zur Einrichtung eines neuen Sondergremiums: Im unabhängig verfassten Leitungsausschuss der Treuhand sollten im Auftrag des Bundesfinanzministeriums externe Unternehmensberater und unabhängige Wirtschaftsprüfer versammelt werden. Sie sollten dort die von den Treuhandbetrieben erarbeiteten Unternehmenskonzepte nach betriebswirtschaftlichen Kriterien prüfen und mithilfe einer ausdifferenzierten Skalierung deren jeweilige mögliche Zukunftsaussichten im Modus von Privatisierung, Restrukturierung oder Stilllegung bewerten. Damit wurde zugleich auch über deren finanzielle Ausstattung entschieden. Der Ausschuss wurde im Herbst 1990 unter Leitung des langjährigen Finanzmanagers Horst Plaschna mit Dutzenden Vertretern und Experten der wichtigsten westdeutschen Finanz- und Beratungsinstitutionen wie DTG/KPMG, Treuarbeit, McKinsey oder Roland Berger & Partner besetzt. Er avancierte zu einem weitgehend im Hintergrund agierenden Schlüsselgremium im ab dem Jahreswechsel von 1990 auf 1991 einsetzenden Massengeschäft von Privatisierung und Abwicklung.[27]

Doch auch jenseits dieses Leitungsausschusses, über dessen vermeintliche „Todeslisten“ bald in Öffentlichkeit, Politik und Betrieben wild spekuliert wurde, waren externe Berater für die Alltagspraxis der sich nun formierenden Privatisierungsagentur von immenser Bedeutung.[28] So hatten im September 1990 externe Personalberater eilig mit dem Suchprofil „mittelständische Unternehmerpersönlichkeiten" die neuen Leiter für die 15 Treuhand-Niederlassungen rekrutiert. Unablässig drängten die aus Westdeutschland stammenden Vorstände, Direktoren oder Abteilungsleiter, in kritischen Konstellationen oder aufbrechenden Skandalfällen externe Berater-Teams als Krisenmanager einzusetzen. Vor allem 1991 beschleunigte das gezielte Engagement von Beratern in Privatisierungsteams das nun anlaufende Massenprivatisierungsgeschäft und erbrachte so einen „zusätzlichen professionellen Privatisierungspush"[29], wie es der Breuel-Vertraute und Treuhand-Generalbevollmächtigte Norman van Scherpenberg griffig formulierte.

Der kurzfristige Einsatz von oft kostspieligen Beratern schien der Treuhandspitze unerlässlich, weil die umfassende Rekrutierung von Westpersonal im Herbst 1990 zunächst nur schleppend anlief und erst durch entsprechende Kanzlerappelle und Leihmanager-Aktionen des Bundesverbandes der Deutschen Industrie (BDI) beschleunigt werden konnte.[30] Es ist daher auch kein Zufall, dass die Treuhandspitze im Januar 1991 eine ihrer ersten zentralen Richtlinien auf den Beratereinsatz bezog – und sogleich dessen alltagspraktische Ambivalenz herausstellte: Mithilfe der Privatisierungs-Beraterrichtlinie sollte einerseits eine gezielte „Beschleunigung des Privatisierungsprozesses" durch „professionelle externe Dienstleistungsressourcen" ermöglicht werden. Es gelte dabei jedoch andererseits die entscheidende Maßgabe, dass „für alle Stadien des Privatisierungsverfahrens" die jeweilige „Entscheidungskompetenz" zwingend beim festangestellten Treuhandpersonal selbst verbleiben müsse.[31]

Dass der Einsatz von Unternehmensberatern und Wirtschaftsprüfern im Geschäftsalltag durchaus bedenkliche Loyalitätskonflikte und Interessenkollisionen erzeugte, zeigte sich gerade auch aus der Gegenperspektive der im Osten aktiven Beratungsunternehmen. Die von mir exemplarisch untersuchte DTG/KPMG, eine führende westdeutsche Wirtschaftsprüfungs- und Beratungsgesellschaft, drängte bereits ab dem Frühjahr 1990 auf den ostdeutschen Markt. Mit scharfem Seitenblick auf die ebenfalls ostwärts expandierende

Konkurrenz strebte die KPMG nun gezielt umfassende Engagements beim Wirtschaftsumbau in der ostdeutschen Industrie an – und antizipierte auch sehr rasch die künftige Schlüsselrolle der Treuhandanstalt in diesem Prozess. Entsprechend intensiv bemühte man sich um adäquate Beratungs- und Prüfungsaufträge im Umfeld dieser Organisation – und das durchaus mit erheblichen Anfangserfolgen beziehungsweise Auftragseingängen.[32]

Doch hierbei schlug die Euphorie des Jahres 1990 oft schon nach kurzer Zeit in Ernüchterung um: Der Wirtschaftsumbau im Osten erwies sich, gerade auch nach dem Zusammenbruch der zuvor viel beschworenen Ostmärkte 1991 und 1992, als komplexes, teures wie krisenhaftes Geschäft mit vergleichsweise geringen Margen – beispielsweise bei der anspruchsvollen Erstellung und Testierung von D-Mark-Eröffnungsbilanzen für Tausende Betriebe. Zugleich erwies sich das Engagement auch als veritable Gefahr für die eigene Reputation: So geriet die KPMG ins Zwielicht, als „Der Spiegel" die vielfältigen Engagements von westdeutschen Beratungsunternehmen im Osten problematisierte: Sie standen einerseits in Diensten der Treuhandzentrale oder des Bundesfinanzministeriums, waren aber andererseits im Auftrag von Treuhandbetrieben sowie von potenziellen, zumeist westdeutschen Investoren aktiv – entsprechende Interessenkonflikte oder Spekulationen über undurchsichtige interne Informationsflüsse lagen auf der Hand. Eine an die Öffentlichkeit gelangte interne Anweisung des KPMG-Vorstands, dass bei Privatisierungsverträgen darauf geachtet werden solle, im Falle von Mehrfachengagements nicht ein und dieselbe Person einen Vertrag sowohl für die Käufer- als auch Verkäuferseite unterzeichnen zu lassen, sorgte für erhebliches Aufsehen und Kritik.[33]

Fazit: Berater in „blühenden Landschaften"?

Erwies sich die wirtschaftliche Wiedervereinigung in Deutschland am Ende als eine Art *Bonanza* für westdeutsche Berater in „blühenden Landschaften"? Diese Frage lässt sich schwer pauschal beantworten. Deutlich wird jedoch, dass sich gerade für westdeutsche Wirtschaftsprüfer und Unternehmensberater als vermeintliche

„Engel der Effizienz“[34] nach 1990 im Osten ein breites Betätigungs- und Aktionsfeld eröffnete, das diese auch aktiv für ihre Expansion zu nutzen verstanden. Schon rasch nach der Maueröffnung im November 1989 erschien der Beratungs- und Orientierungsbedarf in der DDR fast unerschöpflich. Dies zog eine im Detail schwer überschaubare Schar an teils hochprofessionellen, teils aber auch wenig seriösen Westberatern an, die im Osten zahlreichen Betrieben, Verwaltungen, Kommunen oder auch Einzelpersonen ihr entsprechendes *Know-how* anboten.

Dementsprechend avancierte die ab dem Sommer 1990 zentrale Organisation für den Übergang von der Plan- zur Marktwirtschaft zu einem Hauptbetätigungsfeld für Westberater: die Treuhandanstalt und mit ihr Tausende Betriebe, aber zugleich auch die mit ihr verhandelnden Westinvestoren. Die Zahl der direkt für die Treuhandzentrale tätigen Berater lässt sich schwer beziffern, dürfte aber in den Jahren 1991 und 1992 im niedrigen vierstelligen Bereich gelegen haben.[35] Doch nicht nur quantitativ, sondern auch qualitativ ist die Entwicklung der Treuhandanstalt eine Geschichte umfassender Beratungsdienstleistungen: Schon in der Aufbauphase gaben Berater wie Roland Berger oder Dieter Rickert der Treuhand maßgebliche Impulse bei Organisationsaufbau, Strategiefindung oder Personalrekrutierung. Wenig später wurde die unabhängige Beratung in Form des für die Privatisierungspraxis entscheidenden Leistungsausschusses dauerhaft institutionalisiert. Und auch jenseits dessen setzte die Treuhand immer wieder auf das gezielte Engagement von Beraterteams, vor allem in kritischen Privatisierungs-, Skandal- oder Abwicklungsfällen.

Begreift man die Treuhandanstalt als wesentlichen Akteur einer wirtschaftlichen beziehungsweise gesellschaftlichen Eigentumsrevolution in Ostdeutschland, die im Grunde erst nach der staatlichen Einigung am 3. Oktober 1990 begann, dann bietet der Begriff einer *beratenen Revolution* durchaus einiges Potenzial – zumal bei der vergleichenden Analyse des deutsch-deutschen Sonderfalls. Er sensibilisiert vor allem für die Tatsache, dass der umfassende Austausch und Transfer der wirtschaftlichen Eliten – und mithin von Ideen, Organisationen und Wissensordnungen – in Ostdeutschland in den Jahren nach 1990 ein vielschichtiger Prozess mit unterschiedlichen

Akteuren war. Und er verweist perspektivisch auch auf entsprechende Ko-Transformationen, denn letztlich dürfte das umfassende Engagement Tausender Berater in der öffentlichen Sphäre auch die politische Bedeutung der bereits seit den 1980er Jahren aufstrebenden Beratungsbranche im vereinten Deutschland erheblich gesteigert haben.[36]

Insgesamt wird man konstatieren können, dass vor allem die westdeutschen Unternehmensberater und Wirtschaftsprüfer die Treuhand als Organisation insbesondere in ihrer expansiven Frühphase in ein Gebilde transformierten, das sich stark als unternehmerisch-betriebswirtschaftlich verstand. Ihre Konzepte und Dienstleistungen speisten ein umfassendes betriebswirtschaftlich-ökonomisches *Know-how* in die nun rasch anlaufende Alltagspraxis des ostdeutschen Wirtschaftsumbaus ein – und dies durchaus mit ambivalenten Folgen für die Praxis: Die hierdurch befeuerte Professionalisierung und Dynamisierung des Treuhandgeschäfts ermöglichte der Organisation einerseits ihre zügige Aufgabenerledigung über rasche Privatisierungen und Abwicklungen sowie letztlich auch die wohlinszenierte Selbstauflösung im Jahr 1994. Andererseits verursachte der umfassende Einsatz von Beratern nicht nur hohe Kosten, sondern beschädigte durch medienöffentliche beziehungsweise politische Kontroversen die ohnehin prekäre Legitimität der Privatisierungsprozesse.

Dass die Treuhandanstalt nach fast drei Jahrzehnten noch immer als negativer Umbruchsmythos in der ostdeutschen Erinnerungskultur hochvirulent ist, hat letztlich auch mit dem technokratischen, sich als apolitisch beziehungsweise rein betriebswirtschaftlich verstehenden Management der konkreten Umbruchsprozesse durch Experten zu tun. Diese konnten oder wollten auf kulturelle beziehungsweise soziale Folgewirkungen der krisenhaften Vorgänge bei Belegschaften oder in der Bevölkerung kaum Rücksicht nehmen.[37] Die in vielfältigen Zusammenhängen für die Treuhand tätigen Berater haben den grundlegenden Trend zum technokratisch-ökonomischen Dezisionismus im Kontext der deutsch-deutschen Schocktherapie maßgeblich vorangetrieben.

Anmerkungen

1 Vgl. hierzu Martin Sabrow (Hrsg.), 1989 und die Rolle der Gewalt, Göttingen 2012.

2 Vgl. hierzu konzeptionell Frank Bösch (Hrsg.), Geteilte Geschichte: Ost- und Westdeutschland 1970–2000, Göttingen 2015.

3 Als Überblick: Dietmar Süß, Idee und Praxis der Privatisierung. Eine Einführung, in: Norbert Frei/Dietmar Süß (Hrsg.), Privatisierung. Idee und Praxis seit den 1970er Jahren, Göttingen 2012, S. 11–31.

4 Vgl. dazu weiterführend Marcus Böick, Entdeckung, Expansion, Ernüchterung. Die KPMG/DTG und die deutsche Wiedervereinigung, in: Dieter Ziegler/Johannes Bähr/Jörg Lesczenski (Hrsg.), Vertrauensbildung als Auftrag. Von der Deutsch-Amerikanischen Treuhand-Gesellschaft zur KPMG AG, München 2015, S. 214–249.

5 Vgl. Philipp Ther, Die neue Ordnung auf dem alten Kontinent. Eine Geschichte des neoliberalen Europa, Berlin 2014.

6 Vgl. dazu Quinn Slobodian, Globalists. The End of Empire and the Birth of Neoliberalism, Harvard (MA) 2018.

7 Vgl. als explorative Studie: Friedrich Thiessen (Hrsg.), Die Wessis. Westdeutsche Führungskräfte beim Aufbau Ost, Köln 2009.

8 Vgl. Ingo Schulze, Neue Leben. Roman, Berlin 2005.

9 Vgl. Thomas Großbölting/Christoph Lorke (Hrsg.), Deutschland seit 1990: Wege in die Vereinigungsgesellschaft, Stuttgart 2017; Jürgen Kocka, Vereinigungskrise. Zur Geschichte der Gegenwart, Göttingen 1995.

10 Vgl. dazu Dierk Hoffmann, Im Laboratorium der Marktwirtschaft: Zur Geschichte der Treuhandanstalt 1989/90 bis 1994. Ein neues Forschungsprojekt des Instituts für Zeitgeschichte, in: Vierteljahrshefte für Zeitgeschichte 66 (2018), S. 167–188.

11 Junge Grafen und Freiherren tummeln sich auf „Schloß Breuel“, in: Morgenpost, 2. 2. 1992.

12 Exemplarisch hierzu: Zu schnelle Beförderung, zu viel Geld, in: Süddeutsche Zeitung, 6. 6. 1992; Rechnungshof rügt Treuhand, in: Frankfurter Rundschau, 6. 6. 1992.

13 Vgl. dazu methodisch: Hartmut Berghoff/Jakob Vogel, Wirtschaftsgeschichte als Kulturgeschichte. Ansätze zur Bergung transdisziplinärer Synergiepotentiale, in: Dies. (Hrsg.), Wirtschaftsgeschichte als Kulturgeschichte. Dimensionen eines Perspektivwechsels, Frankfurt a. M. 2004, S. 9–41.

14 Vgl. hierzu die diversen Beiträge in: Klaus-Dietmar Henke (Hrsg.), Revolution und Vereinigung 1989/90. Als in Deutschland die Realität die Phantasie überholte, München 2009.

15 Vgl. hierzu autobiografisch: Christopher Schwarzer, Inside Ost. Vom West-Berater zum Ost-Unternehmer, München 2014.

16 Vgl. Sachverständigenrat zur Begutachtung der gesamtwirtschaftlichen Entwicklung, Zur Unterstützung der Wirtschaftsreform in der DDR:

Voraussetzungen und Möglichkeiten. Sondergutachten vom 20. Januar 1990, in: Treuhandanstalt (Hrsg.), Dokumentation 1990–1994, Bd. 1, Berlin 1994, S. 852–864, und Bd. 2, S. 1–62.

17 Vgl. dazu als Dokumentation: Günter Nötzold (Hrsg.), Die Stunde der Ökonomen. Prioritäten nach der Wahl in der DDR und die Zukunft der europäischen Wirtschaftsbeziehungen, Essen 1990.

18 Zitate in: Marc Kemmler, Die Entstehung der Treuhandanstalt. Von der Wahrung zur Privatisierung des DDR-Volkseigentums, Frankfurt a. M. 1994, S. 90 ff.

19 Vgl. Dirk Laabs, Der deutsche Goldrausch. Die wahre Geschichte der Treuhand, München 2012, S. 41 ff.

20 Vgl. dazu das Standardwerk Wolfgang Seibel, Verwaltete Illusionen. Die Privatisierung der DDR-Wirtschaft durch die Treuhandanstalt und ihre Nachfolger 1990–2000, Frankfurt a. M. 2005.

21 Vgl. ausführlich Marcus Böick, Die Treuhand. Idee – Praxis – Erfahrung, Göttingen 2018, hier S. 268 ff.

22 Vgl. Michael Jürgs, Die Treuhändler. Wie Helden und Halunken die DDR verkauften, München 1997, S. 83.

23 Roland Berger & Partner GmbH, Aufgaben, Struktur und Funktionsweise der Treuhandanstalt der DDR, in: Treuhandanstalt (Hrsg.), Dokumentation 1990–1994, Bd. 2, S. 393–406.

24 Vgl. weiterführend Böick, Die Treuhand, S. 287 ff.

25 Vgl. zu diesem Thema Marcus Böick, Im „Säurebad der Einheit“. Die Treuhandanstalt in den medienöffentlichen Debatten der frühen 1990er Jahre, in: Deutschland Archiv 43 (2010), S. 425–432.

26 Vgl. Treuhandanstalt, Vermerk für den Ministerpräsidenten. Betr.: Ausreichung von Liquiditätskrediten, 12. 7. 1990, in: Treuhandanstalt (Hrsg.), Dokumentation 1990–1994, Bd. 2, S. 105 f.

27 Vgl. Birgit Breuel (Hrsg.), Treuhand intern. Tagebuch, Frankfurt a. M. 1993, S. 89 ff.

28 Vgl. Jürgs, Die Treuhändler, S. 167; Kemmler, Die Entstehung, S. 327.

29 Interview-Protokoll von Dietmar Rost mit Norman van Scherpenberg, 28. 1. 1993.

30 Vgl. Unternehmen sagen Kanzler Kohl Hilfe für die Treuhandanstalt zu, in: Die Welt, 9. 10. 1990.

31 Richtlinie zur Einschaltung von Beratern im Privatisierungsverfahren, Berlin, 14. 1. 1991, in: Treuhandanstalt (Hrsg.), Dokumentation 1990–1994, Bd. 11, S. 134–138.

32 Vgl. hierzu mit detaillierten empirischen Belegen Böick, Entdeckung, Expansion, Ernüchterung.

33 Vgl. dazu: Mischung aus Marx und Mafia, in: Der Spiegel, 9. 9. 1991.

34 Florian Hoof, Engel der Effizienz. Eine Mediengeschichte der Unternehmensberatung, Konstanz 2015.

35 Vgl. exemplarisch aus der Spätphase: Personalbericht der THA, Dezember 1993, in: Treuhandanstalt (Hrsg.), Dokumentation 1990–1994, Bd. 11, S. 194–215.

36 Vgl. zu den Ko-Transformationen: Philipp Ther, Das „neue Europa“ seit 1989. Überlegungen zu einer Geschichte der Transformationszeit, in: Zeithistorische Forschungen 6 (2009), S. 105–114.

37 Vgl. Marcus Böick/Constantin Goschler, Wahrnehmung und Bewertung der Arbeit der Treuhandanstalt (Studie im Auftrag des Bundesministeriums für Wirtschaft und Energie), Bochum 2017, https://www.bmwi.de/Redaktion/DE/Publikationen/Studien/wahrnehmung-bewertung-der-arbeit-der-treuhandanstalt-lang.html [26. 3. 2020].

JANN MÜLLER

Partner der Treuhandanstalt?

Die Interessenverbände der Wirtschaft und die Transformation in Ostdeutschland

In der Öffentlichkeit erhielt die Treuhandanstalt (THA) zumeist große Unterstützung seitens der Interessenverbände der Wirtschaft. Sie befürworteten und begrüßten den Umbau der ostdeutschen Wirtschaft, mussten sich allerdings auch mit dessen Folgen auseinandersetzen. Ganz allgemein lassen sie sich drei Organisationen zuordnen: Arbeitgeberverbänden, Wirtschaftsverbänden sowie den Kammern, unter denen die Industrie- und Handelskammern (IHKn) die mit Abstand meisten Unternehmen vertreten. Kammern sind öffentlich-rechtlich verfasste Selbstverwaltungsorgane und werden aufgrund staatlicher Verfügung gebildet, während Verbände im Allgemeinen freiwillige privatrechtliche Zusammenschlüsse sind. Auf zentraler Ebene organisieren sich die IHKn allerdings in privatrechtlicher Form im Deutschen Industrie- und Handelskammertag (bis 2001: Deutscher Industrie- und Handelstag, DIHT), der neben der Bundesvereinigung der deutschen Arbeitgeberverbände sowie dem Bundesverband der Deutschen Industrie (BDI) zu den mitgliederstärksten Spitzenverbänden der deutschen Wirtschaft zählt.[1] Wirtschaftsverbände moderieren und aggregieren politische Interessen und bringen diese in Entscheidungsprozesse ein. Sie bieten ihren Mitgliedern Beteiligungsmöglichkeiten und übernehmen eine Integrationsfunktion, indem sie nach innen vermittelnd und nach außen fordernd auftreten.

Arbeitgeberverbände konzentrieren sich auf Fragen der Arbeitsmarkt-, Tarif- und Sozialpolitik, häufig als Gegenspieler zu den Gewerkschaften.[2] Wirtschaftsverbände positionieren sich eher in allgemeinpolitischen Debatten, sofern übergeordnete Interessen ihrer Mitglieder berührt werden. Der BDI übernimmt auf bundespolitischer Ebene die Rolle einer Speerspitze. Hierbei bewegt er sich allerdings in einem Spannungsfeld, da sich die Wirtschaftsverbände seit den 1980er Jahren stärker ausdifferenzieren und Brancheninteressen gegenüber allgemeinpolitischen Interessen an Gewicht gewinnen.[3] Die IHKn positionieren sich ebenfalls oft allgemeinpolitisch. Sie sind allerdings an das bundesdeutsche Kammergesetz gebunden, das sie auf die Interessen der Unternehmen ihres jeweiligen Kammerbezirks verpflichtet. Stellungnahmen von IHKn beziehen sich daher oft auf regionalwirtschaftliche Probleme. Positionierungen zu überregionalen Fragen und Grundsatzangelegenheiten werden in Länderarbeitsgemeinschaften oder im Deutschen Industrie- und Handelskammertag erarbeitet.

Im Zuge der deutschen Wiedervereinigung gelang es den Interessenorganisationen der deutschen Wirtschaft rasch, die ostdeutsche Wirtschaft einzubeziehen und zu verhindern, dass der Beitritt der neuen Länder zur Bundesrepublik das Verbändesystem unmittelbar veränderte. Bei einer mittel- und langfristigen Betrachtung tritt die Frage gleichwohl erneut in den Vordergrund, ob der Fall der Berliner Mauer eine Zeitenwende für die Interessenorganisationen der deutschen Wirtschaft war. Probleme, deren Ursprünge in die 1980er Jahre zurückreichten, wurden nach der Wiedervereinigung schnell dringlicher. Bei den Wirtschafts- und Arbeitgeberverbänden zählten hierzu rückläufige Mitgliederzahlen, Differenzierungstendenzen sowie Debatten über „Verbandsmüdigkeit" und Schwierigkeiten, Engagement innerhalb der etablierten Strukturen zu entfachen.[4] Für die IHKn war die Problematik der Mitgliederbindung aufgrund ihrer pflichtmitgliedschaftlichen Verfassung nicht direkt bedeutsam. Häufiger verweigerte Beitragszahlungen und Klagen gegen die Pflichtmitgliedschaft deuteten unterdessen an, dass auch das Kammerwesen mit untergründigen Veränderungen konfrontiert war. Praktische Überschneidungen und Konkurrenzsituationen zwischen den Spitzenverbänden führten auch vor diesem Hintergrund zu Überlegungen, enger zu kooperieren. Vor allem Arbeitgeber- und Wirtschaftsverbände arbeiteten daraufhin verstärkt zusammen, hielten ihre institutionelle Trennung formal allerdings aufrecht.[5]

Der Transfer des westdeutschen Korporatismus als verfehlte Transformationsstrategie

Statt einer Reform der dreigliedrigen Organisation der Unternehmerinteressen sorgte die Wiedervereinigung zunächst dafür, dass die Spitzenverbände ihren Einfluss ausdehnten. Die THA spielte hierbei eine unterstützende Rolle. Sie wies ihre Betriebe an, den jeweiligen Wirtschafts- und Arbeitgeberverbänden beizutreten und Beiträge an die zuvor in den Bezirken der DDR entstandenen IHKn zu zahlen. Ausschlaggebend für den Erfolg der westdeutschen Unternehmerorganisationen war unterdessen das große Interesse, das ihnen in der DDR sowohl Kleinunternehmer als auch Betriebs- und Kombinatsleiter sowie die Vertreter der Industrieministerien entgegenbrachten.[6]

Die Hoffnung, dass die Verbandsmüdigkeit eine vorübergehende Erscheinung sei, erwies sich allerdings als trügerisch. Dies gilt insbesondere für die Arbeitgeberverbände: 1990 war es ihnen geglückt, große Teile der ostdeutschen Industrie zu organisieren und in zentralisierte Tarifverhandlungen einzubeziehen. Der Anteil tarifparteilich organisierter Betriebe ging allerdings bald kontinuierlich zurück.[7] Austritte waren hierfür nur zu einem geringeren Teil verantwortlich: Die großen Unternehmen, die sich den Arbeitgeberverbänden 1990 angeschlossen hatten, stellten weiterhin die Mitgliederbasis. Kleinere Betriebe jedoch, die aus der Aufspaltung und (Re-)Privatisierung des THA-Vermögens hervorgingen, traten nach vollzogenem Eigentümerwechsel nicht beziehungsweise nicht wieder in die Arbeitgeberverbände ein. Besonders groß war die Distanz bei ostdeutschen Unternehmern, Reprivatisierern und *Management-Buy-out*-Unternehmern. Erstere führten Betriebe, die 1972 unter Erich Honecker verstaatlicht worden waren. 1990 strebten die Alteigentümer beziehungsweise deren Nachfolger zurück in die Selbstständigkeit. Bei den Letzteren handelte es sich meist um frühere sozialistische Betriebsleiter, die im Privatisierungsprozess als Käufer zum Zuge gekommen waren.

Der Politikwissenschaftler Franz Traxler geht davon aus, dass Ressourcenknappheit bei betroffenen Unternehmen einerseits den Bedarf an verbandlicher Organisation steigert, andererseits die Organisationsfähigkeit beeinträchtigt.[8] Demzufolge wäre, in

Anbetracht der wachsenden Probleme der ostdeutschen Industrie, mit ambivalenten Folgen zu rechnen gewesen. Unterdessen durchlief das tarifverbandliche System ab 1992 einen rapide verlaufenden Erosionsprozess. Die Transformationsdynamik und die interessenpolitische Ausrichtung der Spitzenverbände gelten hierbei als zwei zentrale Ursachen. In scharfer Form übten die Ökonomen Hans-Werner Sinn und Gerlinde Sinn bereits 1991 Kritik an der „Hochlohn-Strategie" der Gewerkschaften und Arbeitgeberverbände.[9] Die Mehrheit der westdeutschen Mitglieder sei nicht daran interessiert, im Osten neue Wettbewerber entstehen zu lassen; dies sei der Grund einer ruinösen Lohnpolitik.

Die Kritik an den Spitzenverbänden, insbesondere im Kontext der Lohnpolitik, zielte auf die Tatsache, dass ihre Osterweiterung direkt und kausal mit der staatlichen Wiedervereinigung verbunden war. Es zählte zum politischen Steuerungsrepertoire der alten Bundesrepublik, Verbände in öffentliche Aufgaben einzubeziehen. Deshalb erscheint es fragwürdig, die Sphären „Staat" und „Verbände" kategorisch zu trennen. Die institutionalisierten Arbeitsbeziehungen gelten als Kern des Verbändewesens; vor diesem Hintergrund suchte die Bundesregierung die Tarifparteien bei der Lösung der Probleme der ostdeutschen Wirtschaft einzubeziehen.[10] Arbeitgeberverbände und Gewerkschaften standen unterdessen selbst unter äußeren Handlungszwängen. Die Vereinigung per Beitritt entfachte in der ostdeutschen Bevölkerung enorme Erwartungen. Derweil brach mit den Handelsbeziehungen in die Länder des Rats für gegenseitige Wirtschaftshilfe das Rückgrat der ostdeutschen Industrie kurz darauf ein. 1990 und 1991 hatten die Tarifparteien eine schnelle Angleichung der ostdeutschen Löhne an das westdeutsche Niveau vereinbart. Davon distanzierten sich die Arbeitgeberverbände 1992 wieder, auch unter dem Druck der Bundesregierung.

Der – letztlich abgebrochene – Versuch, das ostdeutsche Lohnniveau schnell an das westdeutsche heranzuführen, gilt heute als einer der Hauptgründe dafür, dass es den (tarifgebundenen) Arbeitgeberverbänden nach 1992 kaum mehr gelang, Mitglieder zu rekrutieren.[11] Prominente Vertreter der sozialwissenschaftlichen Vereinigungsforschung beurteilen dies als Ergebnis eines gescheiterten „Institutionentransfers".[12] Unstrittig ist, dass sich die Lohnfindung in

Ostdeutschland in den folgenden Jahren wieder stärker dezentralisierte und Flächentarifverträge selten wurden. In gesamtdeutscher Perspektive wirkten die Verhältnisse im Osten nunmehr wie eine besonders drastische Variante der Verbandsflucht, die auch im alten Bundesgebiet keineswegs zu einem Ende gekommen war. Globalisierung und Elitenwandel wurden hier als wesentliche Ursachen dafür identifiziert, dass sich korporatistische Beziehungen in den 1990er Jahren immer mehr abschwächten.[13]

Unternehmerorganisationen zwischen Wiedervereinigung und Transformation *von unten*

Die in der DDR neu entstandenen ostdeutschen Kammern und Verbände traten zum 3. Oktober 1990 nunmehr den gesamtdeutschen Spitzenorganisationen bei. Dies war der Höhepunkt einer wie im Zeitraffer verlaufenen Entwicklung, die zwei Impulse maßgeblich angestoßen hatte: Als im April des Vereinigungsjahres klar wurde, dass die deutsche Einheit nicht mehr fern war, unterstützten die westdeutschen Verbände die ostdeutschen Aufbaubemühungen entschlossen. Die neue DDR-Regierung machte zugleich deutlich, das Modell der Bundesrepublik weitgehend übernehmen zu wollen. Dies bewirkte auch auf Ebene der Verbände, dass sich die Akteure auf einen baldigen Zusammenschluss per Beitritt einstellten. Die ersten Impulse zur Bildung verbandlicher Strukturen reichten allerdings weiter zurück. In der DDR entstand bereits im Zuge der friedlichen Revolution ein „embryonales Verbändesystem".[14] Auch die ersten IHKn bildeten sich im Januar 1990 anhand von Vorbildern aus der Bundesrepublik. *Blueprints* westdeutscher Organisationen waren von zweifellos großer Bedeutung[15]; Vereinigungsgründungen erfolgten noch als oppositioneller Akt gegenüber der sozialistischen Staats- und Gesellschaftsordnung. Im Vordergrund stand zu diesem Zeitpunkt nicht die Frage einer deutsch-deutschen Vereinigung, sondern die Überzeugung, in der noch bestehenden DDR eine glaubhafte Alternative zum *Status quo* zu präsentieren. Der Rückgriff auf westdeutsche Vorbilder war nicht zuletzt ein Mittel, die Einmischung der Staatsorgane der DDR abzuwehren. Ideelle und logistische

Unterstützung aus dem Westen kalkulierten ostdeutsche Gründer dabei durchaus mit ein.

Die Vertreter der westdeutschen Organisationen achteten darauf, dass sich Neugründungen in der DDR im Wiedervereinigungsfall leicht integrieren ließen. Jenseits dieser Verallgemeinerungen unterscheidet sich die Entstehung der ostdeutschen IHKn, der Wirtschafts- sowie der Arbeitgeberverbände allerdings deutlich. Die Kammern gingen aus einer Demokratisierung und tiefgreifenden Umgestaltung der sozialistischen Handels- und Gewerbekammern hervor, in denen die kleingewerbliche Privatwirtschaft der DDR organisiert war.[16] Die ersten Schritte hatten die Mitglieder der Handels- und Gewerbekammern bereits vollzogen, indem sie wirtschaftspolitische Forderungen aufstellten und das alte Leitungspersonal absetzten, ehe im Januar 1990, unter Rückgriff auf Satzungsunterlagen der Stuttgarter Kammer, in Dresden die erste IHK entstand. Die Modrow-Regierung erkannte die IHKn bald darauf an. Sie bildeten sich somit vor der Volkskammerwahl, die die Weichen zur Wiedervereinigung stellte. Die Kammergründungen wurden nicht zuletzt so schnell vollzogen, weil sich in nahezu allen Bezirken der DDR engagierte ostdeutsche (Klein-)Unternehmer fanden, die sich von unabhängigen Kammern politische Veränderungen versprachen und bereit waren, in den Organisationen mitzuarbeiten.[17]

Auf dem Gebiet der industriellen Beziehungen verlief die Bildung tarifparteilicher Organisationen nach einem anderen Muster. Zwar äußerte bereits die Modrow-Regierung in Person der zuständigen Ministerin Christa Luft (SED) ihre Absicht, freie Tarifparteien und ein demokratisches System der Lohnfindung zuzulassen.[18] Andererseits war Luft angetreten, die Planwirtschaft durch Reformen zu konsolidieren und im Kern zu erhalten. Erste Versuche, die Lohnfindung zu reformieren, scheiterten. Dies änderte sich erst nach der Volkskammerwahl, als binnen kurzer Zeit regionale Arbeitgeberverbände in der DDR entstanden.[19] Erste Kontakte zu bundesdeutschen Arbeitgeberverbänden waren schon zuvor geknüpft worden; dass diese erst im April in konkrete Gründungsaktivitäten mündeten, hatte zweierlei Gründe: Die westdeutschen Verbände gaben ihre zunächst abwartende Haltung angesichts des Zeitdrucks einer baldigen Wiedervereinigung auf. In den Ministerien und Kombinaten der DDR entstand wiederum Handlungsdruck, weil die Gewerkschaften sich mithilfe westdeutscher Experten anschickten, erste Tarifverhandlungen zu führen. Den Kombinatsleitungen wurde dadurch deutlich, dass sie ihre lohnpolitischen Interessen vertreten lassen mussten.[20]

Die Entstehung der Wirtschaftsverbände verlief im Vergleich zu den Arbeitgeberverbänden und Kammern unter anderen Vorzeichen, bis auf die Tatsache, dass sich auch hier oft ostdeutsche Ableger westdeutscher Vorbildorganisationen etablierten. Die Art und Weise der Gründungen unterschied sich gleichwohl. Arbeitgeberverbände entstanden offenbar als „von ‚oben' gesteuerte Osterweiterung der Westverbände"[21], während die Aneignung organisatorischer Vorbilder bei den IHKn stärker *von unten* durch lokale Akteure, die den Gründungsverlauf mitbestimmten, erfolgte.[22] Bei den Wirtschaftsverbänden kam es teils zu einer Ostausdehnung bestehender westdeutscher Branchenverbände, teils zu Neugründungen in Ostdeutschland. Die Rekrutierung von Mitgliedern erfolgte mitunter durch gezielte Ansprache von Unternehmen.[23] Industrieverbände, die sich im BDI organisierten, stießen im Kontext des Umbruchs in der DDR jedenfalls auch auf das Problem, sich fast ausschließlich an Staatsbetriebe wenden zu müssen.

Mit der Wiedervereinigung mussten sämtliche Spitzenverbände die Interessen der neuen Mitglieder integrieren, ohne ihre Altmitglieder zu verprellen oder ihren politischen Einfluss zu riskieren. Die Arbeitgeberverbände ernteten angesichts der Lohnpolitik der Jahre 1990 und 1991 nicht nur scharfe öffentliche Kritik, sondern gerieten auch unter Druck, den rückläufigen Organisationsgrad zu stabilisieren. Sie reagierten mit der Schaffung neuer, nicht-tarifgebundener Verbände (OT-Verbände), die sozialpolitische Beratungs- und Informationsleistungen anboten. Die OT-Verbände waren überaus erfolgreich und lösten das Problem der Mitgliederrekrutierung, verfestigten so allerdings den Bedeutungsverlust der regulären Arbeitgeberverbände und das Ende zentralisierter Tarifverhandlungen.[24] Der Trend zur Verbandsflucht sei mit ihnen lediglich in einen Trend zur Tarifflucht gewandelt worden, wie eine des Öfteren geübte Kritik an den OT-Verbänden lautet.[25]

Die Kammerorganisation und der BDI während der Vereinigungskrise

Während die Spitzenverbände im Vereinigungsjahr noch Einigkeit mit der Politik der Bundesregierung demonstrierten, stellte die politische Ausrichtung ab 1991 beziehungsweise 1992 auch den DIHT und den BDI vor eine Belastungsprobe. Die ostdeutsche Konjunktur war schwächer als angenommen, und auch die THA wirkte nur vorübergehend als „institutioneller Blitzableiter".[26] Wirtschaftliche Probleme häuften sich vor allem bei Unternehmen mit ostdeutschen Eigentümern. In den Wirtschaftsverbänden führte die Verselbstständigung von THA-Betrieben daher zu Problemen der Mitgliederbindung beziehungsweise – in den Kammern stärker ausgeprägt – zu Interessenkonflikten. Den Hintergrund bildete eine auch öffentlich geführte Auseinandersetzung darüber, ob ostdeutsche Produzenten durch westdeutsche Handelsunternehmen sowie bei der Vergabe von öffentlichen Aufträgen benachteiligt worden seien.

Unter dem Druck der Erwartungen kündigte der BDI 1992 an, gemeinsam mit der THA das Volumen der Aufträge westdeutscher Großunternehmen bei Herstellern aus den neuen Bundesländern innerhalb von zwei Jahren zu verdoppeln. Mit der im folgenden Jahr gestarteten „Einkaufsoffensive Ost" konnte sich der Industrieverband aber nur in begrenztem Maße als Vertreter ostdeutscher Interessen profilieren, da die Wirksamkeit der Aktion umstritten war.[27] Diesbezüglich erfolgreicher positionierte sich der BDI in der Steuerpolitik: Im Sommer 1992 forderte Verbandspräsident Heinrich Weiss, eine Mehrwertsteuerpräferenz als sofortige Stützmaßnahme für angeschlagene Betriebe in den neuen Bundesländern einzuführen.[28] Bereits im Zusammenhang mit der Wirtschafts-, Währungs- und Sozialunion hatte der Industrieverband vorgeschlagen, ein befristetes Niedrigsteuergebiet zu schaffen, um Ostdeutschland wirtschaftlich zu fördern. In der Bundesregierung hatte das FDP-geführte Wirtschaftsministerium dies aufgegriffen, ohne sich aber gegen das Finanzministerium behaupten zu können, das Investitionsförderungen als geeignetes Mittel zur wirtschaftlichen Belebung der neuen Länder betrachtete.[29]

Der BDI-Präsident konnte mit seinen Forderungen zwar an konzeptionelle Vorüberlegungen anknüpfen, gleichwohl war der Ruf nach einer Mehrwertsteuer- beziehungsweise Wertschöpfungspräferenz für ostdeutsche Produkte ungewöhnlich. Die Idee orientierte sich an der ehemaligen Berlinförderung, für deren Abschaffung der Verband eingetreten war.[30] Die Forderung einer Wiederauflage schien ohnehin geringe Erfolgsaussichten zu haben, da das verbündete Wirtschaftsministerium, das die Position des Industrieverbands erneut aufgriff, wiederum auf entschiedenen Widerstand im Finanzministerium stieß. Spätestens mit Beginn der Rezession 1993 hatte die Haushaltskonsolidierung dort oberste Priorität. Die Forderung einer Wertschöpfungspräferenz erwies sich nichtsdestoweniger als medialer Erfolg und wurde in der Presse eingehend diskutiert.[31] Dies machte sich auch in den Arbeitskreisen des DIHT bemerkbar, wo man am Grundsatz der Investitionsförderung festhielt und fiskalischen Mitteln zur Förderung des Absatzes ostdeutscher Produkte skeptisch gegenüberstand. Es stellte die Kammerorganisation unterdessen vor eine größere Herausforderung, auf die Erwartungen ihrer ostdeutschen Mitglieder einzugehen.

Mehrere Präsidenten ostdeutscher IHKn verfassten im April 1992 ein mittelstandspolitisches Positionspapier, in dem sie kritisierten, dass der Aufschwung den „einheimischen Mittelstand“ nicht erreiche. Deshalb verlangten sie temporäre Kostenstützungsmaßnahmen.[32] DIHT-Präsident Hans Peter Stihl veranlasste dies zu regelmäßigen Konsultationen mit den Vertretern ostdeutscher Kammern, wo er um Zuarbeit für seine Tätigkeiten auf spitzenpolitischer Ebene bat. Die Forderung einer grundlegenden Neuausrichtung der Förderpolitik machte sich der DIHT unterdessen nicht zu eigen. Der Mittelstandsausschuss des DIHT vertrat im September 1992 die Position, dass staatliche Absatzhilfen zugunsten ostdeutscher Produkte nicht mit marktwirtschaftlichen Grundsätzen vereinbar seien. Die Anpassung der ostdeutschen Wirtschaft werde hierdurch behindert.[33] Hervorgehoben wurde hingegen das freiwillige Engagement westdeutscher Firmen, zum Beispiel im Rahmen der sogenannten Einkaufsoffensive. Dies allerdings erwies sich als unzureichend, um den innerverbandlichen Konsens wiederherzustellen.

Im Oktober 1993 kam es auf der Vorstandssitzung des DIHT zu einer Aussprache über die verbandspolitische Ausrichtung. Der Präsident der IHK Erfurt trug dort vor, wie er die Lage ostdeutscher Betriebe einschätzte. Anhand von Beispielen sowohl aus der Lebensmittel- als auch der Metall- und Elektrobranche beklagte er mangelnde Fairness westdeutscher Geschäftspartner im Umgang mit ostdeutschen Betrieben.[34] Die Förderpolitik sei nicht ausreichend, um dem ostdeutschen Mittelstand zu helfen und industrielle Betriebe zu erhalten. Der Präsident der IHK Erfurt forderte, dass sich der DIHT mit den Vorschlägen wie der Wertschöpfungspräferenz und den Lohnsubventionen auseinandersetzen solle. Er verwies auf mehrere ostdeutsche Kammern sowie Landesregierungen, die in dieser Frage eine ähnliche Position hätten. Die Wünsche der ostdeutschen Unternehmer nach einer steuerlichen Bevorzugung ihrer Produkte riefen indessen heftigen Widerstand hervor. Die Unternehmer aus dem alten Bundesgebiet beharrten darauf, dass es den Betrieben in den neuen Bundesländern an marktfähigen Produkten mangele.

Der Konflikt um die politische Ausrichtung des DIHT konnte im Oktober 1993 beigelegt werden, indem Hilfsmaßnahmen zugunsten der ostdeutschen Betriebe beschlossen wurden. Die ostdeutschen IHKn erweiterten infolgedessen mithilfe des Spitzenverbands ihre Leistungsangebote. Zu den erfolgreichen Programmen zählten die „Industriepatenschaften", mit denen pensionierte Führungskräfte gewonnen wurden, um Aufbauhilfe in ostdeutschen Betrieben zu leisten.[35] Das Programm eignete sich insbesondere für frühere THA-Betriebe, bei denen es an Nachsorge nach der Privatisierung gemangelt hatte. Ein ebenfalls erfolgreiches Förderinstrument, das die IHKn in Zusammenarbeit mit der Deutschen Ausgleichsbank entwickelten, waren die sogenannten Runden Tische. Es handelte sich um eine Maßnahme, um Unternehmen in akuten Liquiditätsproblemen zu unterstützen. Die Runden Tische dienten dazu, Gläubiger zu versammeln und unter Führung der IHK zu sondieren, ob sich ein bedrohtes Unternehmen weiterführen ließ. Die Erfolgsquoten dieser Beratungen waren hoch und trugen in vielen Fällen dazu bei, Existenzen zu sichern.

Fazit

Die Kammern sowie die Wirtschafts- und Arbeitgeberverbände zählten 1990 zu den Gewinnern der Wiedervereinigung. Zwischen den ostdeutschen Neumitgliedern und den Spitzenverbänden herrschte weitgehend Interessenkongruenz. Es gelang daher innerhalb kurzer Zeit, die ostdeutsche Wirtschaft in die bestehenden organisatorischen Strukturen einzugliedern, ohne dass die Spitzenverbände Abstriche in Bezug auf ihre politische Ausrichtung vornehmen mussten. Dies galt insbesondere für ihre Unterstützung der THA sowie der Vereinigungspolitik der Bundesregierung, die darauf zielte, die ostdeutschen Verhältnisse an die der Bundesrepublik anzugleichen. Als die ostdeutsche Transformation in schweres Fahrwasser geriet, wurden die Unternehmerorganisationen allerdings mit erheblichen Problemen konfrontiert. Dies betraf insbesondere die Frage, wie sie auf die Erwartungen ostdeutscher Unternehmer reagieren sollten, die oft kleine und mittlere Unternehmen führten.

Die ostdeutschen Arbeitgeberverbände hatten 1990 kaum kleine und mittlere Unternehmen in ihren Reihen. Um ein System zentralisierter Lohnverhandlungen aufzubauen, waren sie entbehrlich. Da es zunächst keine größeren Privatunternehmen gab, rekrutierte sich die Mitgliederbasis der Arbeitgeberverbände anfangs nahezu ausschließlich aus Staatsbetrieben. Im Zuge der Privatisierungen der THA-Betriebe zeigte sich, dass Betriebe in privater Hand den Arbeitgeberverbänden fernblieben. In Reaktion auf den dadurch rapide sinkenden Organisationsgrad entstanden Arbeitgeberverbände ohne Tarifbindung, die zwar das Problem der Mitgliederrekrutierung lösten, das System zentralisierter Tarifverhandlungen aber eher weiter schwächten.

Auch die Spitzenverbände der Kammern und der Wirtschaftsverbände gerieten in Anbetracht der Krisenerscheinungen der ostdeutschen Wirtschaft unter den Druck der Erwartungen ihrer ostdeutschen Mitglieder. Dies galt vor allem für ihr Verhältnis zur THA: DIHT und BDI hatten stets für die THA geworben, die unter ostdeutschen Unternehmern aber wenig beliebt war. Der BDI vertrat in der Folge die Forderung nach Subventionen zugunsten ostdeutscher Betriebe und konnte den Erwartungsdruck so vorübergehend auf die Bundesregierung umlenken. Auch im DIHT wurde daraufhin debattiert, ob die Einführung einer Mehrwertsteuerpräferenz zu fordern sei. Da die Mehrheit der Mitglieder dem kritisch gegenüberstand, hatte die Initiative keinen Erfolg. Der Kammerverband musste allerdings, um den Verbandsfrieden zu wahren, Maßnahmen zur Unterstützung der ostdeutschen Mitgliedsunternehmen beschließen, die in Form von Dienstleistungen und Förderprogrammen der ostdeutschen IHKn umgesetzt wurden.

Anmerkungen

1 Vgl. Wolfgang Schroeder/Bernhard Weßels, Die deutsche Unternehmerverbändelandschaft: vom Zeitalter der Verbände zum Zeitalter der Mitglieder, in: Dies. (Hrsg.), Handbuch Arbeitgeber- und Wirtschaftsverbände in Deutschland, 2. Aufl. Wiesbaden 2017, S. 3–28, hier S. 8.

2 Vgl. Wolfgang Schroeder, Geschichte und Funktion der deutschen Arbeitgeberverbände, in: ebd., S. 29–51, hier S. 29.

3 Vgl. Werner Bührer, Geschichte und Funktion der deutschen Wirtschaftsverbände, in: Schroeder/Weßels (Hrsg.), Handbuch Arbeitgeber- und Wirtschaftsverbände in Deutschland, S. 53–83, hier S. 70.

4 Ebd.

5 Vgl. Fred Henneberger, Die Unternehmerverbände, in: Oskar Niedermayer (Hrsg.), Intermediäre Strukturen in Ostdeutschland, Opladen 1996, S. 335–355, hier S. 342.

6 Vgl. Ingrid Artus, Tarifpolitik in den neuen Bundesländern – Akteure, Strategien, Problemlagen, in: Joachim Bergmann/Rudi Schmidt (Hrsg.), Industrielle Beziehungen. Institutionalisierung und Praxis unter Krisenbedingungen, Opladen 1996, S. 71–100, hier S. 72.

7 Der Grad der Unternehmensorganisation sank stärker als jener der Beschäftigtenorganisation. Vgl. Stephen J. Silvia, Mitgliederentwicklung und Organisationsstärke der Unternehmerverbände, in: Schroeder/Weßels (Hrsg.), Handbuch Arbeitgeber- und Wirtschaftsverbände in Deutschland, S. 249–266, hier S. 257 ff.

8 Vgl. Franz Traxler, Gewerkschaften und Arbeitgeberverbände. Probleme der Verbandsbildung und Interessenvereinheitlichung, in: Walther Müller-Jentsch (Hrsg.), Konfliktpartnerschaft: Akteure und Institutionen der industriellen Beziehungen, München 1993, S. 141–167.

9 Vgl. Hans-Werner Sinn/Gerlinde Sinn, Kaltstart. Volkswirtschaftliche Aspekte der deutschen Vereinigung, 2. Aufl. Tübingen 1992, S. 173 ff.

10 Vgl. Gerhard Lehmbruch, Dilemmata verbandlicher Einflußlogik im Prozeß der deutschen Vereinigung, in: Wolfgang Streeck (Hrsg.), Staat und Verbände, Opladen 1994, S. 370–392; Gerhard Lehmbruch, Die Rolle der

Spitzenverbände im Transformationsprozeß: Eine neo-institutionalistische Perspektive, in: Raj Kollmorgen/Rolf Reißig/Johannes Weiß (Hrsg.), Sozialer Wandel und Akteure in Ostdeutschland. Empirische Befunde und theoretische Ansätze, Opladen 1996, S. 117–146.

11 Vgl. Fred Henneberger, Zentrale Theorien und etwas Empirie zur Analyse des kollektiven Handelns von Unternehmern, in: Schroeder/Weßels (Hrsg.), Handbuch Arbeitgeber- und Wirtschaftsverbände in Deutschland, S. 126–145; hier S. 186 f.

12 Vgl. Josef Schmid/Helmut Voelzkow, Funktionsprobleme des westdeutschen Korporatismus in Ostdeutschland, in: Niedermayer (Hrsg.), Intermediäre Strukturen in Ostdeutschland, S. 421–440, hier S. 435 f.

13 Vgl. Wolfgang Streeck, No Longer the Century of Corporatism. Das Ende des „Bündnisses für Arbeit", Köln 2003, (MPIfG Working Paper 03/4) http://www.mpifg.de/pu/workpap/wp03-4/wp03-4.html [26. 3. 2020]; Wolfgang Streeck, Nach dem Korporatismus: Neue Eliten, neue Konflikte, in: Herfried Münkler/Grit Straßenberger/Matthias Bohlender (Hrsg.), Deutschlands Eliten im Wandel, Frankfurt a. M. 2006, S. 149–175.

14 Volker Eichner/Klaus Schubert, Interessenverbände in den neuen Bundesländern, Bonn 1992, S. 10.

15 Vgl. Bührer, Geschichte und Funktion, S. 70.

16 Vgl. Jann Müller, Die Wiederbegründung der Industrie- und Handelskammern in Ostdeutschland im Prozess der deutschen Wiedervereinigung, Stuttgart 2017.

17 Die Motive der Modrow-Regierung bestanden u. a. darin, Reformwillen zu demonstrieren. Dies war bitter nötig, um auf Hilfskredite aus der Bundesrepublik hoffen zu können.

18 Vgl. Schroeder, Modell Deutschland, S. 76 ff.

19 Aufgrund ihrer wirtschaftlichen Bedeutung und ihrer zahlreichen Beschäftigten kam der Metall- und Elektroindustrie sowie dem Branchen-Spitzenverband Gesamtmetall hierbei eine besondere Bedeutung zu.

20 Vgl. Günther Hoffmann, Die Entstehung von Arbeitgeberverbänden im neuen Bundesgebiet am Beispiel des VME Berlin-Brandenburg, in: Walter Hatsche u. a. (Hrsg.), Aufbau der Verbände und Arbeitsgerichte, Opladen 1997, S. 89–139, hier S. 107 f.

21 Schroeder, Modell Deutschland, S. 199.

22 Die Gründer der ersten Kammern verfolgten vor allem Sachziele, z. B. eine Senkung der hohen Einkommensteuern für Selbstständige, eine Besserstellung mithelfender Ehepartner sowie die Reprivatisierung enteigneter Unternehmen. Vgl. Müller, Wiederbegründung der Industrie- und Handelskammern, S. 43.

23 Vgl. Jürgen Bauer, Die Aktivitäten des BDI in den neuen Bundesländern, in: Aus Politik und Zeitgeschichte (1991), 13, S. 12–19, hier S. 12 ff.

24 Vgl. Silvia, Mitgliederentwicklung und Organisationsstärke, S. 260.

25 Vgl. Martin Behrens, Das Paradox der Arbeitgeberverbände: Von der Schwierigkeit, durchsetzungsstarke Unternehmensinteressen kollektiv zu vertreten, Berlin 2011, S. 219.

26 Marcus Böick, Die Treuhand. Idee – Praxis – Erfahrung. 1990–1994, Göttingen 2018, S. 26.
27 Vgl. Leere Worte der Bosse, in: Der Spiegel, 15. 5. 1995.
28 Vgl. Frederik A. Petersohn, Die Bedeutung von Informalisierung und Parteipolitisierung im Politikformulierungsprozeß der Bundesrepublik Deutschland. Dargestellt am Beispiel der steuerpolitischen Positionen des Bundesverbandes der Deutschen Industrie e. V. (BDI) zwischen 1982 und 1994, Münster 2000, S. 187.
29 Vgl. ebd., S. 175 f.
30 Vgl. ebd., S. 188.
31 Vgl. Unterstützung für den BDI, in: Handelsblatt, 11. 3. 1993.
32 Vgl. Müller, Wiederbegründung der Industrie- und Handelskammern, S. 193.
33 Vgl. ebd., S. 199.
34 Vgl. ebd., S. 200.
35 Die Patenschaften waren 1991 in der THA-Niederlassung Erfurt entwickelt und erprobt worden. Vgl. Susanne Ensser, Die Bedeutung der Treuhandanstalt für die Wiederbelebung des industriellen Mittelstands in den neuen Bundesländern. Eine ordnungspolitische Betrachtung, Berlin 1998, S. 91.

KATJA FUDER

Schnelle Privatisierung für schnelle Erlöse

Wie die Transformation der DDR-Wirtschaft finanziert werden sollte[1]

Fast 30 Jahre nach der Wiedervereinigung sind die Treuhandanstalt und ihre Privatisierungspolitik nach wie vor beziehungsweise erneut ein Gegenstand kritischer Auseinandersetzungen. Der vorliegende Beitrag widmet sich auf der Basis neu zugänglicher Quellen den grundsätzlichen Überlegungen, die die westdeutsche Bundesregierung im Frühjahr 1990 anstellte, und wie diese die spätere Privatisierungspolitik der Treuhandanstalt prägten. Ein besonderer Fokus wird dabei auf den sogenannten Altschulden beziehungsweise Altkrediten liegen. Sie bildeten die innere Verschuldung der DDR ab und wurden in das marktwirtschaftliche System übertragen.

Erste Überlegungen auf westdeutscher Seite

Mit dem Mauerfall begannen Politik und Verwaltung in Westdeutschland über die wirtschaftspolitischen Implikationen und Möglichkeiten einer Wiedervereinigung nachzudenken. Dabei ging es zunächst nicht um die Privatisierung des volkseigenen Vermögens, sondern um die Änderung der wirtschaftlichen Rahmenbedingungen in der DDR. Auf diese Weise sollten die Voraussetzungen für eine mögliche Währungsunion und Wiedervereinigung geschaffen werden. So forderte etwa das Bundeswirtschaftsministerium im Januar 1990 notwendige wirtschaftliche Reformschritte in der DDR, insbesondere privates Eigentum, freie Preisbildung, die Einführung von Wettbewerb und Marktmechanismen sowie ein zweistufiges Bankensystem.[2]

Auch in den Gesprächen auf politischer Ebene stand zunächst eine mögliche Währungsunion und nicht das Volkseigentum im Vordergrund. Dabei wurde von westdeutscher Seite der Wechselkurs als zentrales Problem eingestuft. So heißt es in einem internen Papier des Bundeskanzleramtes, dass dem Bundesfinanzministerium zufolge eine Währungsunion nur dann sinnvoll sei, wenn es grenzüberschreitenden Güter- und Warenverkehr gebe. Allerdings „würden dann große Teile der DDR-Wirtschaft ihre Wettbewerbsfähigkeit verlieren, sofern nicht – was schwer vorstellbar ist – das nominale Lohn- und Einkommensniveau in der DDR wesentlich unter dem der Bundesrepublik gehalten wird“.[3] Der politische Druck war jedoch groß; nur wenige Monate später kam es zur Währungsunion. Wie vorhergesehen schwächte die Währungsumstellung die ostdeutsche Wirtschaft.

Vor der Verabschiedung des Vertrags über die Wirtschafts-, Währungs- und Sozialunion im Mai 1990 intensivierten sich auf westdeutscher Seite die konzeptionellen Überlegungen. Bundeswirtschaftsministerium, Bundesfinanzministerium und Bundeskanzleramt pflegten dabei einen engen Austausch. Die Frage der Zukunft des volkseigenen Vermögens trat nun zunehmend in den Vordergrund. Die Grundgedanken über die zukünftige Privatisierungspolitik wurden Anfang Mai in einem Papier festgehalten: Den erwarteten finanziellen Belastungen für die Sanierung der Wirtschaft stehe „ein beträchtliches volkseigenes Vermögen gegenüber“. Ziel sei „die Mobilisierung und Privatisierung der Vermögenswerte, die in der DDR-Wirtschaft sowie insbesondere in Grund und Boden, auch im Wohnungsbestand, gebunden sind. Der Sanierungsaufwand für die bisher volkseigene Wirtschaft sollte aus dem volkseigenen Vermögen selbst finanziert werden und der Staatshaushalt insoweit nicht herangezogen werden“.[4] Letzteres wurde fortan zum politischen Leitgedanken.

Das Bundeswirtschaftsministerium forderte zudem, es solle „keine Überfrachtung der Privatisierungspolitik mit wirtschaftlich kontraproduktiven Modellen der unentgeltlichen breiten Vermögensbildung“[5] geben. Diese Aussage spielte auf die westdeutsche Privatisierungspolitik seit den 1950er Jahren an: Der Verkauf von Aktien bundeseigener Unternehmen hatte eine klare vermögenspolitische

Note. So sollte insbesondere in den 1950er und 1960er Jahren durch die Ausgabe von Volksaktien die Vermögensbildung unterer und mittlerer Einkommensschichten gezielt gefördert werden. Bereits damals bemängelten Vertreter der Regierungsparteien, dass eine vergünstigte Ausgabe von Aktien zulasten der privatisierten Unternehmen gehe und den benötigten Kapitalzufluss verringern würde. Das Bundeswirtschaftsministerium machte im Vorfeld der Verhandlungen über die Wirtschafts-, Währungs- und Sozialunion also deutlich, dass bei der Privatisierung des volkseigenen Vermögens der DDR vermögenspolitische Fragen keine Rolle spielen sollten.

Die Regierung von Ministerpräsident Lothar de Maizière (CDU) hatte nach Amtsantritt eine Untersuchung zur Rentabilitätslage der ostdeutschen Betriebe in Auftrag gegeben. Anfang Mai lagen erste ernüchternde Ergebnisse vor. Aus der Auswertung von 1534 Betrieben ergab sich, dass 32 Prozent der Betriebe rentabel waren und ohne Fördermaßnahmen auskamen, 54 Prozent mit Verlusten arbeiteten, aber sanierungswürdig waren, und 14 Prozent der Betriebe ein Konkurs bevorstand. Nach Auswertung von 2600 Betrieben erhöhte sich die Rate der als konkursgefährdet eingestuften Betriebe auf 39 Prozent.[6] In einem Vermerk aus dem Bestand des Bundeswirtschaftsministeriums wurde auf Basis dieser ersten Ergebnisse errechnet, dass bei Übernahme aller erwarteten Verluste der Betriebe in den Staatshaushalt im zweiten Halbjahr 1990 eine Belastung von 42 Milliarden DM, im Jahr 1991 eine Belastung von 63 Milliarden DM entstehen würde. Durch Eliminierung der Verluste der als konkursgefährdet eingestuften und „nicht erhaltenswerten“ Betriebe beziehungsweise Unternehmen und den Abbau von Arbeitsplätzen könnten die Verluste um 4,5 Milliarden DM im zweiten Halbjahr 1990 beziehungsweise um 23 Milliarden DM im Jahr 1991 auf 37 Milliarden DM beziehungsweise 40 Milliarden DM gesenkt werden.[7]

Vor diesem Hintergrund wurde eine zügige Privatisierung zur Erzielung schnell verfügbarer Erlöse für umso dringlicher gehalten: „Eine Hauptquelle zur Finanzierung der eingeschätzten Verluste bzw. erforderlichen Überbrückungsmittel muß nach Lage der Dinge im Staatshaushalt offensichtlich der Verkauf, d. h. die Privatisierung vorhandenen Volks-bzw. Staatseigentums (einschließlich Grund und Boden) durch die Treuhandanstalt sein.“[8]

Der Zeitwert der ostdeutschen Betriebe wurde im Vermerk auf 375 Milliarden DM geschätzt. Der Berechnung lagen folgende Eckpunkte zugrunde: Das Vermögen der Treuhandanstalt wurde mit 1000 Milliarden DDR Mark angegeben, ein Betrag, der sich nach der geplanten Umstellung von 2:1 auf 500 Milliarden DM belaufen würde; nach einer Neubewertung zum Zeitwert würden 75 Prozent davon, also 375 Milliarden DM, übrig bleiben. Bezüglich des Mittelbedarfs für förderungswürdige Unternehmen gingen die Schätzungen von 50 bis 60 Milliarden DM aus. Der Einsatz dieser Mittel galt als „unabdingbar [...], wenn nicht abrupt ca. 50 % zeitweise sanierungsbedürftiger Unternehmungen in Konkurslage kommen sollen und eine Massenarbeitslosigkeit von 1,5–2 Mio Menschen vermieden werden soll".[9] Hauptsächliches Problem war demzufolge nicht die Summe des Mittelbedarfs, sondern die Zeitlichkeit: Privatisierungserlöse würden erst mit der Zeit realisiert werden, Investitionen in förderungswürdige Betriebe allerdings baldmöglichst erforderlich sein. Die erforderlichen Mittel sollten durch Kreditaufnahme der DDR und aus Haushaltsmitteln der Bundesrepublik generiert werden.

Die Verantwortlichen in den westdeutschen Ministerien waren sich also bewusst, dass zumindest anfangs die Verkaufserlöse kaum ausreichen würden und somit eine Zwischenfinanzierung erforderlich sei. Die Arbeitsgruppe „Strukturanpassung" der Bundesregierung zog in ihrem Bericht vom 9. Mai 1990 über „gezielte Maßnahmen für förderungswürdige, sanierungsfähige Unternehmen" neben der „Mobilisierung von Kapital durch Verkauf oder Belastung treuhänderisch verwalteten staatlichen Vermögens als Finanzierungsquelle für Investitionen" unter anderem eine Kapitalaufnahme der Treuhandanstalt in Erwägung. Voraussetzung für die Teilnahme der Betriebe an Förderprogrammen sei die Ausarbeitung von Sanierungskonzepten, die „den Nachweis enthalten, durch welche Maßnahmen [...] in einem Zeitraum bis zu 3 Jahren die Wettbewerbsfähigkeit erreicht werden soll".[10] Wie sich später zeigte, war der Zeitraum von drei Jahren bei Weitem nicht ausreichend.

Was die finanzielle Seite anging, blieben die zuständigen Stellen in den Ministerien zunächst zuversichtlich. Laut einem Vermerk des Bundesministeriums für Wirtschaft (BMWi) von Mitte Mai 1990 ging das Bundesministerium für Finanzen (BMF) von einem Defizit der Treuhandanstalt in Höhe des Kreditermächtigungsrahmens von sieben Milliarden DM im zweiten Halbjahr 1990 und zehn Milliarden DM im Jahr 1991 aus. Dies entsprach knapp 20 Prozent des geschätzten Defizits des Haushalts der Bundesrepublik in Höhe von 50 Milliarden DM pro Jahr und lag auch deutlich unterhalb des vorausberechneten Defizits des DDR-Haushalts (inklusive des Fonds Deutsche Einheit) von 31 Milliarden DM im Jahr 1990 beziehungsweise 51 Milliarden DM im Jahr 1991. Die damit einhergehende gesamtdeutsche Neuverschuldung wurde auf 2,4 Prozent (1990) beziehungsweise 3,0 Prozent (1991) des gemeinsamen Bruttosozialprodukts von BRD und DDR geschätzt. Dies sei „im Vergleich zur Vergangenheit nicht als extrem einzustufen".[11]

Grundgedanke der Bundesregierung war also, dass durch rasche Privatisierung Verkaufserlöse zur Verfügung stünden, die genutzt werden sollten, um andere Betriebe zu sanieren und dadurch Massenschließungen und Massenarbeitslosigkeit zu verhindern. Dieser Grundsatz wurde im Vertrag über die Errichtung einer Währungs-, Wirtschafts- und Sozialunion zwischen der Deutschen Demokratischen Republik und der Bundesrepublik Deutschland festgeschrieben. Der Vertrag erklärte nicht nur das Leitbild der Sozialen Marktwirtschaft der Bundesrepublik zur gemeinsamen Grundlage. Er regelte auch, dass das Treuhandvermögen verkauft werden sollte, und legte fest, wie die Nettoerlöse aus der Verwertung des Vermögens zu verwenden waren. Gemäß den Artikeln 10, Absatz 6, und 26, Absatz 4 sollten die Erlöse zunächst dazu dienen, Betriebe, die von alleine nicht überlebensfähig waren, zu sanieren und wettbewerbsfähig zu machen. Was danach übrig blieb, sollte zur Sanierung des Staatshaushalts der DDR verwendet werden, also zur Schuldentilgung. Ein darüber hinaus verbleibender Restbetrag konnte gemäß dem Vertrag unter Umständen an ostdeutsche Bürger verteilt werden.

Zu diesem Zeitpunkt gab es offenbar noch Verantwortliche, die davon ausgingen, dass am Ende Verwertungserlöse zur Verfügung stünden, die an die Bevölkerung ausgegeben werden könnten. Faktisch bedeutete der Vertrag aber letztlich, dass es keine kostenlose Übertragung von Vermögenswerten an DDR-Bürger geben konnte, da die finanziellen Aufgaben der Treuhandanstalt sämtliche Erlöse mehr als aufzehrten.

Nach der Verabschiedung der Wirtschafts-, Währungs- und Sozialunion liefen die Verhandlungen über das Treuhandgesetz an, in dem die Grundsätze der Privatisierungspolitik festgeschrieben werden sollten. Die westdeutschen Vertreter zeigten sich nach einer Besprechung der Staatssekretäre des Bundeswirtschafts- und des Bundesfinanzministeriums Ende Mai 1990 zufrieden. Sie hoben positiv hervor, dass Paragraf 4 des DDR-Gesetzentwurfes eine „Finanzierung ohne Inanspruchnahme des Haushalts auch im Rahmen eines horizontalen Finanzausgleiches“ und „Einnahmen rangig [sic] zur Sanierung und Strukturanpassung sowie für Beiträge zum Staatshaushalt“ vorsah und damit auf der Linie des Staatsvertrags lag.[12]

Die Altschuldenfrage

Jedoch erwiesen sich die Annahmen und Vorstellungen der Bundesregierung vom Mai 1990 als illusorisch. Die Lücke zwischen Privatisierungserlösen und Mittelbedarf war größer als erwartet, da unter anderem den Vermögenswerten, die die Treuhandanstalt übernahm, beträchtliche Schulden gegenüberstanden, die die DDR-Betriebe bei der Staatsbank der DDR angehäuft hatten. Als Altschulden beziehungsweise Altkredite werden die Bankverbindlichkeiten der Betriebe, des Wohnungssektors und staatlicher Einrichtungen bezeichnet, die zum Zeitpunkt der Währungsumstellung am 1. Juli 1990 bestanden und aus dem DDR-System in das marktwirtschaftliche System überführt wurden. Entstanden waren sie aus dem internen Verrechnungsmechanismus der DDR: Betriebe waren zur Produktion auf staatliche Mittel aus Umlauf- und Grundmittelkrediten angewiesen, die sich als Schulden auf ihren Verrechnungskonten ansammelten. Da die Betriebe gleichzeitig Überschüsse an den Staat abführen mussten, konnten sie keine entsprechenden finanziellen Polster als Gegenwert zu ihren Schulden aufbauen. Altschulden stellten also gewissermaßen den verborgenen Teil der Staatsverschuldung dar, der nicht im Republikhaushalt sichtbar war. Sie waren eigentlich dem Staat und nicht den Betrieben zuzuordnen.

Die Summe sämtlicher Altschulden betrug nach der Währungsumstellung etwa 120 Milliarden DM – mehr als das Vierfache des offiziellen Schuldenstands der DDR in Höhe von 27,5 Milliarden DM. Von den Altschulden betrafen 50 Milliarden DM den Wohnungssektor. Die Verbindlichkeiten der Betriebe und des kommunalen Wohnungsbaus im Treuhandbereich lagen bei 102 Milliarden DM.[13]

Gläubiger eines Großteils der Altschulden war ursprünglich die Staatsbank der DDR gewesen; einen Teil der Altforderungen hielt sie indirekt durch ihre Tochterbank Deutsche Außenhandelsbank AG. Dies änderte sich bereits vor der Wirtschafts-, Währungs- und Sozialunion durch die Ausgründung der Deutschen Kreditbank (DKB) und der Berliner Stadtbank aus der Staatsbank am 19. März 1990. Die DKB übernahm den Großteil der Forderungen der Staatsbank. Allein gegenüber Treuhandbetrieben und der Wohnungswirtschaft im Treuhandbereich hielt die DKB Forderungen aus Altkreditgeschäften in Höhe von etwa 86 Milliarden DM.

Haupteigentümerin der DKB und der Berliner Stadtbank wurde 1989 die Treuhandanstalt. Weitere Anteilseigner an der DKB waren mit geringen Anteilen zunächst das Synthesewerk Schwarzheide, Interhotel und die Centrum Warenhäuser, die allerdings ebenfalls in Treuhandbesitz waren und deren Anteile die Treuhandanstalt schließlich übernahm. In die *Joint-Venture*-Banken, die die DKB 1990 mit der Deutschen Bank und der Dresdner Bank gründete und an denen sie zunächst jeweils 51 Prozent hielt, brachte sie zwar ihre von der Staatsbank übernommenen Filialnetze und Grund und Boden ein, behielt aber das Altkreditgeschäft. Ende 1994 ging die DKB an das Bundesfinanzministerium über und wurde zum 1. Januar 1995 an die Bayerische Landesbank verkauft. Die Treuhandanstalt verkaufte die Berliner Stadtbank AG 1991 an die Berliner Bank AG. Die Deutsche Außenhandelsbank ging nicht in Treuhandbesitz über, sondern blieb ein Tochterunternehmen der Staatsbank. Die DDR-Staatsbank selbst wurde nicht der Treuhandanstalt zugeschlagen, sondern mit der Wiedervereinigung direktes Eigentum des Bundes. 1994 ging die Staatsbank Berlin in der bundeseigenen Kreditanstalt für Wiederaufbau auf.[14]

Die Treuhandanstalt war also als Eigentümerin der Betriebe und der Wohnungswirtschaft auf der einen Seite und der DKB und

Stadtbank auf der anderen Seite gleichzeitig Gläubigerin und Schuldnerin im Altkreditgeschäft. Das bedeutete allerdings nicht, dass sie die Altschulden einfach hätte streichen können: DKB und Stadtbank erhielten mit der Übernahme der Altkredite von der Staatsbank im gleichen Ausmaß Schulden bei der Staatsbank. Am Ende der Kreditkette stand also weiterhin die Staatsbank; die Treuhandanstalt war Nettoschuldnerin der Staatsbank.

Für die Staatsbank stellte dies allerdings nur die eine Seite der Bilanz dar: Spareinlagen der Bürger waren bis zur Währungsumstellung gemäß der Einlagenpflicht von den Geschäftsbanken an die Staatsbank weitergereicht worden, sodass die Staatsbank entsprechende Verpflichtungen gegenüber den DDR-Bürgern hatte. Die Höhe der Sparguthaben nach der Währungsumstellung betrug ebenfalls etwa 120 Milliarden DM. Aus Sicht der Staatsbank bildeten die Forderungen aus dem Altkreditgeschäft also den Gegenwert zum Sparvermögen der Bürger.

Mit Inkrafttreten des Staatsvertrags über die Wirtschafts-, Währungs- und Sozialunion wurde dieses staatliche Finanzierungssystem aufgeweicht. Erstens entfiel die Einlagenpflicht, das heißt, die Banken waren nicht mehr verpflichtet, Spareinlagen an die Staatsbank weiterzureichen. Die Staatsbank musste sich folglich über den Finanzmarkt refinanzieren, was deutlich teurer war. Zweitens war die Währungsumstellung asymmetrisch angelegt: Spareinlagen wurden nur zum Teil zum Kurs 1:1 umgestellt, andere Bestandsgrößen zum Kurs 1:2. Der Wert der Schulden des konsolidierten Bankensystems stieg also relativ zum Wert des gesamten Guthabens. Um die daraus folgende Überschuldung der Banken auszugleichen, wurde der Ausgleichsfonds Währungsumstellung eingerichtet, über den die Banken Ausgleichsforderungen erhielten. Drittens, und dies war für die Betriebe von Bedeutung, bekamen die Banken das Recht, Zinssätze für Kredite an die marktübliche Höhe anzupassen. Dies hatte zur Konsequenz, dass Zinssätze auf Altschulden und damit die Belastung für Betriebe stiegen.[15]

Die Treuhandanstalt erhielt also Betriebe, von denen viele so hoch verschuldet waren, dass sie nach den westdeutschen gesetzlichen Regelungen nur unzureichend mit Eigenkapital ausgestattet waren. Außerdem blieb nach einer Neubewertung ihres Anlagevermögens von den Vermögenswerten nicht mehr viel übrig: Hatte der Verschuldungsgrad der letzten offiziellen DDR-Statistik zufolge noch bei 0,3 gelegen, betrug er nach Währungsumstellung und Neubewertung der Aktiva und Passiva 0,8.[16] Die innere Verschuldung der DDR wurde über die Kreditkette Betriebe – Geschäftsbanken – Staatsbank also in die Treuhandanstalt hineingetragen und entwertete das ihr übertragene Vermögen massiv.

Die SPD forderte, dass die Altschulden der Betriebe komplett gestrichen werden sollten, da sie ursächlich dem Republikhaushalt zuzurechnen seien. SPD-Parteichef Hans-Jochen Vogel führte dazu im Mai 1990 ein Gespräch mit Bundeskanzler Helmut Kohl (CDU). Für die Regierungskoalition stand jedoch eine komplette Entschuldung der Betriebe nicht zur Debatte. So heißt es in einem Vermerk des Bundeswirtschaftsministeriums vor dem Gespräch zu einer möglichen Streichung der Schulden: „Hierdurch würde ein Ausgleichsbedarf der Staatsbank zu Lasten des Staatshaushaltes und damit der Steuerzahler von über 100 Mrd. DM entstehen. Dieser Betrag wäre marktmäßig zu verzinsen, weil die Staatsbank zwar ihre Forderungen in dieser Höhe verlöre, nicht aber ihre Schulden etwa gegenüber den Sparern, die sie voll verzinsen muß. Dabei würde einer Reihe von Unternehmen nicht einmal geholfen, weil sie entweder ihre Schulden selbst bewältigen können oder weil sie auch schuldenfrei nicht zu retten sind.“[17]

Hier kam also genau der oben beschriebene Gedanke zum Tragen: Die Altschulden wurden als Gegenwert zum Sparvermögen der DDR-Bürger verstanden. Auch in der Bundesbank gab es Überlegungen, ob eine Streichung der Altschulden nicht sinnvoll sei, um den Liquiditätsstau zu lösen. In einer Gesprächsvorbereitung für Bundesbankpräsident Karl Otto Pöhl wurde argumentiert:

„Diese Altschulden sind zum guten Teil durch gewinn<u>un</u>abhängige angeordnete Geldabführungen an den Staat entstanden, sind insoweit also eigentlich Staatsschuld. An den auf solche Art überschuldeten VEBs und Kombinaten ist kein Kooperationspartner und Käufer interessiert.

Man sollte deshalb überlegen, ob die Altschulden der Unternehmen nicht doch noch gestrichen werden können. Letztendlich ist ja der Staat Eigentümer und Gläubiger in einer Person (über die Treuhandanstalt bzw. DKB und Staatsbank). [...] Ein solcher Schuldenerlaß würde im übrigen auch die Probleme der Banken auf einen Schlag lösen, denn statt in der Werthaltigkeit nicht abschätzbare Kreditforderungen hätten sie dann (zu FIBOR verzinste) Ausgleichsforderungen auf ihrer Aktivseite. Dann könnte die Alt-DKB abwickeln und die Staatsbank wäre lebensfähig."[18]

Die Regierungskoalition blieb jedoch bei ihrer Linie, keine volle Entschuldung vorzunehmen. Gleichwohl sollte verhindert werden, dass Betriebe nur aufgrund von Altschulden schließen mussten. Bundeswirtschaftsminister Helmut Haussmann (FDP) sprach sich daher dafür aus, dass Betriebe, die eine Überlebenschance hatten, von der Treuhandanstalt nach Einzelfallentscheidung Ausgleichsforderungen erhalten sollten.[19]

Auf der Basis des DM-Bilanzgesetzes wandte die Treuhandanstalt dementsprechend folgende Lösung an: Betriebe erhielten von der Treuhandanstalt zusätzlich zu den gesetzlichen Mindestanforderungen aus Aktien- und GmbH-Recht Eigenkapital in der Höhe des jeweiligen westdeutschen Maßstabs zugewiesen. Dies geschah durch eine Entschuldung von Altkrediten, durch die Umwandlung von Darlehen in Eigenkapital oder zusätzliche Einlagen oder auch durch das Einräumen von Ausgleichsforderungen an die Treuhandanstalt. In den seltenen Fällen, dass die Betriebe ein zu hohes Eigenkapital gemessen an westdeutschen Durchschnittswerten hatten, mussten sie Ausgleichsverbindlichkeiten gegenüber der Treuhandanstalt in ihre Bilanzen einstellen.[20]

Der Wert des Treuhandvermögens

Die Altschulden hatten einen starken Einfluss auf das bilanzielle Vermögen der Treuhandanstalt. Im Sommer 1990 waren alle Betriebe aufgefordert worden, auf der Basis des DM-Bilanzgesetzes Eröffnungsbilanzen zu erstellen. Es vergingen zwei Jahre, bis der Prozess der Bilanzerstellung und Bilanzüberprüfung abgeschlossen war. Erst im Sommer 1992 stellte die Treuhandanstalt ihre offizielle Eröffnungsbilanz auf. Innerhalb dieser Zeit zeigte sich zunehmend, dass der Wert des Treuhandvermögens anfänglich stark überschätzt worden war.

Der Wert des Anteilsbesitzes der Treuhandanstalt betrug laut Eröffnungsbilanz zum 1. Juli 1990 79 Milliarden DM, allerdings nach Ausstattung der Betriebe mit Eigenkapital. Zieht man von dieser Summe die 43 Milliarden DM ab, die die Treuhandanstalt netto in die Eigenkapitalausstattung gesteckt hatte, bleibt ein Anteilswert von 36 Milliarden DM. Vernachlässigt man die Altschulden in Höhe von 102 Milliarden DM, ergibt sich ein Anteilswert von 138 Milliarden DM. Für ihre kommenden Aufgaben, insbesondere die Sanierung von Betrieben, bildete die Treuhandanstalt in ihrer Bilanz erhebliche Rückstellungen in Höhe von 215 Milliarden DM. Davon waren 166 Milliarden DM für die Privatisierung, Sanierung und Liquidierung von Betrieben vorgesehen. Die Rückstellungen, die die erwarteten Ausgaben der Treuhandanstalt spiegelten, waren also bedeutend höher als der Wert der Betriebe, selbst wenn die Altschulden herausgerechnet wurden.[21]

Die Altschulden, mit denen die Betriebe belastet waren, minderten das finanzielle Ergebnis der Treuhandanstalt beträchtlich. Zum einen kann man davon ausgehen, dass Investoren die Schulden, die sie mit den Betrieben erwarben, in ihren Geboten berücksichtigten, was die Kaufpreise entsprechend minderte. Dies ist auch zumindest ein Faktor, der erklären kann, warum Betriebe für eine DM oder sogar zu negativen Kaufpreisen verkauft wurden. Eine weitere Belastung für die Betriebe und damit auch für die Treuhandanstalt waren Zinszahlungen zur Refinanzierung der Altkredite. Über die Kreditkette wurden Zinsen von den Betrieben über die Geschäftsbanken an die Staatsbank weitergereicht, die sich jedoch nach dem schrittweisen Abzug von Einlagen der (ehemaligen) DDR-Banken seit Inkrafttreten des Ersten Staatsvertrags selbst zu marktüblichen Zinsen refinanzieren musste. Dies stellte insbesondere im Sommer 1990 ein Problem dar, als die Frage der Gewährträgerhaftung nicht abschließend geklärt war und die Staatsbank sich daher vorrangig über den Geldmarkt refinanzierte.[22]

Die Altschuldenfrage wurde im Treuhandausschuss und im Untersuchungsausschuss des Bundestages wiederholt diskutiert. Wie bedeutend das Thema wirtschaftlich war, lässt sich nicht abschließend beantworten. Auf Betriebsebene stellt sich insbesondere die Frage, ob die Folgekreditverträge für Verbindlichkeiten aus der

Zeit vor der Währungsunion die Betriebe durch überhöhte Zinsen unverhältnismäßig hoch belasteten und möglicherweise zusätzliche notwendige Kreditaufnahmen einschränkten. Untersuchen lässt sich dies vorrangig auf betrieblicher Ebene. Zudem muss die Frage gestellt werden, ob die Beibehaltung der Altschulden gesamtwirtschaftlich möglicherweise teurer war, als es die komplette Streichung der Altschulden und Sicherung der Spareinlagen der Bürger auf anderem Wege gewesen wäre.[23] Möglicherweise entstanden dadurch also vermeidbare Kosten für die öffentliche Hand.

Das finanzielle Erbe

Ende 1994 hatte die Treuhandanstalt Schulden in Höhe von 210 Milliarden DM hinterlassen, die auf den Erblastentilgungsfonds übergingen. Der größte Teil der verbleibenden Vermögenswerte und Verpflichtungen wurde auf die Bundesanstalt für vereinigungsbedingte Sonderaufgaben übertragen. In ihrer Abschlussstatistik prognostizierte die Treuhandanstalt ein Gesamtdefizit der Treuhandanstalt und ihrer Nachfolgeeinrichtungen von 256 Milliarden DM.[24]

Die Abschlussbilanz der Treuhandanstalt sollte nicht überinterpretiert werden; das finanzielle Ergebnis der Treuhandanstalt kann nicht unmittelbar als Wert des DDR-Volksvermögens interpretiert werden. Erstens ist der Marktwert, wenn es um eine ganze Volkswirtschaft und zudem um einen Systemwechsel geht, nur bedingt aussagekräftig. Zweitens übernahm die Treuhandanstalt eben nur einen Teil des Volksvermögens, das zudem noch mit erheblichen Restitutionsansprüchen behaftet war und durch den Kurs der Währungsumstellung entwertet wurde. Und drittens war die Verhandlungsmacht der Treuhandanstalt bei Unternehmensverkäufen gering, was das finanzielle Ergebnis minderte.

Die hier angesprochenen Probleme bei der Transformation der DDR-Wirtschaft sollten weiter untersucht werden. Dazu gehört auch das Thema der Kosten und Profiteure im Zusammenhang mit der Altschuldenregelung. Ganz allgemein bleibt die Frage offen, wie es dazu kommen konnte, dass die westdeutsche Bundesregierung im

Frühjahr 1990 im Vorfeld der Wirtschafts-, Währungs- und Sozialunion Illusionen über die ostdeutsche Wirtschaft erlegen war, die schließlich nur zu Enttäuschungen führen konnten.

Anmerkungen

1 Katja Fuder ist Referentin im Bundesministerium für Wirtschaft und Energie. Der Beitrag gibt die persönliche Meinung der Autorin wieder.
2 Bundesarchiv (BArch) Koblenz, B 102/410765, BMWi: Notwendige wirtschaftliche Reformschritte der DDR, 22. 1. 1990.
3 BArch Koblenz, B 102/410765, Gruppenleiter 42 an Chef des Bundeskanzleramtes: Ihre Gespräche in Ostberlin am 25./26. 1. 1990, 24. 1. 1990, S. 1.
4 BArch Koblenz, B 136/35286, Bl. 18–21, hier Bl. 18: [o. V.], Überlegungen zur Privatisierung und Nutzung des Volksvermögens und zur Treuhandanstalt, 5. 5. 1990.
5 BArch Koblenz, B 136/35286, Bl. 22–24, hier Bl. 22, BMWi, Non-Paper: Privatisierung der Kombinate in der DDR, 2. 5. 1990 (Unterstreichungen im Original).
6 Vgl. Marc Kemmler, Die Entstehung der Treuhandanstalt. Von der Wahrung zur Privatisierung des DDR-Volkseigentums, Frankfurt a. M. 1994, S. 133.
7 BArch Koblenz, B 102/410765, [o. V.] Zur Feststellung der Rentabilitätslage der Betriebe/Unternehmungen, 8. 5. 1990, S. 2.
8 Ebd., S. 3.
9 Ebd., S. 4.
10 BArch Koblenz, B 102/410765, Arbeitsgruppe Strukturanpassung: Methoden und Instrumente, die während einer Übergangszeit die strukturelle Anpassung der Unternehmen an die Bedingungen der sozialen Marktwirtschaft erleichtern, 9. 5. 1990, S. 3.
11 BArch Koblenz, B 102/410765, BMWi, IA4 an Minister: Inanspruchnahme des Kapitalmarktes durch die öffentlichen Haushalte der Bundesrepublik und der DDR, 17. 5. 1990, S. 1 f.
12 BArch Koblenz, B 136/35286, BMF/BMWi, Aufzeichnung: Treuhandeinrichtung/Volkseigenes Vermögen DDR, Besprechung der Staatssekretäre am 23. 5. 1990, 27. 5. 1990, S. 2.
13 Vgl. OECD Wirtschaftsberichte: Deutschland vom 26. 7. 1991, in: Treuhandhandanstalt (Hrsg.), Dokumentation 1990–1994, Bd. 2, Berlin 1994, S. 225–286, hier S. 253; „Kurzinformation zur Thematik Altkredite" vom 19. 3. 1991, in: Treuhandhandanstalt (Hrsg.), Dokumentation 1990–1994, Bd. 12, S. 105–109, hier S. 105.
14 Einen guten Überblick über das Banken- und Kreditsystem in der Phase des Übergangs bieten zwei Berichte des Bundesfinanzministeriums an die Ausschüsse des Deutschen Bundestages: Parlamentsarchiv des Deutschen

Bundestages (PA) 3105 A 12/25, Ausschussdrucksache Nr. 25: Zusammenhang zwischen der Neuverschuldung der Treuhandanstalt und den Altschulden der Treuhandunternehmen sowie altschuldenbedingte finanzielle Beziehungen zwischen Kreditabwicklungsfonds, Deutscher Kreditbank, Bundeshaushalt, Treuhandanstalt und Treuhandunternehmen, 28. 12. 1992; sowie PA 3106 A 12/8, Unterausschuss Treuhandanstalt, Ausschussdrucksache Nr. 80: Zweiter Ergänzungsbericht zum Vorgang der Übertragung von Altkrediten auf die Deutsche Kreditbank AG, Genossenschaftsbank, Berliner Stadtbank und andere Institute, 4. 11. 1991.

15 Zur Kreditkette siehe u. a. Manfred E. Streit/Uwe Mummert, Grundprobleme der Systemtransformation aus institutionenökonomischer Perspektive, in: Ulrich Drobnig/Klaus J. Hopt/Hein Kötz (Hrsg.), Systemtransformation in Mittel- und Osteuropa und ihre Folgen für Banken, Börsen und Kreditsicherheiten, Tübingen 1998, S. 3–36.

16 Vgl. OECD Wirtschaftsberichte: Deutschland, vom 26. 7. 1991, in: Treuhandhandanstalt (Hrsg.), Dokumentation 1990–1994, Bd. 2, S. 225–286, hier S. 253.

17 BArch Koblenz, B 102/410765, BMWi, L-D1/L-D3, Hintergrundvermerk: Gespräch Bundeskanzler mit SPD-Parteichef Vogel am 29. 5. 1990, 25. 5. 1990, S. 2.

18 BArch Koblenz, B 136/37706, Bl. 34–38, hier Bl. 35 f., K1 an Herrn Präsident Pöhl, Gespräch mit dem Bundeskanzler über DDR, 7. 8. 1990 (Unterstreichung im Original). FIBOR = Frankfurt Interbank Offered Rate (Referenzzinssatz am Geldmarkt von 1985 bis 1999).

19 BArch Koblenz, B 136/35287, Bl. 9–11, Bundeswirtschaftsminister Haussmann an Bundesjustizminister Engelhard, 2. 7. 1990.

20 Vgl. u. a. Vorlage für den Vorstand der Treuhandanstalt: Arbeitsanweisung zur Entschuldung von Altkrediten, 27. 5. 1991, in: Treuhandanstalt (Hrsg.), Dokumentation 1990–1994, Bd. 12, S. 147–151.

21 Vgl. DM-Eröffnungsbilanz der Treuhandanstalt zum 1. Juli 1990 in: Treuhandhandanstalt (Hrsg.), Dokumentation 1990–1994, Bd. 12, S. 563 f.

22 Zur Refinanzierung der Staatsbank siehe u. a. BArch Koblenz, B 136/37706, Bl. 34–38, hier Bl. 35 f., K1 an Herrn Präsident Pöhl: Gespräch mit dem Bundeskanzler über DDR, 7. 8. 1990, 3. Liquiditätssicherung der Staatsbank.

23 So argumentieren etwa Manfred Streit und Uwe Mummert, dass sich die Staatsbank zu hohen Zinsen refinanzieren musste und diese über die Kreditkette an die DKB und die Betriebe weiterreichte. Vgl. Manfred E. Streit/Uwe Mummert, Grundprobleme der Systemtransformation aus institutionenökonomischer Perspektive, S. 3–36, hier S. 29.

24 Bundesanstalt für vereinigungsbedingte Sonderaufgaben: Abschlussstatistik der Treuhandanstalt per 31. 12. 1994, S. 15.

MAX TRECKER

Die Wiedervereinigung als „Stunde Null“ des ostdeutschen Mittelstands?

Über verpasste Chancen

„Mittelstand“ – Rückgrat von Demokratie und Marktwirtschaft?

Mit der Wiedervereinigung am 3. Oktober 1990 hielt das Modell der sozialen Marktwirtschaft Einzug in Ostdeutschland und damit das vermeintliche Erfolgsrezept, das hinter dem ökonomischen Erfolg Westdeutschlands stand. Soziale Marktwirtschaft bedeutete in der populären Wahrnehmung Wohlstand, eine stabile Währung und nicht zuletzt Freiheit. Bereits im Sommer 1990 war mit der Wirtschafts-, Währungs- und Sozialunion der Startschuss für einen Aufbruch in Ostdeutschland erfolgt. Die Einführung der D-Mark und des westdeutschen Sozialsystems sollte die Bevölkerung rasch in die westdeutsche Gesellschaft integrieren.

Zur ökonomischen Freiheit im engeren Sinn gehört das Recht für Personen und Gesellschaften, sich selbstständig als Unternehmer betätigen zu können. Kleine und mittlere Unternehmen stehen hierbei im Gegensatz zu anonymen Großkonzernen, die, von angestellten Managern verwaltet, für die Interessen der Anteilseigner arbeiten, die in aller Regel nicht selbst im Unternehmen beschäftigt sind. Diesem Großkonzern steht das Ideal des inhabergeführten Unternehmens gegenüber. In Deutschland hat sich hierfür der Begriff Mittelstand etabliert, der ein weit schillernderes Bedeutungsspektrum aufweist als der englische Begriff „small and medium sized enterprises“.

Das westdeutsche Erfolgsmodell der sozialen Marktwirtschaft und der Mittelstand stehen in einem engen Bedeutungszusammenhang.

Für die Vordenker der sozialen Marktwirtschaft in den 1930er und 1940er Jahren wie Alexander Rüstow und Wilhelm Röpke bildeten Mittelstandsfragen das Zentrum ihrer Überlegungen, um die „megalomane Elephantiasis der Wirtschaft" aufzubrechen.[1] Möglichst vielen Menschen sollte die Möglichkeit eröffnet werden, sich eine eigene wirtschaftliche Existenz abseits abhängiger Lohnarbeit aufzubauen. Gesellschaftlicher und wirtschaftlicher Nutzen gingen in den Augen der Begründer der sozialen Marktwirtschaft Hand in Hand: Ein breiter Mittelstand bilde das Rückgrat einer demokratischen Gesellschaft und erweise sich – so das Ideal – als immun gegen autoritäre Versuchungen.

Die historische Forschung in der Bundesrepublik stellte solche Deutungsmuster infrage, da gerade vor dem Hintergrund der Weltwirtschaftskrise der Mittelstand im Deutschen Reich sich weit empfänglicher für die autoritären Versprechungen des Nationalsozialismus gezeigt hatte als die organisierte Industriearbeiterschaft.[2] Ungeachtet dieser gesellschaftswissenschaftlichen Erkenntnisse feierte der Mittelstand in den 1970er Jahren ein internationales Comeback, das eng mit der Krise des Fordismus und der wirtschaftswissenschaftlichen Infragestellung der Effizienz industrieller Monokulturen verbunden war.[3] Autoren wie der deutsch-britische Ökonom Ernst Friedrich Schumacher popularisierten solche Ideen.[4]

Mittelstandspolitik in der DDR

Die Wiedervereinigung bot die einmalige Chance, die mittelständischen Strukturen Westdeutschlands auf Ostdeutschland zu übertragen und damit ein international anerkanntes Erfolgsmodell zu transplantieren. Der Gegensatz konnte kaum größer sein: Während vor allem der industrielle Mittelstand in Westdeutschland in den 1970er und 1980er Jahren ein nahezu symbiotisches Verhältnis mit der Großindustrie eingegangen war und immer größere internationale Erfolge verbuchen konnte, hatte die SED-Führung 1972 den einst blühenden ost- beziehungsweise mitteldeutschen Mittelstand in einer großen politischen Kampagne enteignet. Die letzte Enteignungswelle, von der circa 12 000 Betriebe betroffen waren, schien das Ende des Mittelstands in der DDR zu bedeuten. Besonders anachronistisch hieran war, dass die Enteignungen zu einer Zeit erfolgten, als sowohl in der westlichen Welt als auch im Ostblock selbst privates, mittelständisches Unternehmertum als Ausweg aus der Krise des Fordismus wiederentdeckt wurde.

Die Verstaatlichungskampagne von 1972 war in der Hinsicht erfolgreich, als sie große Teile des verbliebenen ostdeutschen Mittelstands endgültig in die großen Kombinate überführte. Noch größer war aber ihr propagandistischer Erfolg, vor allem außerhalb der DDR. Selbst in einer von der Bundesanstalt für vereinigungsbedingte Sonderaufgaben herausgegebenen wissenschaftlichen Publikation zur Tätigkeit der Treuhandanstalt aus dem Jahr 2003 findet sich die Behauptung, dass es nach 1972 *de facto* kein nennenswertes ostdeutsches Unternehmertum mehr gegeben habe.[5] Auch ehemalige Funktionsträger des Regimes, wie der Vorsitzende der Staatlichen Plankommission, erkannten im Nachhinein in den Enteignungen von 1972 den *Nukleus* des wirtschaftlichen Niedergangs in der DDR.[6]

Aus dieser Perspektive betrachtet erscheint das Jahr 1990 als die „Stunde Null" des ostdeutschen Mittelstands und die Zeit zwischen 1972 und 1990 als eine Art mittelständische Eiszeit. Diese Sicht trügt jedoch. Zwar ließ sich in anderen ostmitteleuropäischen Ländern in den 1980er Jahren eine größere Dynamik als in der DDR feststellen; dies bedeutet aber nicht, dass die DDR-Wirtschaft 1972 in eine Schockstarre gefallen wäre – weder im staatlichen noch im verbliebenen Privatsektor. Die Anomalie im Vergleich zu den anderen staatssozialistischen Ländern bestand eher in der Phase vor 1972. Die DDR war das einzige Land, in dem der private Sektor bis Anfang der 1950er Jahre nicht vollständig enteignet worden war. Während es in Polen und der Tschechoslowakei Anfang der 1950er Jahre keinerlei privates Unternehmertum mehr gab, arbeitete in der DDR noch etwa ein Drittel aller Beschäftigten in Privatunternehmen.[7] Dies wirft die Frage auf, inwiefern die DDR der 1950er Jahre als sozialistische Kommandowirtschaft bezeichnet werden kann. Mit der letzten, aber bei Weitem nicht einzigen Verstaatlichungskampagne von 1972 hatte die DDR einen Anpassungsprozess an ihre östlichen Nachbarländer vollzogen.

In personeller Hinsicht bedeutete das Jahr 1972 in den meisten Fällen keinen Bruch. Viele der ehemaligen Eigentümer wurden nach der Verstaatlichung als Geschäftsführer eingesetzt.[8] Zudem waren auch nach der letzten Enteignungswelle zahlreiche Unternehmen in privater Hand verblieben. Etwa 85 000 private Handwerksunternehmen und 40 000 Unternehmen in Gastronomie und Einzelhandel waren von den Ereignissen von 1972 weitgehend unberührt geblieben.[9] Ähnlich wie in den anderen sozialistischen Staaten setzte in der SED-Führung bereits Mitte der 1970er Jahre eine zaghafte Wende in der Politik gegenüber dem Privatsektor ein. Die Überführung von 12 000 mittelständischen Betrieben in das Kombinatssystem hatte weder die Kombinate effizienter gemacht noch die Versorgung der Bevölkerung mit Konsumgütern verbessert – eher im Gegenteil.

Engpässe im Bereich des Handwerks drohten überdies, Prestigeprojekte des Regimes wie das Wohnungsbauprogramm zu gefährden. Aus diesem Grund erließ der Ministerrat der DDR Mitte der 1970er Jahre mehrere Fördermaßnahmen, die die Zahl der Selbstständigen vor einem weiteren Rückgang bewahren sollten. Mittel der Wahl stellten unter anderem Steuererleichterungen, eine bessere Materialversorgung und eine gelockerte Vergabe von Gewerbegenehmigungen dar.[10] Bürger, die einen Privatbetrieb übernahmen und weiterführten, erhielten im ersten Jahr einen Steuerfreibetrag in Höhe von 10 000 Mark und Zugang zu Krediten für Rationalisierungsinvestitionen. Die Vergabe von Gewerbegenehmigungen nahm das erste Mal seit den frühen 1950er Jahren wieder zu, ohne jedoch den Wunsch von DDR-Bürgern nach wirtschaftlicher Selbstständigkeit vollständig zu erfüllen oder die Nettozahl von Gewerbetreibenden signifikant zu erhöhen.[11] Dennoch bedeutete dies im Kern eine Abkehr von der zuvor praktizierten Haltung von Staat und Partei.

Privates Unternehmertum im Dienst des Sozialismus?

Die Politik der zaghaften Stabilisierung des Privatsektors verstetigte sich in den 1980er Jahren. Die in Handels- und Gewerbekammern umbenannten ehemaligen Industrie- und Handelskammern der DDR erfuhren 1983 eine Aufwertung ihrer Tätigkeit. Sie hatten sich fortan verstärkt um die Qualifizierung ihrer Mitglieder und eine Steigerung der Leistungsfähigkeit der Privatwirtschaft in der DDR zu kümmern.[12] Auf seiner 58. Sitzung am 24. März 1988 erließ der Ministerrat der DDR einen Beschluss, der erstmals die Privatisierung öffentlichen Eigentums ermöglichte.[13] In der Begründung der Beschlussvorlage heißt es: „Die systematische Förderung privater Gewerbetreibender ist ein fester Bestandteil der Politik der Hauptaufgabe, der Einheit von Wirtschafts- und Sozialpolitik. [...] Die mit dem Gesetz über die örtlichen Volksvertretungen gegebenen Möglichkeiten sind insgesamt noch umfassender für die Verbesserung der Versorgung der Bevölkerung zu nutzen. Noch bestehende ungerechtfertigte Unterschiede zwischen Kreisen, Städten und Gemeinden sowie engstirniges, kleinliches Verhalten zu diesen Fragen gilt es zügiger zu überwinden."[14]

Die Staats- und Parteiführung suchte die Schuld für die mangelhafte Unterstützung der verbliebenen Privatwirtschaft bei den Bezirken. Dabei hatten dieselben Mitglieder des Ministerrates die Verstaatlichungskampagne von 1972 initiiert und befeuert. Die Haltung der Bezirksverwaltungen erscheint daher primär in Selbstschutz begründet. Auch wenn der Erlass nur Einzelhandel und Gastronomie betraf, ist bemerkenswert, dass private Einzelhändler und Gastwirte zu einem integralen Bestandteil der honeckerschen Wirtschaftsdevise der „Einheit von Wirtschafts- und Sozialpolitik" erklärt wurden.

Noch Anfang der 1980er Jahre war der Privatsektor in der DDR weit vielfältiger und sein Anteil an der Gesamtbeschäftigung und an der Wirtschaftsleistung größer als in Polen und Ungarn, die beide als Vorreiter von Privatisierung und zaghafter wirtschaftlicher Liberalisierung im Ostblock galten.[15] Obgleich die Dynamik der von der SED-Führung Mitte der 1970er Jahre eingeleiteten Kehrtwende bedeutend geringer war als in Polen und Ungarn, war das Ausgangsniveau ein anderes. In der DDR hatte es nie eine komplette Verstaatlichung der Privatwirtschaft gegeben. Der Anteil der außerhalb der Landwirtschaft privat Beschäftigten lag 1980 in der DDR bei 5,2, in Polen bei 4,9 und in Ungarn bei drei Prozent.[16]

Die Anzahl der Interessenten für Gewerbegenehmigungen lag in den 1980er Jahren deutlich über der Zahl der zu vergebenden Lizenzen.[17] Dies deutet darauf hin, dass es in einem offiziell staatssozialistischen Land wie der DDR ein signifikantes Interesse der Bevölkerung an einer selbstständigen Existenz gab. Darüber hinaus lohnte sich die Selbstständigkeit trotz restriktiver Steuergesetzgebung auch in finanzieller Hinsicht. Während etwa selbstständige Fahrradmechaniker im Schnitt so viel verdienten wie Facharbeiter, lag das Nettomedianeinkommen eines Selbstständigen in der DDR bei mehr als dem Doppelten des Verdienstes eines Facharbeiters. Inhaber besonders nachgefragter Dienstleistungsbetriebe konnten legal auf das Zwanzigfache eines Durchschnittsverdienstes kommen.[18] Auch wenn der Privatsektor weit kleiner war als der Staatssektor, bedeutete dies eine – trotz sozialistischer Rhetorik – enorme Einkommensungleichheit.

Dennoch war die restriktive Steuergesetzgebung von großer Bedeutung für das Verhalten der Unternehmer in der DDR der 1980er Jahre. Sie setzte starke Anreize, Umsatz und damit Größe und Beschäftigungsstruktur der Unternehmen nicht über einen bestimmten Punkt hinaus wachsen zu lassen. Dadurch blieben die Wirkungen ökonomischer Skalenerträge begrenzt. Bedingt durch die restriktive Vergabe von Gewerbegenehmigungen und mangelnde Wachstumsmöglichkeiten für bestehende Betriebe wurden die Unternehmer in ihrem Verhalten konditioniert. Hinzu kam die im sozialistischen System im Vergleich zum Westen untergeordnete Rolle des Geldes. Da sie auch mit mäßigem Arbeitseinsatz ein privilegiertes Leben führen konnten, nahm der Faktor Freizeit in der individuellen Nutzenfunktion eines durchschnittlichen Selbstständigen in der DDR eine größere Rolle ein, als dies für einen typischen westdeutschen Selbstständigen der 1980er Jahre der Fall gewesen sein dürfte. Nach 1976 hatten Staats- und Parteiführung die Kinder von Unternehmern explizit aufgefordert, den elterlichen Betrieb zu übernehmen. Aus diesem Grund verfestigte sich bei vielen Unternehmen zwischen 1976 und 1989 der Charakter von „Familienunternehmen".[19]

Auffällig ist, dass der Privatsektor in der DDR weit weniger in Schattenwirtschaft und Korruption involviert war als in Polen, Ungarn und der Sowjetunion. In diesen Ländern vollzog sich die Förderung privaten Unternehmertums in den 1980er Jahren in Konkurrenz zum Staatssektor. Dies entsprach nicht zwangsläufig den Intentionen der politischen Führung, resultierte aber häufig in einer wenig produktiven Konkurrenz um knappe Ressourcen und den Zugang zu Arbeitskräften.[20] Kombinatsleiter waren versucht, sich ihrer Konkurrenz, die ihre Macht gefährdete, zu entledigen, indem sie ihre eigenen politischen Kontakte auf regionaler Ebene nutzten. In der DDR gestaltete sich das Zusammenspiel aufgrund der unterschiedlichen historischen Tradition abweichend von der Erfahrung anderer staatssozialistischer Länder.[21]

Falsche Vorstellungen und enttäuschte Hoffnungen

Trotz aller politischen Unsicherheit in der DDR waren die unteren staatlichen Instanzen an die Existenz eines lokalen privaten Unternehmertums gewöhnt, dessen Produkte und Dienstleistungen fest in die Wirtschaftspläne der Bezirke und der Staatlichen Plankommission eingearbeitet waren. Das private Unternehmertum war somit integraler Bestandteil des legalen Wirtschaftskreislaufs. Ende der 1980er Jahre wurde die Förderung des privaten Handwerks offiziell als Bestandteil der Wirtschafts- und Sozialpolitik der SED bezeichnet.[22] Darüber hinaus hatte das Management der größeren Kombinate zumindest in den 1960er und frühen 1970er Jahren auf das Wissen und die Produktpalette des Mittelstands zurückgegriffen, um die eigene Produktion effizienter zu gestalten. Daher entwickelte sich das Zusammenspiel zwischen Staat und Privatwirtschaft in der DDR weit weniger antagonistisch als in anderen staatssozialistischen Ländern.[23] Trotz des stets prekären Verhältnisses zwischen Parteielite und Unternehmertum gehörten die Unternehmer in der späten DDR zur privilegiertesten sozialen Schicht nach der höheren Partei-Nomenklatur.[24] Dies schien der DDR-Wirtschaft und vor allem dem ostdeutschen Mittelstand vergleichsweise gute Bedingungen für den Start in eine neue Zeit zu bieten.

Aufgrund der Nähe zum Staat und zum sozialistischen Wirtschaftskreislauf waren die Unternehmer der DDR jedoch kaum auf einen radikalen Kurswechsel vorbereitet, wie er sich im Sommer und Herbst 1990 vollzog. Dies unterschied sie von den Unternehmern in anderen staatssozialistischen Ländern. Zwar spielte die Reprivatisierung der 1972 enteigneten Betriebe im politischen Diskurs von 1990 eine bedeutende Rolle und wurde bereits im März 1990 – noch von der Modrow-Regierung – eingeleitet; das Vorwissen und die Bedürfnisse der mehr als 100 000 an der Jahreswende von 1989 auf 1990 aktiven Privatunternehmen spielte im Diskurs aber eine äußerst untergeordnete Rolle. Die in die „1972er" gesteckten Hoffnungen erfüllten sich nicht und waren realistischerweise auch unerfüllbar. Viele der 1972 verstaatlichten Unternehmen existierten 1990 nicht oder zumindest nicht mehr in ihrer ursprünglichen Form beziehungsweise waren marode.[25]

Die Restitution der Betriebe zog sich über mehrere Jahre hin und erwies sich als zu schwere Hypothek auf dem Weg zur Revitalisierung des industriellen Mittelstands in Ostdeutschland. Durch den Fokus auf die „1972er" erlagen sowohl die bundesrepublikanische Politik als auch die Manager der Treuhandanstalt einem Propagandamythos der SED, dem zufolge 1972 die letzten Überreste des alten kapitalistischen Systems in der DDR beseitigt worden seien. Zwar hatte das verbliebene private Unternehmertum in der DDR eine Art *modus vivendi* mit der Planwirtschaft finden müssen, es war jedoch nicht verschwunden.

Dabei mangelte es zumindest zwischen Herbst 1989 und Sommer 1990 im ostdeutschen Unternehmertum nicht an Optimismus und Veränderungswillen. Wie schwer es jedoch für die 1989 und 1990 aktiven privaten Unternehmer der DDR war, von der Politik ernst genommen zu werden, zeigt das Beispiel Rudolf Stadermanns. Stadermann gehörte zu den Gründungsmitgliedern des Unternehmerverbandes der DDR, der sich an der Jahreswende von 1989 auf 1990 gebildet hatte und dessen Vorsitzender er war. In seiner Rede auf dem „Kongress deutsch-deutscher Marktplatz", der unter der Schirmherrschaft des Deutschen Industrie- und Handelstages stand, sagte er im Februar 1990 vor Vertretern der west- und ostdeutschen Politik und Wirtschaft: „Bei unseren Gesprächen in der Bundesrepublik haben wir feststellen müssen, daß es dort überhaupt keine richtigen Vorstellungen davon gibt, was es an Unternehmer-Potential in der DDR gibt. Es gab keine Zahlen, man wußte nichts von den über 100 000 Privatbetrieben in der DDR, die Gewehr bei Fuß stehen, die sofort loslegen, wenn man ihnen nur die Möglichkeit dazu gibt. In einer Art missionarischer Tätigkeit haben wir in der Bundesrepublik um

Verständnis für unsere Situation geworben, und zwar nicht nur beim Wirtschaftsministerium, sondern u. a. auch beim DIHT."[26]

Zwar hatte man in Westdeutschland die Reformen und Entwicklungen in Polen, Ungarn und der Sowjetunion intensiv verfolgt, für die DDR lässt sich bei den Eliten aus Politik und Wirtschaft hingegen eine Wahrnehmungsschwäche feststellen beziehungsweise eine in Wirtschaftsfragen weitgehend unkritische Übernahme der Außendarstellung der SED. Diese Wahrnehmung erwies sich als Hindernis für die Transformation in Ostdeutschland nach 1990, verkannte sie doch die Potenziale und Ausgangsbedingungen der DDR-Wirtschaft. Für den Aufbau mittelständischer Strukturen und die Transplantation der sozialen Marktwirtschaft musste dies enttäuschte Hoffnungen nach sich ziehen.

Laut Schätzungen des Instituts für Mittelstandsforschung in Bonn hätten allein aus der Reprivatisierung der 1972 verstaatlichten Unternehmen etwa 9000 mittelständische Industriebetriebe mit mehreren hunderttausend Beschäftigten entstehen können.[27] Die Berechnungen des Instituts ergaben, dass 1996 weniger als 3000 reprivatisierte Industriebetriebe am Markt tätig waren, die nicht einmal 100 000 Mitarbeiter hatten. Selbst diejenigen Betriebe, die sich am Markt behaupten konnten, hatten in aller Regel im Vergleich zu 1990 Personal abgebaut und sich nicht als Jobmotor erwiesen.[28]

Die Treuhandanstalt selbst hatte sich des Themas der Mittelstandsförderung eher widerwillig angenommen und einen Großteil der für den Mittelstand verwandten Energie auf die Restitution der 1972 enteigneten Unternehmen konzentriert. Aufgrund der komplizierten juristischen Situation und Organisationsschwierigkeiten zog sich dieser Prozess über mehrere Jahre hin. Die unsichere rechtliche Situation, in der sich Tausende Reprivatisierer wiederfanden, stellte einen wichtigen Faktor für das wirtschaftliche Aus vieler Unternehmen dar. Interessanterweise hatten diejenigen Reprivatisierer die größte Überlebenschance, die als Erste reprivatisiert worden waren.[29] Rohwedders Diktum „schnell privatisieren" hätte sich bei den „72ern" somit im Vergleich zur gelebten Praxis der Treuhandanstalt als vorteilhaft erwiesen.

Die bereits bestehenden Privatunternehmen in der DDR hatten trotz des Versuchs der Selbstorganisation nur eine schwache Lobby und blieben weitgehend unter der Wahrnehmungsschwelle der Politik. Die Treuhandanstalt interessierte sich nicht für sie, da sie bereits privatisiert waren. Dabei hätte es hier ein Potenzial an Unternehmertum gegeben, das weit einfacher zu aktivieren gewesen wäre als die „72er". Aufgrund ihrer Nähe zum Staat und ihrer früheren (legalen) Einbettung in das sozialistische Wirtschaftssystem hätten diese Unternehmer jedoch Starthilfen benötigt, um sich dem neuen System anzupassen. Unterstützung fanden sie aber nur schwer, am ehesten noch bei der Kreditanstalt für Wiederaufbau, die mit der Wiedervereinigung eine deutliche Ausweitung ihrer Tätigkeit erfuhr. Im Blickfeld der eigentlich für die Transformation Ostdeutschlands zuständigen Institutionen tauchten sie nicht auf, da deren Vertreter mit ihrer Existenz nicht gerechnet hatten.

Dies lässt die Wiedervereinigung als wesentlich dramatischeren Einschnitt für den ostdeutschen Mittelstand erscheinen als die Verstaatlichungskampagne von 1972. Ein stärkerer Fokus auf die Bildung mittelständischer Strukturen hätte nicht nur zu einer ausgewogeneren Wirtschaftsstruktur in Ostdeutschland beigetragen. Mehr Möglichkeiten für Ostdeutsche zu schaffen, sich selbst als Unternehmer zu betätigen, hätte zumindest einen teilweisen Ausgleich für ein subjektives Gerechtigkeitsdefizit bei Wiedervereinigung und Privatisierung der DDR-Wirtschaft bilden können. Die Politik der 1990er Jahre zeigte große Erfolge in der Hebung des ostdeutschen Konsumniveaus, das sich rasch den westdeutschen Werten annäherte. Dadurch waren die ostdeutschen Bürger aber nicht automatisch als aktive und überzeugte Teilhaber der sozialen Marktwirtschaft gewonnen.

Anmerkungen

1 Vgl. Alexander Rüstow, Das Versagen des Wirtschaftsliberalismus, Marburg 2001 (deutsche Erstauflage 1945), S. 115–119, Zitat S. 119. Vgl. auch Wilhelm Röpke, Die Funktion des Klein- und Mittelbetriebes in der Volkswirtschaft, in: André Siegfried (Hrsg.), Handwerk und Kleinhandel in der modernen Volkswirtschaft: Entwicklungsmöglichkeiten und Rechtsgrundlagen, St. Gallen 1947, S. 19–40.

2 Vgl. Heinrich August Winkler, Mittelstand, Demokratie und Nationalsozialismus: Die politische Entwicklung von Handwerk und Kleinhandel in der

Weimarer Republik, Köln 1972. Vgl. zum westdeutschen Mittelstand von Kriegsende bis in die 1970er Jahre: Ders., Stabilisierung durch Schrumpfung: Der gewerbliche Mittelstand in der Bundesrepublik, in: Werner Conze/Rainer M. Lepsius (Hrsg.), Sozialgeschichte der Bundesrepublik Deutschland. Beiträge zum Kontinuitätsproblem, Stuttgart 1983, S. 187–209.

3 Vgl. Robert D. Atkinson/Michael Lind, Big is Beautiful: Debunking the Myth of Small Business, Cambridge (MA) 2018, S. 3–11.

4 Vgl. Ernst Friedrich Schumacher, Small is Beautiful, A Study of Economics as if People Mattered, London 1973.

5 Vgl. Hans-Hinrich Schroeder-Hohenwarth/Richard Graf zu Eulenburg (Hrsg.), „Schnell privatisieren, entschlossen sanieren, behutsam stilllegen": Ein Rückblick auf 13 Jahre Arbeit der Treuhandanstalt und der Bundesanstalt für Vereinigungsbedingte Sonderaufgaben, Berlin 2003, S. 23.

6 Vgl. Frank Ebbinghaus, Ausnutzung und Verdrängung. Steuerungsprobleme der SED-Mittelstandspolitik 1955–1972, Berlin 2003, S. 9.

7 Anders Åslund, Private Enterprise in Eastern Europe: the non-agricultural private sector in Poland and the GDR 1945–93, New York (NY) 1985, S. 10.

8 Vgl. Ebbinghaus, Ausnutzung und Verdrängung, S. 186 f.

9 Vgl. Andreas Pickel, Radical Transition: The Survival and Revival of Entrepreneurship in the GDR, Boulder (CO) 1992, S. 12.

10 Vgl. Jann Müller, Die Wiederbegründung der Industrie- und Handelskammern in Ostdeutschland im Prozess der Wiedervereinigung, Stuttgart 2017, S. 38 f.

11 Vgl. ebd., S. 39. In Ost-Berlin – so Jann Müller – standen 1982 2800 Gewerbetreibenden 2000 Anträge auf eine neue Gewerbelizenz gegenüber.

12 Vgl. ebd., S. 40 f.

13 Vgl. ebd.

14 Bundesarchiv (BArch) Berlin, DC 20 I/3/2626, Maßnahmen zur weiteren Steigerung des Leistungsvermögens privater Einzelhändler und Gastwirte und zur Erhöhung ihrer Versorgungsleistungen für die Bevölkerung, 24. 3. 1988.

15 Vgl. Åslund, Private Enterprise in Eastern Europe, S. 13.

16 Vgl. Pickel, Radical Transition, S. 12 f.

17 Vgl. ebd., S. 89.

18 Vgl. ebd., S. 90.

19 Ebd., S. 94.

20 Vgl. ebd., S. 2.

21 Vgl. ebd., S. 77–79.

22 Vgl. Zur Sozialpolitik der Sozialistischen Einheitspartei Deutschlands, in: Neues Deutschland, 29. 1. 1987.

23 Vgl. Pickel, Radical Transition, S. 2 und 16.

24 Vgl. ebd., S. 165 f.

25 Vgl. zum Bezirk Dresden: Rainer Karlsch, „Die kapitalistischen Betriebe, die sich halbstaatlich nennen, müssen wir liquidieren": Der letzte Schlag gegen den Dresdner Mittelstand im Frühjahr 1972, in: Dresdner Hefte 134 (2016), S. 24–31.

26 Rudolf Stadermann, Gewerbefreiheit in der DDR sichern, in: Deutscher Industrie- und Handelstag (Hrsg.), DIHT-Kongreß deutsch-deutscher Marktplatz 13. Februar 1990 in Berlin (West), Bonn 1990, S. 33.

27 Die 1972 enteigneten Betriebe wiesen insgesamt etwa 500 000 Beschäftigte auf.

28 Vgl. Friedrich Kaufmann, Die Situation der reprivatisierten Unternehmen in den neuen Bundesländern, Bonn 1997, S. 1 f. und 53.

29 Vgl. ebd., S. 13.

EVA SCHÄFFLER

Ein Privatisierungsmarathon à la Treuhand

Die Übernahme der Umformtechnik Erfurt durch Škoda Plzeň

Schon vor ihrer Übernahme durch den tschechischen Großkonzern Škoda Plzeň 1995 hatte die Umformtechnik Erfurt (UTE) auf eine lange Geschichte zurückblicken können. Nach der Gründung als Zweigwerk der Maschinenfabrik Henry Pels & Co. im Jahr 1900 wurden die jüdischen Besitzer 1936 enteignet und das Werk der Deutschen Waffen- und Munitionsfabriken AG einverleibt.[1] Nach Kriegsende wurde das Unternehmen erst als sowjetisch-deutscher Betrieb, dann unter dem Namen VEB Pressen- und Scherenbau Henry Pels und später als VEB Umformtechnik Erfurt weitergeführt.[2] 1970 wurde die UTE zum Kernstück des neu gegründeten Kombinats Umformtechnik Herbert Warnke und galt zu Beginn der 1990er Jahre als international konkurrenzfähig.[3]

Die Privatisierung des Erfurter Pressenwerks erwies sich dennoch als ein für alle Beteiligte mühseliger und langwieriger Prozess, der im Folgenden, basierend auf den derzeit verfügbaren Quellen, rekonstruiert wird[4], um so einen Einblick in einen ungewöhnlichen Privatisierungsfall zu gewinnen: Nur bei knapp sechs Prozent der Treuhandbetriebe spielten internationale Investoren für die Entstaatlichung eine Rolle. Dominant waren dabei jedoch Geldgeber aus dem westlichen Ausland, insbesondere aus der Schweiz, Großbritannien, Österreich und den Niederlanden.[5]

Im Rahmen der Fallstudie werden sowohl die einzelnen (Ver-) Handlungsschritte als auch deren öffentliche Wahrnehmung nachgezeichnet. Zentrale Fragen dabei sind, ob die Treuhand mit der Veräußerung des Pressenbauers „überfordert" war und ob sie sich bei den Verhandlungen einer „Hinhaltetaktik" bediente.[6] Außerdem richtet sich das Interesse auf die Frage, inwieweit die Behörde eine realistische Einschätzung des tschechischen „Privatisierers" vornahm – handelte es sich doch um einen Betrieb, der kurz zuvor erst selbst privatisiert worden war.

Um die zum Jahreswechsel von 1994 auf 1995 vollzogene Übernahme der UTE durch Škoda Plzeň (deutsch: Škoda Pilsen; im Folgenden: Škoda) zu bewerten, lohnt sich zunächst ein genauer Blick auf den Käufer. Das 1859 gegründete Unternehmen war anfangs in erster Linie im Maschinenbau tätig gewesen und hatte seine Aktivitäten dann auf immer mehr Bereiche ausgeweitet, u. a. auf Waffenproduktion, Schienenfahrzeug- und Flugzeugbau. 1925 übernahm Škoda den Autobauer Laurin & Klement, der deshalb auch seinen Markennamen änderte. Im Zuge der Verstaatlichung im Jahr 1945 wurde das Automobilwerk wieder vom Mutterkonzern abgetrennt. Auch nach dem Ende des Sozialismus bestanden die beiden Unternehmen unabhängig voneinander. 1989 beziehungsweise 1990 war Škoda ein riesiger, wirtschaftlich schwer angeschlagener Mischkonzern mit beinahe 45 000 Beschäftigten.[7]

In den Folgejahren war die Entwicklung des Konzerns in mindestens zweierlei Hinsicht problematisch: aufgrund seiner Eigentums- und Machtstrukturen und aufgrund seiner Unternehmensstrategie. Die Privatisierung von Škoda war von Konflikten zwischen staatlichen Akteuren und den zukünftigen Eigentümern geprägt. Letztlich mündete der Privatisierungsprozess in intransparente Eigentumsstrukturen. Innerhalb dieser Strukturen verfügte eine Einzelperson über eine große Machtfülle: Lubomír Soudek fungierte sowohl als größter privater Anteilseigner als auch als Vorstandsvorsitzender des Konzerns.[8] Er genoss einerseits einen Ruf als fähiger Unternehmer, andererseits geriet er schon bald in die Kritik, unter anderem wegen schlechter Zahlungsmoral.[9]

Unter Soudeks Führung verzichtete Škoda auf eine radikale Restrukturierung und verfolgte stattdessen eine Internationalisierungs- und Expansionsstrategie. Das Unternehmen bemühte sich um Aufträge aus dem Ausland, etwa aus China, dem Iran, Russland oder Südafrika, sowie um internationale *Joint Ventures*, zum Beispiel mit französischen, niederländischen oder westdeutschen

Unternehmen.[10] Außerdem kaufte Škoda andere Betriebe auf, darunter große tschechische Betriebe wie ČKD, LIAZ und Tatra. Aber auch westdeutsche Unternehmen verleibte sich Škoda ein: Neben der UTE wurde 1995 der hessische Transformatorenhersteller May & Christe übernommen.[11]

Die Expansionsstrategie war jedoch kein Indikator für die Stärke des Unternehmens. Vielmehr war sie ein Versuch, von bestehenden Problemen abzulenken beziehungsweise sie zu überdecken – diesen Standpunkt vertrat im Nachhinein unter anderem der ehemalige Pressesprecher des Unternehmens.[12] Jedenfalls führte das Ausbleiben von umfassenden Sanierungsschritten innerhalb weniger Jahre dazu, dass der Konzern riesige Verluste einfuhr und massiv verschuldet war. Ende der 1990er Jahre war Škoda zu einem gewaltigen, vom Bankrott bedrohten und von Korruptionsskandalen gebeutelten Konglomerat angewachsen.

Beginn der Privatisierung: Japan, Südkorea, Australien (1990–1992)

Die UTE war zu Beginn der 1990er Jahre in keiner einfachen wirtschaftlichen Situation und hatte, wie viele andere ostdeutsche Betriebe, mit Absatzproblemen zu kämpfen: Zum einen verkaufte der Erfurter Pressenhersteller immer weniger in die Länder des ehemaligen Rats für gegenseitige Wirtschaftshilfe, zum anderen konnte er im Westen nicht genügend Abnehmer finden. Insgesamt machte das Unternehmen zwischen Mitte 1990 und Ende 1993 Verluste in Höhe von 230 Millionen DM. Parallel dazu reduzierte sich die Beschäftigtenzahl von knapp 4000 in den Jahren 1989 und 1990 auf etwa 1900 im Jahr 1993, wobei die verbliebene Belegschaft immer wieder in Kurzarbeit geschickt wurde.[13]

Bereits im Mai 1990 kam es zum ersten Privatisierungsschritt: Das Kombinat wurde in eine Finanz- und Verwaltungs*holding* umgewandelt, die wiederum aus mehreren GmbHs, unter anderem der Umformtechnik Erfurt GmbH, bestand.[14] Anfang 1991 strebte der Aufsichtsrat der *Holding* eine Privatisierung mithilfe von Investoren, bevorzugt aus Westdeutschland beziehungsweise Westeuropa, an. Als weitere Möglichkeit galt der Einstieg von russischen Geldgebern.[15] Mitte 1991 reichte der Aufsichtsrat ein erstes Privatisierungskonzept bei der Treuhandanstalt ein.[16] In den Folgemonaten wurde dieses Konzept überarbeitet, jedoch waren auch ein halbes Jahr später keine konkreten Maßnahmen ergriffen worden. Während sich der Aufsichtsrat noch dafür einsetzte, möglichst viele Teile der *Holding* zu erhalten, bestand die Treuhand darauf, dass „letztlich der Investor entscheidet, wie die Zusammensetzung und Größe der Gruppe ist".[17]

Auf der Suche nach Investoren waren UTE und Treuhand im ersten Halbjahr 1992 in verschiedenen Ländern aktiv. Insbesondere die japanische Investmentbank Yamaichi galt als aussichtsreicher Partner. Nachdem über sechs Monate hinweg Verhandlungen geführt worden waren, kam es aber nicht zu einer Zusammenarbeit. Als weitere mögliche Geldgeber standen zur Diskussion: die japanische Sumitomo Finanzgruppe, die südkoreanischen Unternehmen LG (damals Lucky Goldstar) und Hyundai, die australische Bliss Group, die KUKA AG sowie die Deutsche Bank. Letztlich blieb die Investorensuche aber erfolglos, worüber auch die Presse berichtete. Die UTE galt als „Rosine", die bislang „verschmäht" worden war.[18]

Fortsetzung der Privatisierung: Kanada – oder vielleicht doch Westdeutschland? (1992–1993)

Im Frühsommer 1992 trat dann aber ein neuer Interessent auf den Plan: eine Investorengruppe um den kanadische Konzern Magna. Als sich Ende 1992 beziehungsweise im Frühjahr 1993 mit der Müller-Weingarten AG und der Schuler AG noch zwei westdeutsche Interessenten zur Investorengruppe gesellten, kam Unruhe auf: Die Geschäftsführung und der Betriebsrat, die IG Metall und der Verband der Metall- und Elektroindustrie vermuteten, dass die beiden Konkurrenten die UTE zu einer verlängerten Werkbank umbauen wollten.[19] Die Treuhandanstalt betonte jedoch, dass sie eine solche Entwicklung auf jeden Fall verhindern werde, und veranschlagte als Datum für den Vertragsabschluss den 30. Juni 1993.[20]

Diesen Zeitplan konnte die Privatisierungsbehörde aber nicht einhalten, da es erneut zu Umstrukturierungen in der Investorengruppe kam. Magna blieb letztendlich der Hauptinvestor, die westdeutschen Pressenbauer waren nicht mehr vertreten. Ein weiteres Mal wurde nun die Unterzeichnung eines Übernahmevertrages geplant, und zwar für August 1993. Darin garantierte der kanadische Konzern, der sich insgesamt 40 Prozent der Anteile sichern wollte, innerhalb von fünf Jahren 337 Millionen DM in das Unternehmen zu investieren und mindestens 1260 Arbeitsplätze zu erhalten. Weitere 40 Prozent sollten bei der Treuhand verbleiben und die restlichen 20 Prozent waren für die an der Finanzierung beteiligten Banken vorgesehen.[21] Diesem Plan stimmten die Banken aber letztendlich nicht zu – der für den Vertragsabschluss festgelegte Termin verstrich ein zweites Mal.

Das erneute Scheitern der Übernahme betrachteten die Erfurter mit Argwohn. Der Betriebsratsvorsitzende Peter Müller vermutete, die Treuhand habe in Wirklichkeit kein großes Interesse an einem Weiterbestehen der UTE: „Man kann annehmen und unterstellen, daß da natürlich auch Methode dahintersteckt. Man will vielleicht nicht, daß so viele ostdeutsche Betriebe eine Chance erhalten, als gleichberechtigte Wettbewerber aufzutreten."[22] Die UTE-Unternehmensführung verdächtigte Magna, unter dem Einfluss der westdeutschen Konkurrenten Schuler und Müller-Weingarten zu stehen.[23] Dieser Verdacht wurde von Magna nicht aus dem Weg geräumt: Der Konzern bekräftigte lediglich seinen Willen zur Übernahme, betonte aber gleichzeitig, nach dem Vertragsabschluss „strategic alliances with other companies"[24] eingehen zu wollen.

Indes hatte die Treuhand ein neues Datum für die Vertragsunterzeichnung festgelegt: den 27. Oktober 1993.[25] Doch es gelang wieder nicht, die Kreditzusagen der Banken einzuholen, sodass der Vertragsabschluss ein drittes Mal nicht zustande kam. Das Vertrauen in den Deal schwand nun auch bei der Treuhandanstalt: Zwar wollte sie die Gespräche mit Magna nicht abbrechen, hatte aber vor, parallel dazu „Verhandlungen mit anderen Interessenten […] aufzunehmen".[26]

Das Ende der Privatisierung: von Kanada nach Tschechien (1993–1994/95)

Die Finanzierung der Magna-Beteiligung konnte auch bis Ende 1993 nicht abschließend geklärt werden. Gleichzeitig hatte ein neuer Interessent am Verhandlungstisch Platz genommen: der tschechische Konzern Škoda, der noch im Dezember ein Privatisierungskonzept bei der Treuhand einreichte.[27] Wenig später begannen konkrete Gespräche mit dem Investor. Dieser hatte bislang noch keine genauen Geschäftszahlen vorlegen können, was mit der Gesetzeslage in der Tschechischen Republik begründet wurde. Eine genaue Vorstellung, wie die Übernahme vonstattengehen sollte, hatte Škoda aber bereits: Da der Investor die UTE alleine führen wollte, forderte er eine mindestens 51-prozentige Beteiligung. Gleichzeitig garantierte der tschechische Maschinenbauer den Erhalt von 1000 Arbeitsplätzen sowie Investitionen in Höhe von 162 Millionen DM bis 1998.[28]

Auf das Angebot reagierte die Treuhand mit dem Hinweis, Škoda solle „aggressiver" vorgehen. Da Entlassene sozial abgefangen würden, sollten lediglich produktive Arbeitsplätze erhalten bleiben. Škoda wurde aufgefordert, genauere Geschäftszahlen sowie ein überarbeitetes Privatisierungskonzept vorzulegen. Tatsächlich fuhr die Treuhand zu diesem Zeitpunkt aber noch zweigleisig und verfolgte die Strategie, Magna und Škoda als Investoren ins Boot zu holen, um sowohl die Märkte im Westen als auch im Osten abzudecken. Magna war von dieser Idee jedoch nicht begeistert: Der ursprünglich geplante Vertragsabschluss müsse zustande kommen; erst dann sei man für Gespräche mit dem tschechischen Mitinteressenten offen.[29]

Von diesem Hin und Her versuchte die Treuhand so wenig wie möglich an die Öffentlichkeit dringen zu lassen. In einer Pressemitteilung Anfang Februar 1994 hieß es, dass die Privatisierungsbehörde aktuell mit zwei Investoren verhandle, wobei lediglich Magna und nicht Škoda im Text explizit genannt wurde.[30] Nur wenige Tage später wendete sich aber das Blatt: Der Vorstandsvorsitzende von Magna teilte der Treuhand mit, dass der Konzern an einem Einstieg als Hauptinvestor nicht mehr interessiert sei und sich lediglich noch eine geringere Beteiligung von etwa zehn bis 15 Prozent vorstellen könne.[31]

Mit dem Rückzug von Magna – auf das Angebot, eine deutlich kleinere Beteiligung an der UTE zu übernehmen, ging die Treuhand nicht ein – war Škoda nun als einziger potenzieller Investor übrig geblieben und legte Ende Februar 1994 eine modifizierte Fassung seines Privatisierungskonzepts vor.[32] In der Presse waren die Meinungen über den Interessenten aus Tschechien zwiespältig: Einerseits gab es zuversichtliche Stimmen, die es für wahrscheinlich hielten, dass Škoda die UTE tatsächlich „retten"[33] wolle. Andererseits hatte man Bedenken, wie viele Arbeitsplätze letztendlich erhalten bleiben würden.[34] Auf Skepsis stieß auch die Vorstellung, „daß ausgerechnet ein Konzern aus dem benachbarten Tschechien, wo sich die Industriebetriebe selbst täglich der wirtschaftlichen West-Konkurrenz erwehren müssen, an ein solch heißes Eisen geht".[35]

Zur Unterzeichnung eines ersten Übernahmevertrags kam es dann im März 1994, wobei dieses Abkommen nicht unmittelbar wirksam wurde. Wie schon bei Magna fehlte noch ein von den beteiligten Banken bewilligter Finanzierungsplan. Eine vom Bankenkonsortium geforderte Bürgschaft – für den Fall, dass Škoda in Zahlungsschwierigkeiten geraten würde – war jedoch von der tschechischen Regierung abgelehnt worden. Außerdem hatte der tschechische Konzern trotz mehrmaliger Aufforderung noch keine genauen Geschäftszahlen vorgelegt.[36]

Letztlich waren diese Unsicherheiten aus Sicht der Treuhand aber nicht so gravierend, dass die Übernahmeverhandlungen eingestellt werden sollten. Die Behörde plädierte dafür, anstelle der tschechischen Regierung den Bund und das Land Thüringen für eine Absicherung der Kredite heranzuziehen. Von der tschechischen Regierung erwarteten die deutschen Akteure nur noch die Unterzeichnung einer „Gemeinsamen Erklärung", die unter anderem festlegte, dass das tschechische Industrieministerium „dafür Sorge tragen wird, daß SKODA die von ihr übernommenen Verpflichtungen [...] gegenüber THA, UTE und dem kreditleistenden Bankenkonsortium erfüllt".[37]

Obwohl im Sommer 1994 noch keine Finanzierungszusagen der Banken vorlagen, strebten die Beteiligten nun ein Inkrafttreten des Vertrags zum 1. September 1994 an. Vor allem aus tschechischer

Sicht war ein erneuter Aufschub der Übernahme nicht akzeptabel oder, wie es der Vorstandsvorsitzende Soudek formulierte: „Sollten wir dieses Unternehmen von seiner schlechten Situation retten, müssen wir das Unternehmen auch leiten."[38] Jedoch führte gerade die sich stetig verschlechternde wirtschaftliche Lage der UTE dazu, dass die Banken auf ein aktualisiertes Privatisierungskonzept pochten.[39]

In der Folge nahm die Treuhand Nachverhandlungen mit Škoda auf, wobei sie den bislang vorliegenden Übernahmeplan zwar als „realistisch", aber „nicht befriedigend" einstufte: Die eigenen Geschäftszahlen des tschechischen Maschinenbauers seien weiterhin nicht Teil des Dokuments, sodass die deutsche Seite befürchten müsse, dass Škoda die Rückzahlung der Darlehen nicht garantieren könne.[40] Angesichts des andauernden Privatisierungsmarathons wurde auch die UTE-Belegschaft immer unruhiger; es kam wiederholt zu Demonstrationen.[41] Auch Gerüchte über einen massiven Stellenabbau ebbten nicht ab und mündeten in Forderungen, die Landesregierung solle die UTE-Privatisierung endlich zur „Chefsache"[42] machen.

Tatsächlich sah das zum Ende des Jahres 1994 überarbeitete Privatisierungskonzept vor, idealerweise 1000 Arbeitsplätze zu erhalten. Als absolutes Minimum wurden 886 Arbeitsplätze festgelegt – für eine Zahl darunter waren Vertragsstrafen vorgesehen. Auch finanzielle Details enthielt das Konzept: Die Treuhand selbst wollte 185 017 DM als „Wirksamkeitsvoraussetzung" für den Privatisierungsvertrag zur Verfügung stellen. Für 95 Prozent der Anteile sollte Škoda eine Bareinzahlung in Höhe von zwei Millionen DM sowie langfristige, kreditfinanzierte Investitionen über 153 Millionen DM leisten. Als stiller Teilhaber war die staatliche Thüringer Industriebeteiligungsgesellschaft vorgesehen, welche die restlichen fünf Prozent für 10 Millionen DM erwerben sollte.[43]

Abgesehen davon, dass die Details für die Übernahme nun feststanden, waren die von Škoda vorgelegten Geschäftszahlen weiterhin lückenhaft, und auch die Finanzierungszusage des Bankenkonsortiums stand noch aus. Ein Knackpunkt war hier unter anderem eine von deutscher Seite noch nicht gewährte staatliche Bürgschaft in Höhe von 170 Millionen DM. Dennoch war sich der Verwaltungsrat einig: „Die Entscheidungsträger der THA votieren in Kenntnis aller Probleme und Unwägbarkeiten für eine Privatisierung an SKODA."[44]

Der Zeitdruck war mittlerweile immens: Aus juristischen Gründen war es notwendig, dass der Vertrag bis zum 31. Dezember 1994 wirksam wurde; ansonsten wäre eine neue Vertragsunterzeichnung notwendig geworden.[45] Letztendlich bestätigte das Bundeswirtschaftsministerium die vom Bankenkonsortium geforderte Bürgschaft, sodass es am 23. Dezember 1994 tatsächlich so weit war: Der Vertrag trat in Kraft, die Übernahme von UTE durch Škoda kam zustande.

Die Reaktionen in der deutschen beziehungsweise thüringischen Presse fielen ambivalent bis negativ aus. Eine Schlussfolgerung war, dass der Fall UTE „nicht zu den Ruhmesblättern der ostdeutschen Privatisierungspraxis" gehöre. Erst nach fünf Jahren „Gerangel zwischen Treuhand, Land Thüringen, Banken und den Kaufinteressenten" habe die Treuhand die längst „überfällige Übernahme" unter Dach und Fach gebracht. Der Grund für die Verzögerung sei „eines der vielgehüteten Treuhand-Geheimnisse". Gerüchtehalber habe jedoch die starke westdeutsche Konkurrenz den Verkaufsprozess immer wieder gestört beziehungsweise sei „tüchtig am Wirken" gewesen.[46]

In der tschechischen Presse rief der Aufkauf überwiegend ablehnende Reaktionen hervor. Vor allem herrschte Erstaunen darüber, dass ein solcher Deal überhaupt zustande gekommen war. Betont wurde, dass Škoda den thüringischen Pressenbauer nicht nur zu einem symbolischen Preis erhalten habe, sondern dass der deutsche Staat dem neuen tschechischen Eigentümer obendrein eine Summe von 150 Millionen Mark für Investitionen zur Verfügung gestellt habe.[47] Die „Mladá Fronta Dnes" sah darin einen „Privatisierungsskandal wie ein Donner" und war sich sicher: „Wenn etwas Ähnliches in der Tschechischen Republik passieren würde, würde das von der Opposition auch noch zehn Jahre später als Privatisierungsskandal bezeichnet werden."[48] Das Beispiel UTE zeige außerdem, dass es, ähnlich wie in Tschechien, auch im Ausland den Behörden ab einem gewissen Zeitpunkt nicht mehr darum gehe, für welche Summe sie einen Betrieb verkauften, sondern nur darum, dass sie ihn überhaupt loswürden.

Nach der Privatisierung: Die Tschechen kommen – und gehen (1995–2001)

Nach der Übernahme durch Škoda hörten die Absatzprobleme der UTE nicht auf: So hatte die UTE einen großen Auftrag für VW nicht erhalten, obwohl der kalkulierte Preis 30 Millionen DM unter der Offerte des letztlich erfolgreichen Konkurrenten Schuler lag. Bei einem Angebot für Opel war der Pressenhersteller ebenfalls leer ausgegangen.[49] Ein weiteres Problem entwickelte sich im Hinblick auf den Führungsstil des Konzernchefs Soudek. Zum einen wurde sein Auftreten von deutscher Seite als unverschämt empfunden, als er einen tschechischen Manager nach Erfurt schickte, um dort die deutsche Geschäftsführung zu beaufsichtigen. Zum anderen bestand im UTE-Aufsichtsrat die Auffassung, Soudek sei nicht ausreichend engagiert und verantwortungsbewusst.[50]

Fest steht, dass Škoda sich als unzuverlässig bei der Erfüllung der vertraglich festgelegten Verpflichtungen erwies. Die zugesagte Bareinzahlung über zwei Millionen DM war bis Ende Mai 1995 noch nicht geleistet worden. Auch die Geschäftsaussichten für das restliche Jahr 1995 waren schlechter als ursprünglich erwartet beziehungsweise angekündigt.[51] Diese Entwicklungen bei der UTE gaben auch der seit Anfang 1995 bestehenden Treuhand-Nachfolgeinstitution Bundesanstalt für vereinigungsbedingte Sonderaufgaben (BvS) Anlass zur Sorge. Deren Direktor wandte sich im Juli 1995 an Soudek und drohte mit der Entziehung der Finanzierungsgrundlage.[52] Soudek versuchte daraufhin zu beschwichtigen: Er habe bereits alle von der BvS geäußerten Befürchtungen mit der Geschäftsführung und dem Aufsichtsrat von UTE besprochen und sei sich der „Verantwortung für die weitere Entwicklung bei UTE völlig bewußt".[53]

Dennoch spitzte sich die Lage im Herbst 1995 weiter zu: Nach einem Eklat im Aufsichtsrat zog die Dresdner Bank ihre Kreditfinanzierungszusage zurück.[54] In der Folge sprach das thüringische Wirtschaftsministerium von einem „Scheitern der gesamten bisherigen Planung" und betonte, dass die „weitere Existenz der UTE sehr fragwürdig geworden" sei.[55] Auch die BvS resümierte nicht einmal ein Jahr nach der Übernahme, dass „das der Privatisierung zugrunde liegende Vertragsziel [...] nicht annähernd erreicht wird".[56]

In der Folge verschlechterte sich unter anderem die Beschäftigtensituation bei der UTE weiter. Am 31. Dezember 1996 waren nur noch 861 Mitarbeiterinnen und Mitarbeiter für den Pressenhersteller tätig. Damit wurde die vertraglich festgelegte Mindestzahl von 886 unterschritten, die vereinbarte Vertragsstrafe aber nicht eingefordert.[57] Auch die Verluste waren im Jahr 1996 höher ausgefallen als erwartet: Statt des prognostizierten Verlustes von knapp 44 Millionen DM kam ein Fehlbetrag von über 58 Millionen DM zustande.[58] Doch nicht nur die UTE, auch das Mutterunternehmen Škoda geriet immer mehr in Schwierigkeiten. 1997 betrug der Gesamtverlust des Konzerns 96 Millionen DM.[59]

Ab Mitte 1998 erwog Škoda, UTE wieder abzustoßen, woraufhin die deutsche Seite betonte, dass dies nicht ohne Weiteres möglich sei.[60] Tatsächlich folgte der Verkauf erst mehr als drei Jahre später. Škoda war zu diesem Zeitpunkt so schwer ins Straucheln geraten, dass als letzte Rettungsmaßnahme eine *Holding* gegründet worden war, woraufhin immer mehr Gesellschaften aus dieser *Holding* von anderen Unternehmen übernommen wurden. Ende 2001 geschah dies auch mit der UTE, deren neuer Eigentümer die Müller-Weingarten AG wurde.

Zusammenfassung

Es bestätigt sich der Eindruck, den in den 1990er Jahren bereits die Presse sowie betriebliche und gewerkschaftliche Vertreter gewonnen hatten, dass diese Privatisierung keine Erfolgsgeschichte war. Dabei muss jedoch berücksichtigt werden, dass Spekulationen beispielsweise darüber, dass die Treuhand mit der Konkurrenz aus Westdeutschland „gemauschelt" habe, nicht zu belegen sind. Hinter diesem Misserfolg verbirgt sich allerdings ein komplexes Geflecht von Nichtwissen(-wollen), Verzögerungen und Fehlentscheidungen, wobei nicht nur die Treuhandanstalt, sondern insbesondere auch die in den Privatisierungsprozess eingebundenen Banken von zentraler Bedeutung waren.

Warum die Bankenkonsortien sowohl im Fall des ersten (und gescheiterten) Investors Magna als auch im Fall des zweiten (und erfolgreichen) Investors Škoda immer wieder ihre Finanzierungszusagen verweigerten und damit die tatsächliche Übernahme blockierten, lässt sich aus heutiger Sicht nicht restlos klären. Zum einen spielte bestimmt eine Rolle, dass die Übernahmevorhaben mit großen finanziellen Risiken verbunden waren; zum anderen dürften auch weitere diffuse Eigeninteressen der Geldhäuser eine Rolle gespielt haben.

Eine weitere wichtige Erkenntnis ist, dass mit Škoda Plzeň ein Konzern aus einem postsozialistischen Land als Käufer der UTE auftrat; dieser Privatisierungsfall bedarf einer noch intensiveren Untersuchung. Eine abschließende Klärung wird aber erst möglich sein, wenn die archivalischen Quellen aus Tschechien für Forschungen herangezogen werden können. Fest steht aber: Ausschlaggebend für den Verlauf der Privatisierung beziehungsweise auch für die Zeit danach war, dass der tschechische Konzerns bei seiner Übernahmestrategie kaum darauf achtete, wie erfolgreich sich der übernommene Betrieb in Zukunft entwickeln würde. Zudem war Škoda nach seiner eigenen Privatisierung alles andere als ein stabiler, in seinen Strukturen und Entscheidungen transparenter Geschäftspartner.

Die Treuhandanstalt war sich der Problematik zumindest in mancher Hinsicht bewusst. Dennoch entschied sie sich dafür, die UTE an Škoda zu verkaufen, wobei der finanzielle Aufwand für den Verkäufer deutlich höher ausfiel als die Beteiligung des Käufers. Der Jahreswechsel von 1994 auf 1995, und damit das offizielle Ende der Treuhandanstalt, stand zu diesem Zeitpunkt schon kurz bevor. Deshalb war es aus der Sicht der Behörde wahrscheinlich besser, den Privatisierungsfall rasch abzuschließen, zumal sich die wirtschaftliche Lage der UTE in den vorherigen Jahren eher verschlechtert als verbessert hatte und eine neue Investorensuche vermutlich ein noch negativeres Endergebnis zur Folge gehabt hätte.

Obwohl die Übernahme durch Škoda erst nach einem langen und mühseligen Privatisierungsmarathon vollzogen werden konnte und auch in den Folgejahren Konflikte und Probleme nicht ausblieben, bedeutete dies nicht den Untergang des Erfurter Pressenbauers: Zwar gelangte das Unternehmen letztendlich doch in westdeutsche beziehungsweise westeuropäische Hände[61], doch besteht das Pressenwerk in Erfurt bis zum heutigen Tag weiter, aktuell unter dem Namen Schuler Pressen GmbH.

Anmerkungen

1 Bei Škoda Plzeň handelt es sich nicht um den bekannten Automobilhersteller.

2 Zur Unternehmensgeschichte der UTE vgl. z. B. Hanno Müller, „Die Treuhand war mit der Umformtechnik überfordert." Erfurt: Umformtechnik GmbH (VEB Kombinat Umformtechnik), in: Dietmar Grosser/Hanno Müller/Paul-Josef Raue (Hrsg.), Treuhand in Thüringen. Wie Thüringen nach der Wende ausverkauft wurde, Essen 2013, S. 118–122.

3 Umform- und Kunststofftechnik AG / Privatisierungskonzept in Arbeit. Das Geschäft mit der Sowjetunion soll weiterhin einen Schwerpunkt bilden, in: Handelsblatt, 12. 7. 1991.

4 Relevante Bestände finden sich im Bundesarchiv und im Hauptstaatsarchiv Weimar. Hinzu kommen deutsche und tschechische Zeitungsartikel. Tschechische Archivquellen, z. B. aus dem Škoda Unternehmensarchiv, sind aufgrund gesetzlicher Schutzfristen noch nicht zugänglich.

5 Vgl. Keith R. Allen, Directing Foreign Investments to Eastern Germany: Swiss Engagements after (and before) 1989, in: Central European History 53 (2020), S. 168–199, hier S. 172.

6 Vgl. Müller, „Die Treuhand war mit der Umformtechnik überfordert", S. 120 ff.

7 Vgl. Bruno Schönfelder, Vom Spätsozialismus zur Privatrechtsordnung. Eine Untersuchung über die Interdependenz zwischen Recht und Wirtschaft am Beispiel von Gläubigerschutz und Kredit, Berlin 2012, S. 651.

8 Nach Abschluss der Privatisierung verteilten sich die Anteile wie folgt: 20 % Soudek bzw. dessen Firma Nero, 10 % Komerční Banka, 23 % Kleinaktionäre, 18 % Privatisierungsfonds, 21 % Nationaler Vermögensfonds. Vgl. L. Soudek největším akcionářem Škody, in: Hospodářske Noviny, 2. 9. 1994.

9 Vgl. AB banka žaluje společnost Nero, in: Mladá Fronta Dnes, 14. 5. 1994.

10 Vgl. Škodovka hledá kontrakty v Číně, in: Mladá Fronta Dnes, 16. 2. 1993; Škoda Plzeň se vrací do světa, in: Telegraf, 19. 7. 1993.

11 Vgl. Škoda Plzeň koupila již druhou německou firmu, in: Hospodářské noviny, 24. 11. 1995.

12 Vgl. Jaroslav Hudec, Tah střelcem. Šest let po boku Lubomíra Soudka, Prag 1999, S. 50 f.

13 Landesarchiv Thüringen – Hauptstaatsarchiv Weimar (LATh – HStA Weimar), Thüringer Wirtschaftsministerium Nr. 362, Bl. 55, Treuhandanstalt, Verwaltungsratsvorlage Vertragsmanagement (THA-Objekt: Umformtechnik Erfurt GmbH) vom 18. 11. 1994.

14 Vgl. Thomas Ott, Erfurt im Transformationsprozeß der Städte in den neuen Ländern: ein regulationstheoretischer Ansatz, Erfurt 1997, S. 204.

15 LATh – HStA Weimar, Umform- und Kunststofftechnik Nr. 28, Protokoll der 2. Sitzung des Aufsichtsrates der Umform- und Kunststofftechnik AG Erfurt am 22. 2. 1991, 26. 2. 1991, S. 2 und 7.

16 Ebd., Protokoll der 4. Sitzung des Aufsichtsrates der Umform- und Kunststofftechnik AG Erfurt am 27. 6. 1991, 28. 6. 1991, S. 4.

17 LATh – HStA Weimar, Umform- und Kunststofftechnik Nr. 21, Aktennotiz Richter (Leiter Unternehmensstrategie UTE) zu einem Gespräch mit Aldag (THA) am 17. 1. 1992, 18. 2. 1992, S. 1.

18 Umformtechnik Erfurt – eine „Rosine" wird verschmäht, in: Neues Deutschland, 20. 5. 1992.

19 Vgl. Umformtechnik Erfurt / Zwei deutsche Interessenten. Vorstand favorisiert ein auslaendisches Konsortium, in: Handelsblatt, 2. 3. 1993.

20 LATh – HStA Weimar, Umform- und Kunststofftechnik Nr. 28, Beschlussprotokoll der 12. Sitzung des Aufsichtsrates der Umform- und Kunststofftechnik AG Erfurt am 10. 3. 1993, S. 5.

21 LATh – HStA, Thüringer Wirtschaftsministerium Nr. 358, Bundesfinanzminister Waigel an Thüringer Finanzminister Zeh vom 30. 7. 1993, S. 1; ebd., Erfurter Wirtschaftsdezernent Peter an Wirtschaftsminister Bohn vom 20. 10. 1993, S. 1.

22 Unser Unternehmen steht im luftleeren Raum, in: Neues Deutschland, 10. 9. 1993.

23 LATh – HStA, Thüringer Wirtschaftsministerium Nr. 358, Vermerk von Eulig (Wirtschaftsministerium) zum Gespräch mit Brandt und Janowski (UTE) vom 30. 9. 1993, S. 1.

24 Ebd., Business Plan for Umformtechnik Erfurt GmbH vom Oktober 1993, S. 3.

25 Ebd., Charbonnier (THA) an Staatskanzleichef Trautvetter vom 21. 10. 1993, S. 2.

26 Ebd., Feuerstein (Vorsitzender Thüringer Landes-Wirtschaftsförderungs-Gesellschaft) an Ministerpräsidenten Vogel vom 28. 10. 1993, S. 2.

27 LATh – HStA, Thüringer Wirtschaftsministerium Nr. 360, Bl. 135–183, Škoda Plzeň, Business Plan für UTE, Stand 20. 12. 1993.

28 LATh – HStA, Thüringer Wirtschaftsministerium Nr. 359, Bl. 505 und 508 f., Protokoll der Beratung zur Privatisierung von UTE Erfurt am 4. 1. 1994 in der THA Berlin, 10. 1. 1994.

29 LATh – HStA, Thüringer Wirtschaftsministerium Nr. 358, Feuerstein (Thüringer Landes-Wirtschaftsförderungs-Gesellschaft m b. H.) an Wirtschaftsminister Bohn und Staatskanzleichef Trautvetter vom 12. 1. 1994, S. 1.

30 Ebd., Pressemitteilung der THA, Privatisierung der Umformtechnik Erfurt auf gutem Weg vom 3. 2. 1994, S. 1.

31 Ebd., Stronach (Magna) an Aldag (THA) vom 7. 2. 1994, S. 1.

32 LATh – HStA, Thüringer Wirtschaftsministerium Nr. 360, Bl. 1–42, Škoda, Aktualisiertes Unternehmenskonzept/Business-Plan für die Umformtechnik Erfurt GmbH (UTE): Skoda-Erfurt vom 24. 2. 1994.

33 Skoda will die UT Erfurt retten, in: Thüringer Landeszeitung, 10. 3. 1994.

34 Vgl. Künftig soll Autobranche Kunde sein, in: Neues Deutschland, 28. 3. 1994.

35 Odyssee der Erfurter Umformtechnik geht weiter, in: Neues Deutschland, 7. 11. 1994.

36 LATh – HStA, Thüringer Wirtschaftsministerium Nr. 362, Bl. 231 f., THA, Protokoll der 47. Verwaltungsratssitzung am 15. 4. 1994.

37 LATh – HStA, Thüringer Wirtschaftsministerium Nr. 359, Bl. 245 f., Gemeinsame Erklärung gegenüber der UTE des Landes Thüringen, der Treuhandanstalt sowie des Ministeriums für Industrie und Handel der Tschechischen Republik, undatiert.

38 Ebd., Bl. 166, Soudek (Škoda) an Brahms (THA), vom 1. 8. 1994.

39 Ebd., Bl. 177, Vorlage von Sickel (Abt. Wirtschaftspolitik, Wirtschaftsministerium) für die 62. Sitzung des Thüringer Landtags (Ausschuß für Wirtschaft und Verkehr) am 2. 9. 1994, 30. 8. 1994.

40 Bundesarchiv Berlin, B 412/3002, Bl. 35, Treuhandanstalt, Ergebnisprotokoll der Nachverhandlung vom 28. 9. 1994 zum Privatisierungsvertrag Umformtechnik Erfurt GmbH / SKODA Konzern AG Plzen.

41 Vgl. UT-Belegschaft bangt um Zukunft, in: Thüringer Landeszeitung, 5. 10. 1994; Skoda hat Kaufabsicht für Umformtechnik bekräftigt. Protest: Belegschaft blockiert eine Hauptstraße in Erfurt, in: Thüringer Allgemeine, 14. 10. 1994.

42 Dietmar Grosser, Schrumpfung. Kommentar, in: Thüringer Allgemeine, 2. 11. 1994.

43 LATh – HStA, Thüringer Wirtschaftsministerium Nr. 362, Bl. 54–77, Verwaltungsratsvorlage von Birgit Breuel, THA-Objekt: Umformtechnik Erfurt GmbH, 18. 11. 1994.

44 Ebd.

45 LATh – HStA, Thüringer Wirtschaftsministerium Nr. 359, Bl. 177, Vorlage von Sickel (Abt. Wirtschaftspolitik, Wirtschaftsministerium) für die 62. Sitzung des Thüringer Landtags (Ausschuß für Wirtschaft und Verkehr) am 2. 9. 1994, 30. 8. 1994.

46 Dietmar Grosser, Vernunftehe. Kommentar, in: Thüringer Allgemeine, 30. 1. 1995.

47 Vgl. Umformtechnik Erfurt. Dokáže plzeňská Škoda zvýšit odbyt?, in: Hospodářské noviny, 8. 2. 1995.

48 Privatizační skandál jako hrom, in: Mladá Fronta Dnes, 15. 11. 1994.

49 LATh – HStA, Thüringer Wirtschaftsministerium Nr. 362, Bl. 110, UTE-Aufsichtsrat Hoffmann-Becking (TIB) an Wirtschaftsminister Franz Schuster vom 17. 8. 1995.

50 Ebd., Bl. 139, UTE-Aufsichtsrat Hoffmann-Becking (TIB) an Schuwirth (Wirtschaftsministerium) vom 3. 5. 1995.

51 Ebd., Bl. 136, Thüringer Staatskanzlei, Referat 24, Vermerk: Besuch des Herrn Ministerpräsidenten im Unternehmen Umformtechnik Erfurt GmbH am 1. 6. 1995, 31. 5. 1995.

52 Ebd., Bl. 115 ff., Stamm (BvS) an Soudek (Škoda) vom 21. 7. 1995.

53 Ebd., Bl. 96, Soudek (Škoda) an Stamm (BvS) vom 28. 8. 1995.

54 Ebd., Bl. 88 f., UTE-Aufsichtsrat Hoffmann-Becking (TIB) an Wirtschaftsminister Schuster vom 1. 11. 1995; ebd., Bl. 90, Wolbert (Dresdner Bank) an Soudek (Škoda) vom 31. 10. 1995.

55 Ebd., Bl. 72 f., Stellungnahme von Schuwirth (Wirtschaftsministerium), undatiert (vermutlich November 1995).

56 Ebd., Bl. 80, BvS, Verwaltungsratsvorlage Vertragsmanagement, BVS-Objekt Umformtechnik Erfurt GmbH vom 1. 11. 1995.

57 Ebd., Bl. 43, Zahlenübersicht: Reduzierung der Anzahl Mitarbeiter durch Freisetzung und Ausgliederung, undatiert (vermutlich 1997).

58 Ebd., Bl. 42, Zahlenübersicht: Gegenüberstellung der Pessimistic-Case-Annahmen (PCA) der Privatisierung, der IST-Werte der Jahre 1994 bis 1996 und des Fore-Cast 1997 (in TDM), undatiert (vermutlich 1997).

59 Vgl. Streit um Treuhand lähmt Privatisierung in Prag, in: Handelsblatt, 22. 4. 1998.

60 Vgl. Umformtechnik Erfurt / Noch keine Verhandlungen. Mittelfristig will Skoda die UTE verkaufen, in: Handelsblatt, 9. 6. 1998.

61 Nachdem die Müller-Weingarten AG 2001 die UTE übernommen hatte, wurde sie selbst 2007 von der Schuler AG übernommen, die sich seit 2013 wiederum beinahe vollständig im Besitz der österreichischen Andritz AG befindet.

RAINER KARLSCH

Einheitsgewinner

Die Privatisierung der ostdeutschen Pharmaindustrie

Die Entwicklung der pharmazeutischen Industrie der DDR und die Auflösung des Kombinats Germed

Der Anteil der Unternehmen auf dem Gebiet der späteren DDR an der gesamten deutschen Pharmaproduktion lag im Jahr 1936 lediglich bei fünf Prozent.[1] Während die kleineren Pharmabetriebe bis 1972 in privatem Besitz verblieben, wurden alle größeren Hersteller noch vor der Gründung der DDR auf besatzungsrechtlicher Grundlage enteignet.[2] Die pharmazeutische Industrie der DDR stand vor der Aufgabe, die Arzneimittelversorgung der Bevölkerung weitgehend aus eigenem Produktionsaufkommen zu sichern. Um dieses Ziel zu erreichen, musste die Branche den größten Teil ihrer Forschungs- und Entwicklungspotenziale auf die Nachentwicklung bewährter Präparate (Generika) konzentrieren.[3]

Zum 1. Juli 1979 wurde die Unterteilung der Branche in drei Kombinate aufgegeben und der VEB Pharmazeutisches Kombinat Germed (Dresden) gegründet[4], dessen Stammbetrieb das Arzneimittelwerk Dresden (AWD) war. Zu Germed gehörten 14 juristisch selbstständige Betriebe mit 100 Produktionsstätten, in denen rund 14 500 Mitarbeiter tätig waren, darunter etwa 1500 im Bereich Forschung und Entwicklung.[5] Auf ausgewählten Gebieten der Wirkstoffforschung erreichte Germed international anerkannte Leistungen und gehörte zu den Kombinaten, die hohe Exportüberschüsse im Handel mit den Ländern des Rates für gegenseitige Wirtschaftshilfe (RGW) erwirtschafteten.[6] Die Stammbetriebe der drei größten Hersteller – Arzneimittelwerk Dresden, Berlin-Chemie und Jenapharm – verfügten über moderne Produktionsanlagen, gut qualifizierte Belegschaften und beachtliche Forschungskapazitäten. Nach Maßstäben der Planwirtschaft hatten sie sich erfolgreich entwickelt.

Im Februar 1990 bot das Beratungsunternehmen McKinsey & Company den wichtigsten westdeutschen Pharmaunternehmen eine Untersuchung über die künftige Entwicklung des Arzneimittelmarkts in der DDR an. Die Berater gingen von einem Niedergangsszenario aus: „Bei einer Wiedervereinigung ohne Kooperations- oder andere Schutzmaßnahmen müsste die Produktion von 80 % aller Arzneimittel in der DDR eingestellt werden. Dies würde dazu führen, dass 80–90 % der Betriebe stillgelegt werden."[7]

Im Frühjahr 1990 wurde der Verband der Deutschen Pharmaindustrie der DDR, später Landesverband Ost des Bundesverbandes der Pharmaindustrie (BPI), gegründet. Dem Verband gehörten 30 Unternehmen an, denen rund 800 Konkurrenten aus den alten Bundesländern gegenüberstanden. Angesichts der Leistungskraft und politischen Vernetzung der westdeutschen Pharmaproduzenten und der nicht vorhandenen GMP-Zertifikate („Good Manufacturing Practice") bei den DDR-Betrieben war diesen klar, dass ihnen ohne staatliche Regulierung eine Verdrängung vom Markt drohte. Daher wurde mit dem BPI ein Arzneimittelabkommen geschlossen. Es sah vor, dass bis 1992 nur Medikamente aus der Bundesrepublik in die DDR geliefert werden sollten, die dort nicht verfügbar waren.[8] Der Einigungsvertrag entwertete jedoch das Arzneimittelabkommen. Alle in der alten Bundesrepublik gehandelten Präparate durften mit Wirkung zum 1. Juli 1990 auch in der DDR vertrieben werden.[9] Während damit den westdeutschen Pharmaherstellern der ostdeutsche Markt offenstand, galt dies umgekehrt nicht.

Trotz der hier nur angedeuteten ungünstigen Vorzeichen konnten sich die ostdeutschen Pharmahersteller wesentlich besser als allgemein erwartet behaupten. Umsätze und Preise wurden aufgrund der spezifischen Produktstrukturen und den damit verbundenen Risiken für Hersteller, Ärzte, Apotheker und Verbraucher nicht von Angebot und Nachfrage bestimmt. Krankenhäuser und Ärzte bestellten auch weiterhin überwiegend die ihnen bekannten Erzeugnisse.

Während die großen Pharmabetriebe Chancen für einen eigenständigen Weg in die Marktwirtschaft sahen, schätzten die kleineren Betriebe ihre Möglichkeiten pessimistischer ein. Sie plädierten für die Überführung des Kombinats Germed in eine Aktiengesellschaft.[10] Auf der letzten Kombinatsleitersitzung am 8. März 1990 kam es zum Eklat.[11] Kombinatsdirektor Winfried Noack sprach sich für den Erhalt des Verbunds in Form einer *Holding* aus. Die Direktoren der drei großen Hersteller lehnten diesen Plan ab.[12] Die Aufsprengung der Kombinatsstruktur bedrohte den Fortbestand der kleineren Betriebe. Die verbliebenen Unternehmen – Pharma Neubrandenburg, Philopharm Quedlinburg, Leipziger Arzneimittelwerk, ISIS Chemie Zwickau, Laborchemie Apolda, Forschungszentrum für Biotechnologie Berlin, Germed Export-Import sowie das Institut für pharmakologische Forschung – schlossen sich zu einer Notgemeinschaft zusammen und gründeten die Germed Pharma AG. Bereits im Herbst 1990 zeigte sich jedoch, dass nicht alle an einem Strang zogen. Der Geschäftsführer der ISIS Chemie GmbH betrieb mit Billigung des Vorstandsvorsitzenden der Germed Pharma AG die Privatisierung seines Unternehmens an der Treuhandanstalt (THA) und an der *Holding* vorbei.[13] Zwar gab es für eine Übernahme der Germed Pharma AG ersthafte Interessenten, doch die THA bestand auf einer schnellen Auflösung der *Holding*. Am 22. Juli 1991 leitete sie die Liquidation der Germed Pharma AG ein.[14]

Schnelle Verkäufe und Liquidationen

Typisch für die ersten Monate der THA waren nicht nur rasche Verkäufe, sondern auch übereilte Liquidationen. Bereits wenige Tage nach der Währungsunion zeichnete sich bei den THA-Betrieben eine Liquiditätskrise ab. Die im Staatsvertrag vom 18. Mai 1990 festgelegten sieben Milliarden DM als maximaler Kreditrahmen für die THA reichten bei Weitem nicht aus.[15] Die THA stand vor der *de facto* unlösbaren Aufgabe, innerhalb kurzer Zeit die Sanierungsfähigkeit all ihrer Betriebe prüfen zu lassen, um nicht Liquiditätskredite nach dem Gießkannenprinzip verteilen zu müssen. Diese Aufgabe sollten seit August 1990 mehrere Teams von Wirtschaftsprüfern bewältigen.[16] In einem ersten Schritt begutachteten sie rund 300 Unternehmen und stuften davon mehr als ein Drittel als nicht sanierungsfähig ein. Die betreffenden Betriebe kamen auf sogenannte Sterbelisten – ein fataler Begriff, der rasch an die Öffentlichkeit drang und Ängste schürte. Im Bereich der pharmazeutischen Industrie betraf dies das jüngste und vermeintlich modernste Werk der Branche in Neubrandenburg. Der Betrieb war erst Anfang der 1980er Jahre mit dem Ziel gegründet worden, den gesamten Bedarf der DDR an Penicillin zu decken, um unabhängig von Importen zu werden.[17]

Fachleute der Schering AG, die das Werk im Frühjahr 1990 besichtigten, kamen zu ernüchternden Erkenntnissen.[18] Auf sich allein gestellt hielten sie die Pharma Neubrandenburg GmbH nicht für überlebensfähig. Die Fermenter wiesen Konstruktionsfehler auf, was fatale Auswirkungen auf die Steril-Haltung hatte. Ein Kilo Penicillin aus Neubrandenburg kostete 120 DM; in der alten Bundesrepublik lag der Marktpreis bei 38 DM.[19] Außerdem fehlte dem Unternehmen eine Forschungsabteilung.

Weder für die Schering AG noch für andere westliche Pharmaunternehmen kam ein Engagement in Neubrandenburg infrage. Die THA teilte diese skeptischen Bewertungen und beschloss am 1. Oktober 1990, die Penicillin-Produktion in Neubrandenburg stillzulegen.[20] Der größte Teil des Unternehmens wurde abgewickelt, die teuer erworbenen Maschinen und Ausrüstungen mussten für einen Bruchteil ihres Einkaufspreises veräußert werden. Für die rund 1000 Beschäftigten brachten die ersten Wochen nach der deutschen Einheit herbe Enttäuschungen. Ihnen war nicht zu vermitteln, dass ausgerechnet ihr neuer Betrieb geschlossen wurde. Die THA versuchte auch gar nicht erst, ihre Entscheidung der Belegschaft zu erklären.

Ein Beispiel für die böswillige Liquidierung eines potenziellen Konkurrenten stellte die Abwicklung der Pharma Neubrandenburg GmbH nicht dar.[21] Das Unternehmen war aus den genannten Gründen nicht konkurrenzfähig: Es hätte entschuldet und für mehrere hundert Millionen DM modernisiert werden müssen. Ob danach Märkte für das Hauptprodukt Penicillin hätten erschlossen werden können, war nicht abzusehen. Allerdings ließ der Vorstand der THA im Herbst 1990 auch keinen Willen erkennen, Unternehmen mit unsicheren Marktchancen aufwendig zu sanieren. Bei der Auswahl der am schnellsten zu liquidierenden Betriebe orientierte sich der

Vorstand der THA an den westdeutschen Erfahrungen mit niedergehenden beziehungsweise abgewanderten Industrien (z. B. Kamerafertigung, Textil- und Chemiefaserbetriebe).

Vor dem Verkauf der produzierenden Unternehmen der Pharmabranche in Ostdeutschland wurden die Großhandelsdepots veräußert, die als Sprungbrett für die Erschließung des Marktes für den westdeutschen Pharmagroßhandel besonders interessant waren. Die insgesamt zwölf Großhandelsdepots hatten dem Staatlichen Versorgungskontor für Pharmazie und Medizintechnik gehört, das dem Ministerium für Gesundheitswesen unterstellt war. Aus dem Staatlichen Versorgungskontor ging im Sommer 1990 die Pharmed Handelsgesellschaft (Berlin) hervor.[22] Die Gehe AG (Stuttgart), mit rund vier Milliarden DM Umsatz der Branchenführer im Pharmagroßhandel, wollte sechs der zwölf Niederlassungen kaufen. Am 1. November 1990 bewilligte die THA den Verkauf.[23] Eine Ausschreibung fand nicht statt. Karl Schirner, Vorstand für Privatisierung, begründete dies damit, dass es angeblich keine weiteren Bewerber gegeben habe.[24] Wichtig für die THA waren die Verpflichtungen der Gehe AG zur Übernahme aller 1640 Arbeitnehmer in den sechs Niederlassungen, zur Beteiligung am Sozialplan und zu Investitionen in Höhe von 135 Millionen DM bis Ende 1992. Regelungen für die Gewährleistung dieser Vertragspunkte wurden allerdings nicht vereinbart. Die Gehe AG sprach, wohl etwas übertrieben, vom umfangreichsten Investitionsprogramm in ihrer Geschichte, das nach der Übernahme anlief.[25] Für den Pharmagroßhändler zahlte sich das Engagement in Ostdeutschland rasch aus. Der Konzern verzeichnete 1991 und 1992 hohe zweistellige Zuwächse bei Ertrag und Umsatz. Allein im ersten Halbjahr 1991 trug die Gehe Pharmed GmbH rund 450 Millionen DM zum Gesamtumsatz von zwei Milliarden DM der Pharmasparte des Konzerns bei.[26] Die deutsche Einheit und der Kauf der sechs Niederlassungen wirkten wie ein Konjunkturprogramm für die Gehe AG.

Das erste produzierende Unternehmen aus der Pharmabranche wurde Anfang November 1990 privatisiert. Schon im September hatte die THA die Sanierungsfähigkeit der Pharmazeutisches Werk Halle GmbH prüfen lassen.[27] Der Betrieb produzierte in fünf Produktionsstätten in Sachsen-Anhalt, Sachsen und Thüringen Instant-Tees, Hustenpastillen und Dragees.[28] Für den Hauptstandort in

Halle interessierte sich die Krüger GmbH & Co. KG (Bergisch-Gladbach) und gab am 19. Oktober 1990 ein Kaufangebot ab.[29] Bereits am 2. November 1990 übernahm sie die am 25. Oktober durch Vermögensübertragung aus der Pharmazeutisches Werk Halle GmbH hervorgegangene Krüger Halle GmbH. Der neue Eigentümer erwarb den als sanierungsfähig eingestuften Betriebsteil in Halle für einen Spottpreis. Alle anderen Sparten wurden mithilfe der Krüger Halle GmbH liquidiert. Der Kaufvorgang und ein späterer Nachtrag zugunsten des Erwerbers waren in größter Eile vom Ressort Privatisierung der Zentrale der THA ohne Rücksprache mit der Niederlassung Halle initiiert worden.[30] Aus diesem Vorgehen resultierte eine Reihe von Problemen. So waren auf dem Betriebsteil Halle lastende Restitutionsansprüche ebenso übersehen worden wie die Möglichkeit, dass das neu gegründete Unternehmen Kosten zulasten der THA auf die in Abwicklung befindliche Pharmazeutisches Werk Halle GmbH abwälzen konnte. Auf diese und zahlreiche weitere Unzulänglichkeiten ihres Handelns machte ein Wirtschaftsprüfer die THA im September 1991 aufmerksam.[31] Das daraufhin von der Zentrale eingeleitete Revisionsverfahren bestätigte im Grundsatz dessen Befunde. Es warf ein Schlaglicht auf die chaotischen ersten Monate der Privatisierungsbehörde.[32]

Mit der Übernahme des Werks in Halle gelang es der Krüger Gruppe, schnell auf dem ostdeutschen Markt Fuß zu fassen. Das Unternehmen aus Bergisch-Gladbach entwickelte sich in den 1990er Jahren zu einem der größten europäischen Hersteller von Instant-Produkten. In Halle wurde die Produktion nur noch kurze Zeit fortgesetzt und Mitte der 1990er Jahre in einen knapp 60 km entfernten Betriebsteil in Klein Schierstedt verlagert. Auch der Sitz der Krüger Halle GmbH wurde dorthin verlegt. Die Krüger-Gruppe konzentrierte ihre Aktivitäten in Ostdeutschland in der Folgezeit allein auf die Milchwerk Mittelelbe GmbH, Stendal.[33]

Zu den attraktivsten Unternehmen der Pharmabranche gehörte die ISIS-Chemie GmbH in Zwickau. Dieser Betrieb hatte sich zum wichtigsten Hersteller von Herz-Kreislaufmitteln in der DDR entwickelt.[34] Bewerber waren unter anderem die Hexal Chemie GmbH & Co KG der Brüder Strüngmann (Tegernsee) und die Schwarz Pharma AG (Monheim).[35] Die Strüngmanns schlossen einen

Kooperationsvertrag mit der ISIS-Chemie GmbH. Sie kamen jedoch nicht zum Zuge, da die von ihnen mit den Privatisierungsverhandlungen beauftragten Anwälte die Seiten wechselten. Die Anwälte machten drei Alteigentümer ausfindig und rieten ihnen, einen Antrag auf Reprivatisierung zu stellen. Das Problem bestand darin, dass die 1953 aus der DDR geflohenen Alteigentümer beziehungsweise ihre Witwen gar keinen Beitrag zur erfolgreichen Entwicklung des Betriebes geleistet hatten, nun aber Ansprüche geltend machen konnten. Es ging ihnen nicht um die Fortführung des Unternehmens, sondern ausschließlich um den schnellen Verkauf der Anteile. Der Gründer und langjährige Geschäftsführer der ISIS-Chemie, Helmut Frömmel, zu diesem Zeitpunkt 76 Jahre alt und weiterhin in Zwickau ansässig, ging hingegen leer aus.[36]

Das zuständige Amt zur Regelung offener Vermögensfragen und die THA sahen sich an das im Einigungsvertrag festgeschriebene Prinzip „Rückgabe vor Entschädigung“ und das Gesetz zur Regelung offener Vermögensfragen vom 23. September 1990 gebunden. Am 28. Februar 1991 unterzeichnete die THA den Vertrag zur Reprivatisierung. Die Alteigentümer verkauften ihre Anteile sofort an einen Unbekannten, der die Firmenanteile an eine Schweizer Briefkastenfirma, die PCT Pharmaintra AG, Zürich übertrug.

Anfang August 1991 kam es zwischen zwei westdeutschen Rechtsanwälten, die an der Vorbereitung des Verkaufs der Anteile der ISIS-Chemie GmbH beteiligt waren, zu einem Streitgespräch. Es ging um die Höhe der Vergütung der Leistungen des Rechtsanwalts B. Sein Kollege gab dieses Gespräch wie folgt wieder:

„[A.]: Sie wollen doch nicht im Ernst behaupten, dass Sie 5 Mio. wollen. Sind das belgische Franken?

[B.]: Mark, fünf Millionen Mark, nicht belgische Franken oder italienische Lira.

[A.]: Was ist denn Ihre Gegenleistung, welche diese Summe rechtfertigt?

[B.]: Ich halte die Schnauze.

[A.]: Es gibt Leute, die Sie nicht vergessen werden, wo immer Sie auch sind.“[37]

Eine Woche später bot die PCT Pharmaintra AG der Schwarz Pharma AG den Kauf der ISIS-Chemie GmbH an. Schwarz Pharma, ebenfalls auf Herz-Kreislauf-Präparate spezialisiert, willigte ein, zahlte einen Kaufpreis von 34 Millionen DM, übernahm alle Mitarbeiter, alle Lizenzen und das Arzneimittelsortiment. Der weltweite Umsatz der Schwarz Pharma AG lag 1991 bei rund 676 Millionen DM. Die ISIS-Chemie GmbH setzte mit 235 Mitarbeitern rund 120 Millionen DM um.[38] Die Schwarz Pharma AG verzeichnete demnach einen beachtlichen Potenzialzuwachs. Patrick Schwarz-Schütte, Vorstandsmitglied der Schwarz Pharma, nannte als Hauptgrund für die Akquisition die Chance zur raschen Erschließung des ostdeutschen Marktes.[39]

Über die merkwürdigen Vorgänge bei der Privatisierung der ISIS-Chemie GmbH wurde die Präsidentin der THA von Herrn B. Ende August 1991 informiert.[40] Da eine Antwort ausblieb, gab B. seine Anschuldigungen dem „Manager Magazin" zur Kenntnis, das im November 1991 einen großen Artikel über den Vorgang veröffentlichte. Nun musste sich die Revision der THA mit dem Fall befassen.[41] Die Bewertung der Vorgänge blieb umstritten. Zwar bestätigte das Bundesfinanzministerium, dass es sich bei der PCT Pharmaintra AG um eine Schweizer Briefkastenfirma handelte, doch ein Ermittlungsverfahren gegen die Verantwortlichen erbrachte keine Beweise. Der Leiter des Direktorats Chemie der THA, Ernst Schraufstätter, wurde für die Art und Weise, wie die Reprivatisierung der ISIS-Chemie GmbH vollzogen wurde, von der Wirtschaftspresse und den leer ausgegangenen Interessenten attackiert.[42] Er rechtfertigte sich mit dem Verweis auf das Gesetz zur Regelung offener Vermögensfragen.

Ein Fehlverhalten kann man der THA bei dieser Privatisierung, die sich zu einem Spekulationscoup entwickelte, nicht nachweisen. Die THA-Mitarbeiter handelten gesetzeskonform. Dass es zu solchen fragwürdigen Vermögenstransfers zulasten der Steuerzahler überhaupt kommen konnte, lag weniger am Agieren der Privatisierungsanstalt als vielmehr am Gesetzgeber, der Schlupflöcher für solche Praktiken geschaffen hatte. Der Belegschaft der ISIS-Chemie blieben die Hintergründe der Reprivatisierung verborgen. Was für sie zählte, waren der Erhalt ihrer Arbeitsplätze und die Aussicht auf stabile wirtschaftliche Verhältnisse. Diese Versprechen löste die Schwarz Pharma GmbH ein.[43]

Die Privatisierung der drei größten Pharmahersteller

Die Privatisierung der drei größten Pharmahersteller fand unter anderen Rahmenbedingungen statt als die bis zum Frühsommer 1991 erfolgten Verkäufe. Inzwischen hatte das Direktorat Chemie der THA seine Strukturen gefestigt. Die neuen gesetzlichen Bestimmungen begünstigten den Verkauf von Betrieben an Unternehmer, die tatsächlich gewillt waren, aktiv tätig zu werden. Auch wurden nunmehr Investmentbanken mit der Vorbereitung der wichtigsten Privatisierungen betraut. Zwar blieb der Zeitdruck unverändert hoch, doch die Tätigkeit der THA gewann an Systematik und auch Transparenz.

Zu den attraktivsten Unternehmen im Portfolio der THA gehörte die Jenapharm GmbH.[44] Die Geschäftsführung unter der Leitung von Dieter Taubert hoffte noch eine Zeit lang, Jenapharm als eigenständiges Unternehmen erhalten zu können, was Taubert später als blauäugig bezeichnete.[45] Die THA hatte inzwischen Booz Allen Acquisition Services (München) mit der Prüfung der Kaufangebote beauftragt. Nach mehreren Gesprächsrunden forderten die Investmentbanker die noch verbliebenen Bewerber zu einer Präzisierung ihrer Angebote bis zum 16. April 1991 auf. Ein Angebot der Schering AG wurde aussortiert, sodass für die letzte Runde der Verkaufsverhandlungen nur die Merckle GmbH (Blaubeuren) und die Gehe AG übrig blieben. Als Schering davon erfuhr, reichte der Finanzvorstand Klaus Pohle drei Tage nach Ablauf der Bieterfrist ein überarbeitetes Angebot mit höheren Arbeitsplatz- und Investitionszusagen nach.[46] Booz Allen Acquisition Services berücksichtigte dieses Angebot aber nicht mehr, da dies einen Verstoß gegen die Regeln der Ausschreibung bedeutet hätte.[47] Die Investmentbanker sprachen sich für das Konzept der Gehe AG aus, obwohl die Merckle GmbH noch einen etwas höheren Kaufpreis geboten hatte.[48] Für ihre Entscheidung zogen sie noch weitere Kriterien heran, insbesondere den Erhalt und Ausbau der Entwicklungskapazitäten sowie die langfristige Sicherung des Standortes.

Am 25. Juni 1991 stimmte der Vorstand der THA dem Verkauf der Jenapharm GmbH an den Pharmagroßhändler zu.[49] Mit dieser Entscheidung waren der Betriebsrat und die Geschäftsführung der Jenapharm GmbH einverstanden. Taubert sprach von einem

„Idealpartner".[50] Er verbuchte es als großen Erfolg, dass Jenapharm nicht an einen direkten Konkurrenten verkauft wurde: „Die hätten unsere Produktion vielleicht einfach dichtgemacht."[51]

Solche Befürchtungen hegte der größte ostdeutsche Pharmaproduzent, die Arzneimittelwerke Dresden GmbH (AWD), kaum.[52] Von seinem Potenzial her war AWD ein attraktives Unternehmen. Allerdings wurde die Privatisierung in besonderem Maße durch eigentumsrechtliche und Umweltprobleme erschwert. Die THA knüpfte eine Reihe von Bedingungen an den Verkauf des Unternehmens: Der neue Eigner sollte ein Maximum an Arbeitsplätzen erhalten, die Produktpalette erweitern, eigene Forschungskapazitäten in den Verbund einbringen und am Standort Dresden investieren. Auch sollte er bereit sein, möglichst bald die Altlastensanierung fortzusetzen und Vertriebswege in den alten Bundesländern zu öffnen. Mit dem Verkauf von AWD beauftragte die THA die Investmentbank Wasserstein Perella. Mehr als 60 Firmen bekundeten ihr Interesse.[53] Asta Medica, eine hundertprozentige Tochtergesellschaft der Degussa AG, und die Merck AG lieferten sich in der letzten Verhandlungsrunde einen Bieterwettstreit.[54] Der Vorstand der THA stimmte am 25. November 1991 dem Verkauf von AWD an Asta Medica zu.[55] Drei Tage später erhielt die Präsidentin der THA, Birgit Breuel, ein Schreiben von Hans Joachim Langmann, Vorsitzender der Geschäftsführung der Merck AG.[56] Er stellte Merck als den idealen Investor dar, betonte die Bereitschaft zu hohen Investitionen und zur Übernahme des Personals von AWD. Der Kaufpreis, die Investitionszusagen und sonstige Positionen würden sich auf fast 750 Millionen DM summieren. Als dieses Schreiben bei der THA einging, war die Entscheidung aber schon zugunsten von Asta Medica gefallen.

Die Tochtergesellschaft der Degussa AG hatte nicht nur den höchsten Kaufpreis geboten, sondern lag auch bei den Arbeitsplatz- und Investitionsgarantien vorn. Asta Medica verpflichtete sich, 2000 Beschäftigte bis 1994 zu übernehmen und Investitionen in Höhe von mindestens 250 Millionen DM zu tätigen.[57] Zudem sagte Asta Medica zu, ihren Firmensitz von Frankfurt am Main nach Dresden zu verlegen.

Sonderlich erfolgreich verlief die Entwicklung der AWD GmbH in den 1990er Jahren allerdings nicht. Das Unternehmen verlor Marktanteile.[58] Während im Geschäftsjahr von 1992 und 1993 noch 327 Millionen DM Umsatz erzielt wurden, waren es 1998 und 1999 nur noch 210 Millionen DM. Die Zahl der Mitarbeiter sank in dieser Zeit von rund 2000 auf weniger als 1300.[59] Mit der Fusion von Degussa und Hüls 1999 und ihrer Konzentration auf Spezialchemie folgte die Trennung von Asta Medica und AWD.[60]

Nachdem der Verkauf von Jenapharm und AWD gelungen war, sollte bis Mitte 1992 auch der dritte große ostdeutsche Pharmaproduzent, die Berlin-Chemie AG, privatisiert werden. Deren Vorgeschichte als Teil des Schering-Konzerns ist an dieser Stelle erwähnenswert, da sich daraus nach dem Fall der Mauer auf Ost-Berliner Seite bestimmte Erwartungen auf eine Wiedervereinigung mit dem Stammhaus ergaben. Das im Westteil Berlins gelegene Schering-Stammwerk im Wedding hatte sich zum Zentrum eines Weltunternehmens entwickelt. Etwa 80 Prozent des Konzernumsatzes von fast sechs Milliarden DM wurden 1989 im Ausland erzielt.[61] Die Zentrale der Schering AG in der Müllerstraße befand sich in Sichtweite der Mauer. Daher berührte die Grenzöffnung im November 1989 den Konzern noch stärker als andere Unternehmen. Zwar kam es 1990 auf vielen Ebenen zu Kontakten zwischen der Schering AG und der nunmehrigen Berlin-Chemie AG, doch Kooperationen blieben aus. Eine nicht zu unterschätzende Rolle spielten dabei Altlastenprobleme und ein von Berlin-Chemie 1987 ausgelöster Umweltskandal.[62]

Abgesehen von den Umweltproblemen, die 1990 noch nicht quantifiziert werden konnten, gab es noch andere gewichtige Gründe, die Schering von einer Kooperation mit Berlin-Chemie abhielten. Die Produktpaletten beider Unternehmen waren grundverschieden. Auch hatte sich die Schering AG frühzeitig auf eine Zusammenarbeit mit Fahlberg-List in Magdeburg konzentriert.

Im Mai 1991 bestätigte der Unternehmensbereich Chemie der THA die Sanierungsfähigkeit der Berlin-Chemie AG[63], die 1991 ein überraschend gutes Ergebnis erzielte: Statt der angepeilten 250 Millionen DM wurde ein Nettoumsatz von 365 Millionen DM erreicht.[64] Ein eigenständiger Weg der Berlin-Chemie AG stand für die THA dennoch nicht zu Diskussion. Diese „Perle“[65], so die Präsidentin der THA Birgit Breuel, sollte von der Unternehmensberatung Goldman

Sachs meistbietend verkauft werden. Es meldeten sich fast 100 Interessenten. In der Schlussrunde blieben das französische Unternehmen Beaufour-Ipsen und der italienische Konzern Menarini aus Florenz – ein ertragsstarkes, forschendes Pharmaunternehmen mit breiter Produktpalette und einem Jahresumsatz von rund einer Milliarde US-Dollar – übrig.[66]

Menarini bot den höchsten Kaufpreis. Auch bei den zugesicherten Investitionen lagen die Italiener vorn. Den Ausschlag für die Empfehlung von Goldman Sachs zugunsten von Menarini gab das in sich schlüssige Unternehmenskonzept, das der Berlin-Chemie AG eine langfristige Zukunft als Produktions- und Forschungsstandort bot.[67] Das italienische Unternehmen verpflichtete sich, 900 Arbeitsplätze zu erhalten, 120 Millionen DM in Sachanlagen sowie 300 Millionen DM in Marketing, Forschung und Entwicklung zu investieren.[68] Von besonderem Gewicht war die Zusage, dass Menarini Berlin zum zweiten Hauptstandort entwickeln und ab 1993 neue Produkte über Lizenzverträge herstellen lassen würde.

Mitte der 1990er Jahre waren die Transformationsprobleme endgültig überwunden. Seitdem befand sich die Berlin-Chemie AG auf Wachstumskurs. Der Umsatz stieg bis 2018 auf rund 1,7 Milliarden Euro und hat sich im Vergleich zu 1992, dem Jahr der Privatisierung, in etwa verzehnfacht.[69] Für das Unternehmen sind über 5000 Mitarbeiter, deutlich mehr als zur DDR-Zeit, tätig.

Resümee

Während mehrere der einst zum Kombinat Germed gehörenden Betriebe auf den Erhalt eines Verbundes ostdeutscher Pharmahersteller hofften und zu diesem Zweck mit der Germed Pharma GmbH eine *Holding* gründeten, setzte der Unternehmensbereich Chemie der THA von vornherein auf eine vollständige Auflösung der Kombinatsstrukturen. Viel musste die THA dafür nicht tun, da der Entflechtungsprozess bereits im Frühjahr 1990 von unten begonnen hatte. Von den 14 Stammbetrieben des Kombinats Germed unterlagen neun Restitutionsansprüchen, die in vier Fällen die Gestaltung der neuen Eigentumsstrukturen wesentlich beeinflussten.[70] Inklusive der aus

Abspaltungen hervorgegangenen Kleinunternehmen wurden von 30 Pharmaunternehmen lediglich vier in die Liquidation geschickt.

Für die Öffentlichkeit nur schwer nachzuvollziehen war die Entscheidung der THA, ausgerechnet das erst in den 1980er Jahren gebaute pharmazeutische Werk in Neubrandenburg zu schließen. Damit wurden nicht nur rund 1000 Arbeitsplätze abgebaut, sondern auch eine strukturpolitische Entscheidung der DDR-Regierung zur Stärkung des industrieschwachen Nordens revidiert. Um dem Werk eine Chance zu geben, hätte die THA für Entschuldung, Modernisierung und Sozialpläne rund 500 Millionen DM aufwenden müssen.[71] Eine Sanierung in dieser Dimension für einen Standort ohne Industrietradition und ohne politische Lobby lag im Herbst 1990 außerhalb der Vorstellungen der THA. Im Gegenteil, die THA wollte durch die rasche Stilllegung einen „Präzedenzfall für die Durchführung eines Konkursverfahrens mit zumindest regionaler Bedeutung"[72] schaffen.

In den ersten Monaten ihrer Tätigkeit unter Präsident Rohwedder setzte die THA auf schnellstmöglichen Verkauf der ostdeutschen Betriebe an große westdeutsche Industrie- und Handelskonzerne. Dabei stand weniger der Verkaufserlös als die rasche Einbindung ostdeutscher Standorte in die Strukturen westdeutscher Unternehmen im Vordergrund. Die frühen Privatisierungen lassen ein Muster erkennen: Zum Zuge kamen hauptsächlich Branchenführer, die über einen Informationsvorsprung verfügten, und bisweilen auch skrupellose Gauner. Hauptziel der Branchenführer war die Markterweiterung und weniger der Zugewinn an Produktionskapazitäten. Die THA verfügte noch nicht über die nötigen Strukturen und Instrumentarien, um wettbewerbskonforme Ausschreibungen zu gewährleisten. Die Privatisierungen erfolgten freihändig oder mittels Ausschreibungen, die von vornherein nur auf einen Bewerber zugeschnitten waren. Dies begünstigte Spekulationscoups und Bilanzmanipulationen. Da es bei der THA noch kein *Controlling* gab, wurden diese Fälle, wenn überhaupt, nur durch externe Anstöße bekannt.

Ab Sommer 1991 gelang es der THA, Strukturen aufzubauen, die seriöse Ausschreibungen überhaupt erst ermöglichten. Eine kaum zu überschätzende Rolle spielten dabei externe Berater und Investmentbanker. Versuche der Einflussnahme auf Privatisierungsentscheidungen der THA durch Bewerber gab es nahezu täglich. Sie liefen über alte Netzwerke, zeigten aber im Fall der zum Verkauf ausgeschriebenen drei großen ostdeutschen Pharmahersteller nicht die erhofften Wirkungen. Für die Entscheidungsfindung wurden nicht nur die höchsten Kaufangebote zugrunde gelegt, sondern die Zukunftsträchtigkeit der jeweiligen Unternehmenskonzepte bewertet.

In keinem anderen Bereich der Chemiebranche wurden ähnlich hohe Erlöse erzielt wie im Pharmabereich. Die THA nahm beim Verkauf von AWD, Berlin-Chemie und Jenapharm 625 Millionen DM ein und konnte auch einen Teil der Kosten für die Altlastensanierung und Altkredite auf die Käufer abwälzen.

Privatisierung der ostdeutschen Pharmaindustrie 1991 und 1992

Unternehmen	Neuer Eigner	Arbeitsplätze	Investitionen (in DM)	Kaufpreis (in DM)
Arzneimittelwerk Dresden	Asta Medica	2000	250 Mio.	415 Mio.
Jenapharm	Gehe AG	1250	80 Mio.	110 Mio.
Berlin-Chemie	Menarini	900	420 Mio.	100 Mio.
Summe		**4150**	**750 Mio.**	**625 Mio.**

Wie die weitere Entwicklung der privatisierten Betriebe zeigen sollte, greift eine Bewertung der von der THA geschaffenen neuen Strukturen allein mittels der Auswahlkriterien (pönalisierte Arbeitsplätze, Investitionen und Kaufpreis) zu kurz. Noch wichtiger waren die von den Käufern verfolgten längerfristigen Strategien. Im Fall der Berlin-Chemie AG ging das Kalkül der THA voll auf. Menarini nutzte Berlin als Brückenkopf, um sich in Mittel- und Osteuropa zu positionieren, und baute den Standort systematisch aus. Ausschlaggebend für den Verkauf der Jenapharm GmbH an die Gehe AG war das Gesamtkonzept, das den Erhalt eines starken Unternehmens mit eigener Forschung und Marke sicherte. Der Kaufpreis wäre nach einer Sanierung des Unternehmens wahrscheinlich noch deutlich höher ausgefallen, doch die THA hatte nicht die Zeit dafür, da die Privatisierung der

Unternehmen der Pharmabranche rasch abgeschlossen werden sollte. Weniger erfolgreich verlief die Entwicklung der Arzneimittelwerk GmbH Dresden, des einstigen ostdeutschen Branchenführers. Trotz hoher Investitionen des neuen Eigners verlor das Unternehmen in den 1990er Jahren zunehmend Marktanteile. Die Anfang der 2000er Jahre aus AWD hervorgegangene AWD.pharma GmbH & Co. KG ging nach mehreren Eigentümerwechseln Ende 2011 in Liquidation.

Trotz des Niedergangs von AWD gehörte die Pharmaindustrie zu den Branchen, die sich überdurchschnittlich gut entwickelten. Im Jahr 2008 waren in den in Ostdeutschland angesiedelten Pharmaunternehmen knapp 18 000 Mitarbeiter tätig – mehr als im letzten Jahr der DDR. Ein historischer Langzeitvergleich zeigt ihren Bedeutungszuwachs. Während die Pharmaindustrie 1936 auf dem Gebiet der späteren DDR nur rund fünf Prozent der gesamtdeutschen Pharmaproduktion erzeugte, waren es im Jahr 2008 17 Prozent.[73] Allerdings wird dieses Ergebnis wesentlich durch die Einbeziehung Berlins mit den großen Produzenten Bayer-Schering AG und Berlin-Chemie AG beeinflusst.

Anmerkungen

1 Vgl. Zahlen und Fakten zur Entwicklung der chemischen Industrie der DDR in: Statistische Praxis 19 (1964), 2, S. 29–33, hier S. 30.

2 Vgl. Bernd Schlüter/Werner Beilicke, Pharmazeutisches Kombinat Germed Dresden: Bittere Pille geschluckt, in: Die Wirtschaft (Hrsg.), Kombinate. Was aus ihnen geworden ist, Berlin 1993, S. 209–218.

3 Vgl. Gerhard Alcer, Zum Konzentrations- und Spezialisierungsprozess in der pharmazeutischen Industrie der DDR, in: Klaus Krug/Hans-Wilhelm Marquart (Hrsg.), Zeitzeugenberichte – Chemische Industrie, Frankfurt a. M. 1998, S. 87–104, hier S. 97.

4 Vgl. Dieter Taubert/Wolfgang Mühlfriedel, Fünf Jahrzehnte Jenapharm, in: Lothar Kramer (Hrsg.), Jenaer Jahrbuch zur Technik- und Industriegeschichte, Bd. 2, Jena 2000, S. 210–248.

5 Vgl. Dieter Vesper, Konsumgüterversorgung in der DDR und Wechselwirkungen zum innerdeutschen Handel, Berlin (Ost) 1985, S. 127; Werner Beilicke, Die Transformation des VEB Pharmazeutisches Kombinat Germed, in: Sozialwissenschaftliches Forschungszentrum Berlin-Brandenburg (Hrsg.), Umbruch: Beiträge zur sozialen Transformation in den alten und neuen Bundesländern, Nr. 7, Berlin 1993, S. 76.

6 Vgl. Winfried Noack, Gesundheit für alle – Die Pharmazie, in: Rohnstock Biografien (Hrsg.), Jetzt reden wir. Neue Beiträge zur DDR-Wirtschaft und was daraus zu lernen ist, Berlin 2016, S. 182–197, hier S. 195.

7 Schering Archiv/Bayer AG, Berlin (SchA), Bestand 054, Nr. 002, McKinsey & Company, Soforthilfe für das Gesundheitswesen der DDR durch die pharmazeutische Industrie, 9. 2. 1990.

8 Vgl. Umstrukturierung des Gesundheitswesens. Die Umwandlung des Arzneimittel- und Apothekenwesens, https://deutsche-einheit-1990.de/ministerien/mfg/umstrukturierung [26. 3. 2020].

9 Vgl. Heidi Roth, 1989/2009 – 20 Jahre Deutsche Einheit: Deutsch-deutsche Gesundheitspolitik im Einigungsprozess, in: Deutsches Ärzteblatt 106 (2009), 23, A 1190–1193 und A 1242–1246, https://www.aerzteblatt.de/archiv/64910/1989-2009-20-Jahre-Deutsche-Einheit-Deutsch-deutsche-Gesundheitspolitik-im-Einigungsprozess-(I)#literatur [26. 3. 2020].

10 Vgl. Ursula Martin, Das Arzneimittelwerk Dresden (AWD) zwischen volkseigenem Betrieb und Privatisierung, in: Klaus Krug/Dieter Wagner (Hrsg.), Zeitzeugenberichte – Chemische Industrie, Frankfurt a. M. 2005, S. 86–99, hier S. 88.

11 Vgl. Beilicke, Transformation, S. 83.

12 Vgl. Hansjürgen Nelde, Vom Ossi zum Wossi? Anekdoten und Begegnungen eines Pharma-Managers, Berlin 2008, S. 123 f.

13 Vgl. Beilicke, Transformation, S. 87.

14 Vgl. Schlüter/Beilicke, Pharmazeutisches Kombinat, S. 215.

15 Vgl. Marc Kemmler, Die Entstehung der Treuhandanstalt. Von der Wahrung zur Privatisierung des DDR-Volkseigentums, Frankfurt a. M. 1994, S. 293.

16 Bundesarchiv (BArch) Berlin, B 412/2541, Bl. 53, W. Krause an die Mitglieder des Vorstands der Treuhandanstalt, 31. 8. 1990.

17 Vgl. Peter Wickhusen, „Wer im Sozialismus einen Betrieb leitet, kann das auch im Kapitalismus“, in: Katrin Rohnstock (Hrsg.), Mein letzter Arbeitstag. Abgewickelt nach 89/90. Ostdeutsche Lebensläufe, Berlin 2014, S. 208–217, hier S. 209.

18 SchA, Bestand 054, Nr. 024/2, Weber, Besuch des VEB Pharma Neubrandenburg am 20. 4. 1990, 4. 5. 1990.

19 Ebd., Petzoldt an Benninghaus, Notizen zum Besuch beim VEB Pharma Neubrandenburg, 24. 4. 1990.

20 BArch Berlin, B 412/2542, Bl. 61 f., Wild an die Mitglieder des Vorstands, 1. 10. 1990.

21 So Beilicke, Transformation, S. 89.

22 BArch Berlin, B 412/2678, Bl. 109, Vorstandssitzung, Abwicklung Pharmed Handelsgesellschaft, 14. 7. 1992.

23 BArch Berlin, B 412/2545, Bl. 51–55, Schirner: Vorlage für Vorstandssitzung, betr.: Pharmed GmbH Berlin, Verkauf von Niederlassungen an die Gehe AG, 1. 11. 1990.

24 Ebd.

25 Vgl. Handelsblatt, 5. 4. 1991.
26 Vgl. Handelsblatt, 28. 8. 1991.
27 BArch Berlin, B 412/16260, Bl. 13, 7. Sitzung des Leitungsausschusses am 20. 10. 1990.
28 Vgl. Handelsblatt, 9. 1. 1990.
29 BArch Berlin, B 412/24520, Krüger GmbH & Co. KG, Bergisch-Gladbach an THA, 19. 10. 1990.
30 Ebd., Ressort Privatisierung: Vorlage mit Bitte um unverzügliche Entscheidung, 1. 11. 1990.
31 Ebd., Wirtschaftsprüfer Herr X. an THA, 4. 9. 1991.
32 Ebd., THA Revisionsbericht Nr. 43/91, 5. 12. 1991.
33 Vgl. Mitteldeutsche Zeitung, 13. 3. 2002.
34 Vgl. Anke Schwarzer, Aufbau und Entwicklung der Firma ISIS-Chemie in Zwickau zu einem bedeutenden DDR-Arzneimittelproduzenten – insbesondere auf dem Gebiet der Herz-Kreislauf-Präparate – unter Dr. Helmut Frömmel (1915–1997), Dissertation, Dresden 2010.
35 Vgl. Treuhandanstalt: Ein neues Trauerspiel. Die stümperhafte Privatisierung zweier Pharmafirmen, in: Manager Magazin, 1. 11. 1991.
36 Vgl. Schwarzer, ISIS-Chemie, S. 120.
37 BArch Berlin, B 412/24521, Protokoll der Aussage von Herrn B. anlässlich der Besprechung vom 7. 8. 1991. In diesem Privatisierungsfall schätzte Herr B. den Firmen- und Immobilienwert auf 100 Millionen DM; davon verlangte er fünf Prozent.
38 Vgl. Handelsblatt, 6. 6. 1991, Handelsblatt, 2. 4. 1992.
39 Vgl. Handelsblatt, 2. 4. 1992.
40 BArch Berlin, B 412/24521, Schreiben von Herrn B. an Birgit Breuel, 21. 8. 1991.
41 Ebd., THA, Revisionsnotiz, 15. 7. 1992.
42 Vgl. Treuhandanstalt: Ein neues Trauerspiel, in: Manager Magazin, 1. 11. 1991.
43 Vgl. Handelsblatt, 9. 7. 1996.
44 Vgl. Taubert/Mühlfriedel, Fünf Jahrzehnte Jenapharm, S. 210–248.
45 Vgl. Die Zeit, 11. 11. 1994.
46 SchA 006, Nr. 055-1, Vorstand Schering AG an Schraufstätter, 8. 5. 1991.
47 Ebd., Lando Zappei, Booz Allen Acquisition Services, an Schraufstätter, THA, 10. 5. 1991.
48 Vgl. Taubert/Mühlfriedel, Fünf Jahrzehnte Jenapharm, S. 239.
49 BArch Berlin, B 412/2584, Bl. 9, Vorstandssitzung der THA, 25. 6. 1991.
50 Neues Deutschland, 5. 7. 1991.
51 Die Zeit, 11. 11. 1994.
52 Vgl. Ursula Martin, Arzneimittelwerk Dresden, S. 86–99.
53 Vgl. ebd., S. 114.
54 Brandenburgisches Landeshauptarchiv (BLHA), Rep. 1100, MP/StK, Nr. 544, Vorlage für den Verwaltungsrat der THA: Verkauf der Anteile der Arzneimittelwerk Dresden GmbH an Asta Medica AG (Degussa AG), 4. 12. 1991.

55 BArch Berlin, B 412/2617, Bl. 10, Vorstandssitzung, 25. 11. 1991.
56 Ebd., Bl. 94–99, Langmann an Breuel, 28. 11. 1991.
57 BLHA, Rep. 1100, MP/StK, Nr. 544, Vorlage für den Verwaltungsrat der THA: Verkauf der Anteile der Arzneimittelwerk Dresden GmbH an Asta Medica AG (Degussa AG). Abschlussbericht Treuhand-Untersuchungsausschuss, in: Treuhandanstalt (Hrsg.), Dokumentation 1990–1994, Bd. 14, Berlin 1994, S. 140.
58 Vgl. Klaus Martin, Das Arzneimittelwerk Dresden – von der Treuhand zu einem Unternehmen der ASTA Medica in den Jahren 1990 bis 1993, in: Klaus Krug/Hans-Wilhelm Marquart (Hrsg.), Zeitzeugenberichte – Chemische Industrie, Frankfurt a. M. 2000, S. 217–240, hier S. 232.
59 Vgl. Andreas Schuhmann/Bernhard Sorms, Geschichte des Arzneimittelwerkes Dresden, Dresden 2002, S. 144.
60 Vgl. Wladimir Reschetilowski, Von der Wagenremise zur prosperierenden Fabrik, in: Nachrichten aus der Chemie 60 (2012), 10, S. 997–999.
61 SchA, Bestand 054, Nr. 002, Öffentlichkeitsarbeit der Schering AG, 26. 2. 1990.
62 Vgl. Tageszeitung, 10. 2. 1987.
63 BArch Berlin, B 412/2580, Bl. 378–386, Vorlage für den Vorstand der THA: Berlin-Chemie AG, 6. 6. 1991.
64 Vgl. Handelsblatt, 5. 3. 1992.
65 Zit. nach: Nelde, Vom Ossi zum Wossi, S. 144.
66 BLHA, Rep. 1100, MP/StK, Nr. 549, Jentzsch, Exekutive Direktor Goldman Sachs, an Bauer, 17. 5. 1992.
67 Ebd., Hirsch an Schucht: Memorandum zur Privatisierung der Berlin-Chemie AG, 18. 5. 1992.
68 Ebd., Vorlage für den Verwaltungsrat der THA: Verkauf des Aktienkapitals der Berlin-Chemie AG, 26. Sitzung des Verwaltungsrats der THA am 29. 5. 1992.
69 Vgl. https://www.berlin-chemie.de/impressum [3. 7. 2019].
70 Vgl. Beilicke, Transformation, S. 90.
71 Vgl. Wickhusen, „Wer im Sozialismus einen Betrieb leitet“, S. 208–217.
72 BArch Berlin, B 412/2542, Bl. 61 f., Wild an die Mitglieder des Vorstands, betr.: Neubrapharm als Präzedenzfall für die Durchführung eines Konkursverfahrens mit zumindest regionaler Bedeutung, 1. 10. 1990.
73 Vgl. zur Entwicklung in Mitteldeutschland: Die Pharmaindustrie in Mitteldeutschland, in: Fokus Mittelstand. Wirtschaftsinformationen aus Mitteldeutschland, http://docplayer.org/16328644-Fokus-mittelstand-wirtschaftsinformationen-aus-mitteldeutschland.html [5. 6. 2020].

ANDRÉ STEINER

Ost-West-Doppelunternehmen und die Treuhandanstalt

Der Fall Carl Zeiss Jena

Um die Rolle der Treuhandanstalt in der Umgestaltung der ostdeutschen Wirtschaft nach dem Zusammenbruch der DDR angemessen beurteilen zu können, muss zunächst einmal ihr Wirken in einzelnen Unternehmen und Branchen im Zusammenspiel mit anderen Akteuren untersucht werden. Im Folgenden sollen die Ergebnisse einer solchen Analyse für das Unternehmen Carl Zeiss Jena zusammengefasst werden. Dafür konnten die Archive aller Akteure – also der beteiligten Unternehmen, Landesregierungen und der letzten DDR-Regierung sowie der Treuhandanstalt – herangezogen werden.[1] Erst wird auf die Ausgangslage eingegangen, um dann nacheinander die Interessen und Positionen der einzelnen Akteure mit einem Schwerpunkt auf der Treuhandanstalt darzustellen. Abschließend werden die Ergebnisse der Umgestaltung behandelt.

Ausgangslage

Das Kombinat Carl Zeiss Jena galt unter DDR-Bedingungen als eine der gewinnbringenderen Wirtschaftseinheiten. Jedoch waren auch hier die Konsequenzen der SED-Wirtschaftspolitik zu spüren: Aufgrund lediglich punktueller Investitionen veraltete der Kapitalstock insgesamt. Infolge der weitgehenden Abschottung gegenüber dem Weltmarkt erfolgten Innovationen im Wesentlichen nur in den Bereichen, die von den zentralen Instanzen als Schwerpunkte betrachtet wurden. Das Unternehmen war durch zentral beschlossene Zuordnungen zusätzlicher Aufgaben und Produktionen überdimensioniert wie auch infolge der typischen Hortungserscheinungen personell überbesetzt. Soweit war das für ein DDR-Unternehmen nicht ungewöhnlich, aber dieser Fall wies aufgrund seiner Geschichte Besonderheiten im Privatisierungs- und Transformationsprozess auf: Während der deutschen Teilung hatten sich zwei Carl Zeiss Unternehmen etabliert. Neben dem Traditionsunternehmen in Jena – wo die historische Wiege der Firma stand und das sich ursprünglich im Eigentum der 1889 gegründeten und ebenso dort ansässigen Carl-Zeiss-Stiftung befand – gründeten in die amerikanische Zone evakuierte, ehemalige leitende Mitarbeiter nach 1945 im baden-württembergischen Oberkochen ein Zeiss-Unternehmen neu und richteten eine eigene Carl-Zeiss-Stiftung in Heidenheim ein.

Beide Carl-Zeiss-Stiftungen in Ost und West beriefen sich auf das Erbe des Gründers Ernst Abbe und dessen Stiftungsstatut, also auf die gleiche historische Wurzel. Jedoch sprachen sie sich in langwierigen gerichtlichen Auseinandersetzungen, aber auch auf politischer Ebene über Jahrzehnte wechselseitig die Existenzberechtigung ab: Die nach dem Zweiten Weltkrieg in Baden-Württemberg neu etablierte Carl-Zeiss-Stiftung sah in Jena nach der 1948 erfolgten Enteignung der dortigen Stiftungsunternehmen und deren Umwandlung in sogenanntes Volkseigentum das Stiftungsstatut in wesentlichen Punkten nicht mehr erfüllt und damit die historische Stiftung als nicht mehr existent an. Diese wiederum betrachtete die Errichtung der Stiftung in Heidenheim als illegitim, da die Carl-Zeiss-Stiftung zu Jena sehr wohl existiere und die im Stiftungsstatut verankerten nichtunternehmerischen Zwecke erfülle, die im Übrigen von der Heidenheimer Stiftung nicht verwirklicht wurden. Darüber hinaus stritten sich beide Seiten lange Zeit juristisch um die Namens- und Warenzeichenrechte, die schließlich zwischen den beiden Zeiss-Firmen im Londoner Abkommen von 1971 grob entlang der Blockgrenzen abgesteckt wurden. Diese Frage musste nach dem Zusammenbruch des Ostblocks, ebenso wie das Verhältnis der beiden Unternehmen und der Stiftungen zueinander, neu geregelt werden. Dies beeinflusste wiederum die Privatisierung des VEB Carl Zeiss Jena.

Obwohl die Carl-Zeiss-Stiftung im Westen und ihre Stiftungsunternehmen Ende der 1980er Jahre insgesamt wirtschaftlich erfolgreich dastanden, waren bei Zeiss Oberkochen strukturelle Probleme nicht zu übersehen, die die wirtschaftlichen Möglichkeiten begrenzten. Mit dem Fall der Berliner Mauer und der sich abzeichnenden staatlichen Wiedervereinigung sahen sie sich mit der öffentlichen Erwartung – auch aus der Politik – konfrontiert, dass sie an ihren Ursprungsort Jena zurückkehren oder aber zumindest die Bemühungen unterstützen würden, die dortigen Traditionsbetriebe unter den neuen Bedingungen lebensfähig zu machen. Daran waren sie aber wirtschaftlich eigentlich nicht interessiert: Weder wollten sie sich mittelfristig einen neuen Konkurrenten schaffen, noch benötigten sie zusätzliche Kapazitäten, um selbst im Osten erweiterte Märkte abdecken zu können. Jedoch konnten sie dieses Ansinnen wegen des Streits um die Namens- und Warenzeichenrechte, aber viel mehr noch wegen der Stiftungsfrage nicht ignorieren. Deren Relevanz ergab sich daraus, dass die Existenz zweier Stiftungen gleichen Namens gesetzlich nicht vorgesehen war. Da jedoch die Rechtmäßigkeit der Existenz einer der beiden Stiftungen auch den Anspruch auf die Vermögenswerte der jeweils anderen implizierte, berührte die Stiftungsfrage ebenfalls die Stiftungsunternehmen unmittelbar. Auf diese Weise war Carl Zeiss Oberkochen (ebenso wie sein Schwesterunternehmen Schott Glaswerke Mainz) gezwungen, in diesen Fragen aktiv zu werden.

Bei dieser Ausgangssituation lag es nahe, mit der Auflösung der DDR-Wirtschaft und der sich abzeichnenden staatlichen Wiedervereinigung die Stiftungen und Unternehmen zusammenzuführen und zugleich Letztere zu sanieren und umzustrukturieren. In diesem Prozess mussten die stiftungsrechtlichen und unternehmerischen Probleme sowie die Frage der Warenzeichen- und Namensrechte gelöst und dabei den Interessen und Positionen der verschiedenen Akteure möglichst Rechnung getragen werden.

Die westdeutsche Seite

Bei Zeiss Oberkochen wurde bereits Anfang 1990 – als die Treuhandanstalt noch nicht bestand – erwogen, bestimmte Geschäftsfelder des Jenaer Zeiss-Betriebes mit einer eindeutigen Markenidentität auszuwählen und in ein Unternehmen zu überführen, an dem man sich selbst mehrheitlich beteiligen würde. So sollte – wie damals die Unternehmensleitung in Oberkochen einschätzte – ein potenziell starker Wettbewerber (man nahm Jena zunächst als möglichen Konkurrenten wahr und ernst!) zum Verbündeten gemacht und andere Konkurrenten von der Zusammenarbeit mit dem Jenaer Unternehmen abgehalten werden. Letzteres wollte der Oberkochener Vorstand bei allen Kooperationen nicht zu stark machen und zugleich aber das Namensproblem lösen. Dieses war einer der zwei Aspekte, die Zeiss Oberkochen besonders wichtig erschienen. Der andere betraf die Befürchtung, dass Konkurrenten Teile von Carl Zeiss Jena kaufen könnten, was verhindert werden sollte. Jedoch wurde angesichts der eigenen wirtschaftlichen Schwierigkeiten in Oberkochen die Übernahme in Jena auch als bedrohlich empfunden. Deshalb orientierte sich der Vorstand auf eine unternehmerische Minimallösung, die gleichwohl die Lösung der offenen Fragen ermöglichen sollte. Zugleich beförderten wechselseitige Missverständnisse über die Absichten der jeweils anderen Seite das Misstrauen, das hier wie dort infolge jahrzehntelanger Auseinandersetzungen bestand. Beides – dieses Misstrauen und die Grenzen der eigenen wirtschaftlichen Kraft – behinderten in Oberkochen das an sich zu erwartende Bestreben, nach Jena zurückzukehren und die dortigen Potenziale für sich nutzbar zu machen.

Die Verwaltung der Heidenheimer Stiftung beziehungsweise die Landesregierung Baden-Württemberg waren in den Gesprächen und Verhandlungen bezüglich des Stiftungsproblems zwar anfangs durch ihren Anwalt beteiligt, aber das Heft des Handelns auf westlicher Seite lag vor allem bei den Unternehmen. Erst nachdem die Gefahr des Verlustes von Arbeitsplätzen und Steuereinnahmen auch in Baden-Württemberg erkannt worden war, schaltete sich die dortige Landesregierung stärker ein. Sie entsandte einen Vertrauten des Ministerpräsidenten in die Gespräche, der dann einen wesentlichen Beitrag leistete, um das Stiftungsproblem zu lösen.

Die ostdeutsche Seite

Auch auf der ostdeutschen beziehungsweise thüringischen Seite spielten anfangs die Unternehmen, die ehemaligen Stiftungsbetriebe – zunächst noch im Kombinat zusammengefasst – die entscheidende Rolle. Bei Carl Zeiss Jena war man sich des Bedarfs an Sanierung und Umstrukturierung bewusst, wobei die westlichen Stiftungsunternehmen dafür auch von der Belegschaft als „natürliche“ Partner gesehen wurden. Da sie der anderen Seite nach den jahrzehntelangen Streitigkeiten nicht vollständig traute, betrachtete sie größtenteils die Rückführung der Jenaer Betriebe in das Eigentum der dortigen Stiftung als die einzige Möglichkeit, die Unternehmen und ihre Arbeitsplätze im Ort und in der Region zu erhalten. Dieses Bestreben widersprach aber in den Augen der Heidenheimer Seite dem Ziel, eine einheitliche Stiftung zu schaffen, da wechselseitige Beteiligungen oder Fusionen von Stiftungen juristisch nicht zulässig waren. Die anfängliche Euphorie über die Möglichkeit, nach dem Zusammenbruch der DDR wieder an die Zeiss-Traditionen anknüpfen zu können, wich bei der Jenaer Belegschaft und den dortigen Einwohnern einer ambivalenten Empfindung: Einerseits erwarteten sie die Rückkehr der Carl-Zeiss-Stiftung an ihren angestammten Ort und von den westlichen Stiftungsunternehmen Unterstützung, um den Übergang in die Marktwirtschaft mit möglichst vielen Arbeitsplätzen zu bewältigen. Andererseits fürchteten sie, dass das Unternehmen aus Oberkochen lediglich die potenzielle Konkurrenz aus dem Osten „plattmachen“ wollte.

Für die letzte DDR-Regierung unter Lothar de Maizière war bereits früh klar, dass sie vor allem die Arbeitsplätze sichern wollte. Dafür betrachtete sie potente Partner, als die sich die Heidenheimer Stiftung und ihre Unternehmen präsentierten, während diese die eigenen wirtschaftlichen Schwächen kaschierten, als unerlässlich und kam diesen weit entgegen. Als aber im Herbst 1990 das Land Thüringen wieder eingerichtet worden war, entstand ein starker Akteur. Er etablierte die Stiftungsorgane – den Wissenschaftsminister als Stiftungsverwaltung und den Wirtschaftsminister als Stiftungskommissar – neu und suchte nach juristischen Wegen, seine beziehungsweise die Interessen der Carl-Zeiss-Stiftung Jena zu bestimmen und wahrzunehmen. Diese Aufgaben oblagen Beamten beziehungsweise Beratern, die aus den westlichen Bundesländern abgeordnet worden waren und die die ihnen bekannten Juristen aus dem Westen beauftragten, die Thüringer Positionen in den anstehenden Rechtsfragen zu formulieren. In der Konsequenz wurden die

Ost-West-Auseinandersetzungen in der *Causa* Zeiss zwischen verschiedenen West-Juristen ausgetragen. Die Vertreter Thüringens schätzten die Chancen, ihre Rechtsposition durchzusetzen, anfangs positiv ein. Diese Frage wurde aber nie vor Gericht entschieden, weil sich das Land Thüringen in der Stiftungsfrage aufgrund der eigenen, für die Sanierung der Jenaer Unternehmen nicht ausreichenden wirtschaftlichen Stärke und im Interesse der Arbeitsplatzsicherung im April 1991 entschloss, auf diese Auseinandersetzung zu verzichten. Jedoch galt Carl Zeiss Jena als ein Vorzeigeunternehmen der thüringischen und der ostdeutschen Wirtschaft, was auch die Treuhandanstalt so sah. Damit bot sich dem Land Thüringen aber die Möglichkeit, die Stiftungsfrage als Hebel zu nutzen, um das westdeutsche Schwesterunternehmen in eine Beteiligung zu zwingen.

Die Treuhandanstalt

Die Treuhandanstalt wiederum kam erst im Sommer 1990 ins Spiel, als die Gespräche zwischen Oberkochen und Jena bereits liefen. Auch in der Treuhandanstalt wurden die westlichen Stiftungsunternehmen als „natürliche" Interessenten an den ehemaligen Stiftungsbetrieben in Jena verstanden. Sowohl Reiner Maria Gohlke als auch Detlev Karsten Rohwedder wollten als Präsidenten der Privatisierungsbehörde die Carl-Zeiss-Stiftung an ihren historisch angestammten Ort zurückbringen und damit auch die dortigen Unternehmen erhalten. In dem ersten Gespräch mit den Vorstandsvertretern von Zeiss Oberkochen, das kurz vor seinem Rücktritt stattfand, berief sich Gohlke am 20. August 1990 auf das Ziel der Treuhandanstalt, Partner für die Sanierung der DDR-Betriebe zu finden, um Arbeitsplätze zu sichern und deren Wettbewerbsfähigkeit herzustellen. Seines Erachtens könne ein solcher „Sanierungspartner" im Fall Zeiss ein „x-beliebiger Dritter, z. B. ein Japaner sein". Nachdem er auf diese Weise den Vertretern von Zeiss-West gedroht hatte, erkannte er an, dass aufgrund der besonderen Stiftungs- und Namensproblematik zunächst nach einer Lösung mit Zeiss Oberkochen gesucht werden müsse. Für Gohlke war klar, „dass schon aus geschichtlichen Gründen die Stiftung auch nach Jena gehöre".[2]

Das unterstrich Rohwedder ebenso verschiedentlich gegenüber den Vertretern von Zeiss Oberkochen, deren Zögern er offenbar nicht verstehen konnte. Er betonte im Oktober 1990, „dass der Sitz der Stiftung wieder nach Jena müsse. Was unter Gewalt getrennt worden sei, könne nun wieder zusammengefügt werden. Es gelte den *status quo ante* herzustellen. Etwas anderes entspreche nicht dem ‚Lebensgefühl der Deutschen'."[3] Zugleich gab Rohwedder den im Vorstand der Treuhandanstalt für den Bereich Sanierung zuständigen Klaus-Peter Wild „dringend" die Order, dass „die Zeiss-Angelegenheit wegen ihrer besonderen Schwierigkeit hochrangig" in seiner Hand zu behandeln sei.[4] Damit war die Zeiss-Problematik direkt beim Vorstand der Treuhandanstalt angesiedelt. Durch die frühzeitige Festlegung auf Zeiss Oberkochen machte sich die Treuhandanstalt aber hinsichtlich der Übernahmekonditionen erpressbar. Das war allerdings nur ein Moment der allgemein ohnehin eher schwachen Verhandlungsposition der Treuhandanstalt. Sie stand unter dem politischen Druck, ihren Unternehmensbestand schnellstmöglich zu verkaufen. Deshalb erschienen die Vertreter der Privatisierungsbehörde – unabhängig von ihrer persönlichen Herkunft – in den ostdeutschen Betrieben oft als Vertreter der potenziellen (westlichen) Käufer.

Die Treuhandanstalt stand scheinbar zwischen den Fronten. Angesichts der anderen Akteure wirkte sie in dem Zeiss-Privatisierungsprozess mitunter peripher. Nichtsdestotrotz war sie Eigentümerin des Jenaer Unternehmens. Aufgrund der wirtschaftlichen Schwäche sowohl von Zeiss Oberkochen als auch von Zeiss Jena und Thüringen verliehen ihr die ihr zur Verfügung stehenden Gelder doch erhebliche Potenz. Anfangs führte die Unkenntnis der komplizierten juristischen Materie dazu, dass sie im Streit um die Anteilsübertragung im Sommer 1990 beiden Seiten sich widersprechende Zusagen machte. Zugleich wurde sie wiederum von den anderen Mitspielern verschiedentlich instrumentalisiert. Dabei war Zeiss Oberkochen als der Wunschkandidat der Treuhandanstalt in der günstigeren Position: So wurde dem Jenaer Unternehmen im Herbst 1990 von der Treuhandanstalt klar bedeutet, dass man in den Verhandlungen mit Oberkochen Ergebnisse bis hin zur Bildung gemeinsamer Kapitalgesellschaften erwarte. Diese Verfahrensweise musste die Jenaer Verantwortlichen an die Art erinnern, wie in der DDR Weisungen erteilt wurden – noch dazu, wenn ein nun in der Privatisierungsbehörde tätiger ehemaliger stellvertretender DDR-Minister, wie Paul Liehmann, dies tat. Jedoch legte das Jenaer Unternehmen ein Sanierungskonzept vor, das als zu optimistisch eingeschätzt wurde, woraufhin es einräumte, die Lage und weitere Entwicklung erstmal günstiger dargestellt zu haben, um bei der Treuhandanstalt als sanierungswürdig eingestuft zu werden. Offensichtlich wurden jahrzehntelang im DDR-Planungssystem eingeübte Praktiken auch gegenüber der Privatisierungsbehörde angewandt.

Ebenso wurde die Treuhandanstalt auf Veranlassung von Oberkochen gegenüber dem Land Thüringen tätig, als dort im Dezember 1990 für ihre eigenen Pläne ungünstige Schritte – wie die Etablierung aller Stiftungsorgane der Jenaer Stiftung – vollzogen wurden. Daraufhin wollte Wild weitere „unvorsichtige Schritte in Thüringen" – wie er Rohwedder mitteilte – verhindern und dem Thüringer Ministerpräsidenten Josef Duchač angesichts der wirtschaftlichen Situation der Jenaer Unternehmen ein „Horror-Szenario" für den Fall an die Wand malen, dass Thüringen weiter auf die Selbstständigkeit der Jenaer Stiftung dränge.[5] Zugleich musste auch die Treuhandanstalt dem Umstand Rechnung tragen, dass sich Geschäftsleitung und Belegschaft der nunmehrigen Jenoptik Carl Zeiss Jena GmbH teils mit Recht selbstbewusst zeigten. Mit dem Namen „Carl Zeiss Jena" war ein Prestige verbunden, das für die wirtschaftliche Leistungsfähigkeit Ostdeutschlands im Allgemeinen und Thüringens im Besonderen stand. Deshalb wurde die Entwicklung bei diesem Unternehmen nicht nur von der eigenen Belegschaft und den Bewohnern Jenas, sondern auch von der Öffentlichkeit weit darüber hinaus beachtet. Entsprechend betonte Wild im Dezember 1990, dass es bei Zeiss Jena um die „Würde Thüringens" gehe und es eine „ungeheure Niederlage" für die Treuhandanstalt wäre, wenn Zeiss in Jena verschwinden würde.[6] Auf diesem Prestige basierte ebenfalls eine nach wie vor latent vorhandene Rivalität zwischen dem Ost- und dem Westunternehmen, und Zeiss Jena traute sich – wenn nicht anders möglich – einen eigenständigen Weg zu.

Jedoch versuchte die Treuhandanstalt, auch Zeiss Oberkochen unter Druck zu setzen, tatsächlich das Jenaer Unternehmen zu übernehmen. So lancierte die Treuhandanstalt im Herbst 1990 noch einmal öffentlich, dass man die Jenaer Betriebe notfalls an Japaner oder Amerikaner verkaufen wolle, wenn Oberkochen mit der Übernahme weiter zögere. Damit war die Angst in Oberkochen angesprochen, dass das Jenaer Zeiss-Unternehmen an Dritte – vor allem an Konkurrenten aus Übersee – verkauft werden könnte. Damit würde das Problem der Namens- und Warenzeichenrechte wieder auf der Tagesordnung stehen, nachdem dafür zwischenzeitlich bereits eine Lösung gefunden worden war. Vom Oberkochener Vorstandssprecher darauf angesprochen, ruderte Wild zurück und versicherte, es bestünden im Moment keine Kontakte zu Dritten. Auch den Vertretern aus Jena erklärte Wild im Januar 1991, dass eine Veräußerung an Dritte, wie japanische oder taiwanesische Firmen, erhebliche „rechtliche Probleme" aufwerfen würde. Schließlich dürften diese den Namen „Carl Zeiss" dann im Inland nicht verwenden, sondern nur im östlichen Ausland.[7]

Tatsächlich gab es für Zeiss Jena – ausweislich der Unterlagen der Treuhandanstalt – keine ernsthaften dritten Interessenten. Dies erklärt sich mit den im Fall einer Übernahme durch Dritte drohenden und in ihrem Ausgang höchst ungewissen juristischen Auseinandersetzungen nicht nur um die Namens- und Warenzeichenrechte, sondern auch um die Eigentumsrechte mit der Carl-Zeiss-Stiftung Heidenheim, die dann keinen Grund zur Zurückhaltung mehr gehabt hätte. Wild hielt daran fest, dass die bei der Privatisierungsbehörde noch befindlichen Anteile der Jenaer Firmen auf jeden Fall einer einheitlichen Carl-Zeiss-Stiftung übertragen werden sollten. Diese Anteile – so betonte er im Januar 1991 – könnten nicht an die „Oststiftung" gegeben werden, denn „diese hat kein Geld! Das führt zu Minimallösung."[8] Dem Thüringer Stiftungskommissar hatte er dem Vernehmen nach zur gleichen Zeit erklärt, dass in diesem Fall die Jenaer Stiftung wirtschaftlich sofort in Konkurs gehen müsste. Die Treuhandanstalt setzte darauf, dass sich beide Seiten auf eine einheitliche Stiftung einigen würden, und das möglichst rasch, um die bestehenden Hindernisse für die unternehmerische Zusammenführung aufzulösen.

Aber auch Zeiss Oberkochen pokerte gegenüber der Treuhandanstalt hoch: Als seine Planung für Jena in den nächsten Jahren nur Verluste und keine Aussicht auf Verbesserung auswies, wies der Vorstand in der zweiten Januarhälfte 1991 an, das Zahlenbild zu verbessern.

Es brauche „eine glaubwürdige, mittelfristig positive Perspektive“.[9] Schließlich solle die Treuhandanstalt für den zu übernehmenden Kern des Jenaer Unternehmens neben dem Eigenkapital alle Altlasten, die Kosten einer Programmerneuerung – weil der Bereich der optischen Instrumente in den letzten zehn bis 15 Jahren nicht modernisiert wurde –, die Eigenkapitalausstattung aller zu gründenden Gesellschaften und die Verluste für fünf bis sechs Jahre übernehmen. Im Gegenzug wurden die von Oberkochen zu erbringenden Leistungen aufgelistet, die von Fertigungsstunden über Managementhilfe, Technologietransfer und Bereichsverlagerungen bis zu Dienstleistungen und Zukunftsinvestitionen reichten. Diese Liste betrachteten die Oberkochener selbst als „eine Mischung aus Wunschdenken und Argumentationshilfe“, die kreativ, aber glaubhaft zu ergänzen sei.[10] Kurzum, auch das westliche Unternehmen nutzte die asymmetrische Informationsverteilung gegenüber der Treuhandanstalt aus. Alle diese Handlungsmuster waren bis zu der letztlich im Sommer 1991 erzielten Einigung (und darüber hinaus) zu beobachten.

Einigungsergebnis

Die schließlich erfolgte unternehmerische Vereinigung erforderte von beiden Zeiss-Unternehmen einen Umbau – wenn auch in unterschiedlichem Maße und ungleich gewichtet. Die beschränkte wirtschaftliche Potenz des Oberkochener Unternehmens zog letztlich eine Minimallösung nach sich, bei der nur die traditionellen Zeiss-Kernbereiche übernommen wurden. Das Überleben von Carl Zeiss Jena ergab sich aber auch in entscheidendem Maße daraus, dass es sich um ein Vorzeigeunternehmen der thüringischen und der ostdeutschen Wirtschaft handelte, das schon aus Prestigegründen nicht untergehen durfte. Stiftungsrechtlich mussten bei der Vereinigung der beiden Carl-Zeiss-Stiftungen die Rechtspositionen beider Seiten gewahrt bleiben und trotzdem ein Weg gefunden werden, über den die Schaffung einer Stiftung möglich war. Formal geschah dies über einen Staatsvertrag zwischen Baden-Württemberg und Thüringen, den beiden Sitzländern der Carl-Zeiss-Stiftung, und dem dann erfolgenden Beitritt der Jenaer zur Heidenheimer Stiftung, ähnlich dem Beitritt der DDR zur Bundesrepublik. Die Voraussetzung dafür war aber, dass das Land Thüringen trotz nach eigener Einschätzung positiver Chancen vor Gericht, seine Position durchsetzen zu können, darauf verzichtete, weil seine wirtschaftlichen Möglichkeiten nicht für eine eigenständige Sanierung der Jenaer Unternehmen ausreichten. Auf diese Weise glaubte die Landesregierung, ein Maximum an Arbeitsplätzen in Jena erhalten zu können.

Alles in allem kann die Vereinigung der beiden Carl-Zeiss-Stiftungen als ein Erfolg betrachtet werden. Es gelang, eine einheitliche Stiftung zu schaffen, die die Stiftungszwecke erfolgreich verwirklicht und auch über die einschlägigen Namens- und Warenzeichenrechte verfügt. Der Vereinigungsprozess lieferte zugleich einen Anstoß dafür, dass die einheitliche Carl-Zeiss-Stiftung die wissenschaftlichen und sozialen Förderzwecke des Stiftungsstatuts wieder aufnahm. Zudem haben die Stiftungsunternehmen Carl Zeiss und Schott Glaswerke neben ihren Standorten Oberkochen und Mainz den Ursprungsort der Stiftung Jena auch als wesentlichen Platz der Produktion und im Fall von Zeiss der wichtigen Querschnittsbereiche gesichert. Insgesamt kostete dieser Prozess allerdings die weit überwiegende Zahl der Arbeitsplätze, die ehemals in Jena beim überdimensionierten Zeiss-Kombinat vorhanden waren. Jedoch fällt die Arbeitsplatzbilanz schon positiver aus, wenn man die zahlreichen Aus- und Neugründungen im Umfeld der drei aus dem Zeiss-Konglomerat hervorgegangenen Unternehmen Carl Zeiss Jena GmbH, Jenaer Glaswerk GmbH und Jenoptik GmbH einbezieht. Dies war nur möglich, indem sich auch Carl Zeiss Oberkochen einem schmerzhaften Umstrukturierungsprozess unterzog, der dort ebenfalls mit Arbeitsplatzabbau verbunden war. Jedoch stellte dies nicht allein eine Konsequenz des Vereinigungsprozesses dar, sondern war vielmehr Folge und Teil des sich weltweit vollziehenden wirtschaftlichen Strukturwandels, dem alle beteiligten Unternehmen, darunter auch die Jenaer, Rechnung tragen mussten.

Zu diesem historischen Prozess hätte es auch Alternativen gegeben; es ist allerdings fraglich, ob mit ihnen – gemessen am tatsächlich eingetretenen Erfolg der Carl-Zeiss-Stiftung und der Unternehmen ebenso wie der Zahl der Arbeitsplätze – mehr zu erreichen gewesen wäre. Beispielsweise hätte eine juristische Auseinandersetzung zwischen den beiden Stiftungen vermutlich mehr Verlierer nach sich gezogen. Eine selbstständige Existenz der beiden Zeiss-Unternehmen in Oberkochen und Jena wäre wohl machbar gewesen, wenn Ersteres Letzterem die Namensrechte abgekauft hätte, was – wenn überhaupt – nur vor der Wiedererrichtung des Landes Thüringen denkbar gewesen wäre. So scheint es, als wenn im Detail – wie bei der Auswahl der zu übernehmenden Geschäftsfelder durch Zeiss Oberkochen – manches vielleicht stärker so geregelt hätte werden können, dass sich das Unternehmen strategisch besser aufgestellt und mehr Arbeitsplätze erhalten hätte. Im Grundsatz entsprachen aber die gefundenen Lösungen wohl dem, was in der historischen Situation machbar und verkraftbar war.

Alles in allem hat die Treuhandanstalt in diesem Fall durchaus eine konstruktive Rolle gespielt. Allerdings resultierte ihr besonderes – nicht nur finanzielles – Engagement vor allem daraus, dass es sich bei Carl Zeiss Jena um einen speziellen Fall handelte: nicht nur als Vorzeigeunternehmen, sondern auch als Doppel-Unternehmen, woraus sich quasi natürliche Partner ergaben.

Anmerkungen

1 Für den vorliegenden Text wurde die Vortragsfassung im Wesentlichen beibehalten und auf die Quellenbelege – außer bei Zitaten – verzichtet. Sie finden sich in der ausführlichen Darstellung dieses Falls, vgl. André Steiner, Die Vereinigung der Carl-Zeiss-Stiftungen West und Ost, in: ders./Louis Pahlow, Die Carl-Zeiss-Stiftung in Wiedervereinigung und Globalisierung 1989–2004, Göttingen 2017, S. 13–368.

2 Zitate in: Carl Zeiss Archiv Jena (CZA), CZO4997, Von Einem: Ergebnisprotokoll über das Gespräch bei der Treuhandanstalt in Ost-Berlin am 20. 8. 1990, 21. 8. 1990.

3 CZA, CZO4997, Von Einem: Protokoll über die Besprechung am 22. 10. 1990 bei der Treuhandanstalt.

4 Bundesarchiv (BArch) Berlin, B 412/7427, Bl. 177, Rohwedder an Wild: Zeiss Jena und Heidenheim, 17. 10. 1990.

5 BArch Berlin, B 412/3765, Bl. 478 f., Wild: Betr.: Zeiss-Stiftung, hier: Information von Herrn Dr. Skoludek, Carl Zeiss Oberkochen, vom 3. 12. 1990, 4. 12. 1990. Vgl. dazu: CZA, CZO4998, Skoludek: Vertrauliches inoffizielles Informationsgespräch mit Herrn Dr. Wild, Vorstand Treuhandanstalt Berlin mit Kenntnis Dr. Rohwedder, am 11. 12. 1990 in Berlin, 12. 12. 1990.

6 CZA, CZO4998, Steinbichler: Jenoptik Carl Zeiss Jena GmbH. Notiz über ein Gespräch mit Dr. Wild/Treuhandanstalt, 2. 1. 1991.

7 CZA, CZO4998, Treffen Wild, Heisse, Klein u. a. mit Riedel, Hedrich, Riese, Probst [handschriftliche Notizen von Wild], 23. 1. 1991; BArch Berlin, B 412/22442, Bl. 100 ff.

8 Ebd.

9 CZA, CZO5012, Auszug aus dem Vorstandsprotokoll vom 24. 1. 1991: 1. Konzept zur Übernahme von Aktivitäten von Jenoptik Carl Zeiss Jena GmbH. Vorlage Steinbichler vom 23. 1. 1991.

10 CZA, CZO4999, Auszug aus Vorstandsprotokoll vom 14. 2. 1991.

WOLF-RÜDIGER KNOLL

Zwischen Abbruch und Aufbruch

Die Treuhandanstalt und der Verkauf der Stahlwerke Hennigsdorf und Brandenburg im Kontext der europäischen Stahlkrise

In einem Büro auf dem Werksgelände des Hennigsdorfer Stahlwerkes bemühte sich Ende November 1991 Horst Weitzmann, Chef der Badischen Stahlwerke aus Kehl am Rhein, die ostdeutschen Belegschaftsvertreter darin zu bestärken, den Streik und die Besetzung ihres Werksgeländes um jeden Preis fortzusetzen. „Ihr dürft nicht nachlassen!", rief er den Arbeitern zu.[1] Damit meinte er vor allem den Protest gegen die Treuhandanstalt (THA) in Berlin, deren Informationspolitik in den Wochen zuvor den Unmut der Beschäftigten des Stahlwerkes provoziert und schließlich zur Besetzung des Werkes geführt hatte. Der Manager hatte gute Gründe, sich mit den Stahlwerkern zu solidarisieren. Zu diesem Zeitpunkt bemühte er sich nämlich um den Erwerb des Hennigsdorfer Werkes, das gemeinsam mit dem Stahl- und Walzwerk in Brandenburg an der Havel von der THA zum Verkauf ausgeschrieben worden war. Je schlechter dabei die Chancen der Thyssen AG und der Saarstahl AG standen, die beiden Standorte mithilfe eines gemeinsamen Konsortiums zu erwerben, umso energischer kritisierte Weitzmann die THA. Er warf ihr vor, sich mit ihrer Präferenz für den italienischen Familienkonzern Riva einseitig positioniert zu haben. Die möglichen Folgen dieser ersten großen Privatisierung in der ostdeutschen Stahlindustrie, bei der ein ausländischer Investor den Zuschlag erhielt, skizzierte Weitzmann vor dem Hintergrund eines harten Verdrängungswettbewerbs in apokalyptischer Weise: „Ist sich die Treuhandanstalt darüber im Klaren, da[ss] dies auch die völlige Vernichtung der Stahlstandorte Brandenburg und Hennigsdorf zur Folge haben kann?"[2]

Im Folgenden wird untersucht, warum sich die Vertreter der westdeutschen Stahlindustrie mit der ostdeutschen Belegschaft solidarisierten und sich sowohl Gewerkschaften als auch die brandenburgische Landesregierung zunächst gegen die THA positionierten. Sie unterstellten ihr, die Interessen eines ausländischen Investors höher als das Wohl der Stahlwerkerinnen und Stahlwerker zu gewichten.

Im Mittelpunkt steht der Privatisierungsverlauf der beiden Werke in Brandenburg und Hennigsdorf. Dazu müssen zunächst die Ausgangslage sowie die nationalen und internationalen Rahmenbedingungen dargelegt, bevor die Verkaufsverhandlungen mit ihren Folgen für die Unternehmen, die Belegschaften und die THA geschildert werden. Über den Privatisierungsprozess sollen die handlungsleitenden Interessen der beteiligten Akteure sowie die Rolle der Treuhandanstalt exemplarisch dargestellt werden.

Die Entwicklung der Brandenburger und Hennigsdorfer Stahlindustrie bis 1990

Seit 1912 wurde in der etwa 50 km westlich von Berlin gelegenen Stadt Brandenburg an der Havel Stahl gekocht, um den wachsenden Bedarf der Hauptstadt zu decken und um einen Preisvorteil gegenüber den Produktionsstätten im Ruhrgebiet zu erzielen.[3] Dagegen entstand das Hennigsdorfer Werk erst während des Ersten Weltkrieges als Rüstungsbetrieb zur Belieferung der umliegenden AEG-Werke. Trotz der Nähe zu Berlin und der Bedeutung für die Rüstungsproduktion im Nationalsozialismus erlitt der Stahlstandort Brandenburg bis zum Ende des Zweiten Weltkriegs keine nennenswerten Kriegsschäden, während ein Luftangriff das Werk in Hennigsdorf im Frühjahr 1945 zu 80 Prozent zerstörte.[4] Gravierend wirkten sich an beiden Standorten die Demontagen durch die sowjetische Besatzungsmacht ab Ende 1945 aus. Sie entnahm die Produktionsanlagen komplett und verbrachte sie als Reparationsleistungen in die Sowjetunion.[5]

Der im Oktober 1947 begonnene Wiederaufbau der Hüttenwerke Hennigsdorf sollte zunächst die Reparationsansprüche der UdSSR befriedigen. Ab 1949 wurden auch Werksanlagen in Brandenburg an der Havel auf der Basis der noch vorhandenen Fundamente wieder errichtet. In den 1950er und 1960er Jahren wurde Brandenburg zu einem integrierten Stahl- und Walzwerk mit insgesamt zwölf Siemens-Martin-Öfen (S-M-Öfen) ausgebaut, das schließlich eine Leistungskapazität von zwei Millionen Tonnen Rohstahl hatte. Trotz umfangreicher Investitionen in die Rekonstruktion und Modernisierung der Anlagen (alleine circa 500 Millionen DDR-Mark in Brandenburg) entschied das Politbüro der SED, in Brandenburg und Hennigsdorf moderne Elektrostahlwerke zu errichten.[6] Hintergrund war der technologische Fortschritt in der Stahlerzeugung.[7] Anfang der 1970er Jahre wurden daher in Hennigsdorf die Elektroofen-Kapazitäten mit der Unterstützung des westdeutschen Anlagenbauers DEMAG erweitert.[8]

In Brandenburg begann im Mai 1977 der Bau eines Elektrostahlwerkes, nach dessen Inbetriebnahme der Standort Brandenburg mit einer Kapazität von insgesamt 2,8 Millionen Tonnen der größte Rohstahlerzeuger der DDR wurde.[9] Hennigsdorf verfügte mit seinen insgesamt acht Öfen über eine Rohstahlkapazität von etwa 1,3 Millionen Tonnen. Damit war es nach Brandenburg an der Havel und Eisenhüttenstadt der drittgrößte Stahlerzeugerstandort der DDR. Ein erheblicher Anteil des produzierten Rohstahls wurde in den Werken weiterhin durch das Siemens-Martin-Verfahren hergestellt.[10]

Die Stahlwerke in Brandenburg und Hennigsdorf wiesen in mehrfacher Hinsicht ähnliche Charakteristika auf – vor allem in Bezug auf Produkte und Betriebsgröße. Neben dem eigentlichen Stahlgeschäft waren die Betriebe zusätzlich in den 1970er und 1980er Jahren für die Herstellung von Konsumgütern zuständig.[11] Beide Standorte erfuhren außerdem mit der Unterstützung westlicher Anlagenbauer eine Teilmodernisierung ihrer Ausrüstung, deren Potenziale aufgrund der ökonomischen Probleme der DDR in den 1980er Jahren nicht vollumfänglich genutzt wurden.[12]

Bis 1989 erlebten Brandenburg und Hennigsdorf unvollständige Konsolidierungen, das heißt die Betriebsstruktur war geprägt von einem Nebeneinander von modernen und veralteten Produktionsanlagen. Die Standorte entsprachen damit dem Zustand der DDR-Stahlindustrie insgesamt.[13] Im Ergebnis lag die Produktivität im Vergleich zur westdeutschen Stahlindustrie bei nur etwa einem Drittel bis höchstens 50 Prozent; in der DDR wurde für die Produktion einer Tonne Rohstahl in etwa die 2,3-fache Anzahl an Arbeitskräften benötigt.[14] Der Rückstand stellte eine besondere Herausforderung im Zuge der Wiedervereinigung dar – dies umso mehr, da sich die bundesdeutschen und die westeuropäischen Stahlproduzenten zu diesem Zeitpunkt in einem erbitterten Wettbewerb befanden.

Die Ausgangslage für die Privatisierung: Europäische Stahlkrise und verschärfter deutsch-deutscher Wettbewerb

Seit Mitte der 1970er Jahre entstanden Überkapazitäten auf dem europäischen Stahlmarkt, die durch staatliche Subventionen in den meisten westeuropäischen Ländern noch verstärkt wurden. Gesteuert durch die Europäische Gemeinschaft für Kohle und Stahl wurden diese Überkapazitäten schrittweise abgebaut, sodass allein in der Bundesrepublik 1988 etwa fünf Millionen Tonnen Rohstahl weniger erzeugt wurden als noch 1970.[15] Zugleich lag die Kapazitätsauslastung 1990 in der BRD bei nur 75 Prozent.[16]

Innerhalb der Europäischen Gemeinschaft (EG) sollte die Konkurrenz in den frühen 1980er Jahren durch ein Mengenkartell auf der Basis der Montanunion-Verträge gebremst werden. Die Stahlhersteller durften in den jeweiligen nationalen Märkten der Nachbarländer nur zu den Preisen ihrer dortigen Wettbewerber einsteigen. Zusätzlich verlangte die Europäische Kommission den Abbau der Überkapazitäten zur Bekämpfung der Krise und stellte dafür Beihilfen in Aussicht.[17]

Obwohl die Bundesrepublik mit fast einem Drittel des EG-Stahlverbrauchs den größten Absatzmarkt für Stahlprodukte in Europa hatte, sahen sich vor dem Hintergrund des verschärften europäischen Wettbewerbs die großen bundesdeutschen Produzenten wie Thyssen, Krupp und Hoesch einem Schrumpfungs- und Rationalisierungsprozess ausgesetzt. In der Bundesrepublik profitierten sie aufgrund des harten Wettbewerbs in geringerem Maße von staatlichen Subventionen als ihre europäischen Konkurrenten.[18] Ab 1989 agierten ausschließlich private Stahlanbieter auf einem Markt, der durch einen hohen Konzentrationsgrad gekennzeichnet war.[19]

Innerhalb von 20 Jahren erlebte die bundesdeutsche Stahlindustrie einen Modernisierungsprozess, der mit dem Abbau vieler tausend Arbeitsplätze verbunden war. Arbeiteten 1970 noch etwa 230 000 Beschäftigte in der Rohstahlerzeugung, waren es 1990 nur noch 118 000. Gleichzeitig stieg die Produktivität von knapp 200 Tonnen erzeugtem Rohstahl pro Beschäftigten und Jahr auf 323 Tonnen.[20] Hierzu trugen nicht nur der verschärfte Wettbewerb, sondern auch die technologische Entwicklung durch den Einsatz computergesteuerter Produktionsanlagen bei, die zu enormen Rationalisierungseffekten führten und Stahl Ende der 1980er Jahre zu einem *High-Tech*-Produkt machten.[21] Dieses Umfeld bestimmte die Privatisierungsbemühungen der Treuhandanstalt in Brandenburg und Hennigsdorf nach der Wiedervereinigung.

Unter dem Treuhandregime

Im Juli 1990 stellte ein internes Restrukturierungskonzept der Betriebsleitung des Stahl- und Walzwerkes Brandenburg fest, dass mit der bisherigen Produktion enorme Umweltbelastungen einhergingen.[22] Aufgrund der durch die Währungsunion schlagartig nachlassenden Nachfrage konnte und sollte die Produktion nicht mehr wie bisher aufrechterhalten werden. Bis 1992 wurde bei Rohstahl mit einer Reduzierung auf 56 Prozent und bei Walzstahl auf 58 Prozent gerechnet.[23] Verteilten sich die Absatzzahlen bis 1989 auf die DDR (55 Prozent), auf die Bundesrepublik (15 Prozent) und die sozialistischen Staaten Ostmitteleuropas (30 Prozent), sollten sich die zukünftigen Absatzstrategien vor allem auf das Gebiet der ostdeutschen Länder beschränken, da dort mit einer wachsenden Nachfrage nach Baustahl gerechnet wurde.[24] Hierfür sowie für die Modernisierung weiterer Produktionsanlagen stellte die Unternehmensleitung einen Finanzierungsbedarf von etwa 425 Millionen DM fest. Von den zu diesem Zeitpunkt im Betrieb vorhandenen 8500 Arbeitsplätzen sollte die Hälfte wegfallen.[25]

Nachdem es Anfang 1990 zur Kontaktaufnahme mit westdeutschen Stahlunternehmen wie Thyssen und Salzgitter gekommen war, die „nicht abgeneigt schienen, etwas tun zu wollen, sich zu engagieren", ergaben sich aus den informellen Gesprächen letztlich keine tragfähigen Kooperationen. Bei den Belegschaftsvertretern in Brandenburg und Hennigsdorf entstand daraufhin der Eindruck, dass Thyssen, Krupp und Co. „eigentlich nur genau darauf gucken, was mit unseren Kapazitäten passiert".[26]

Im Frühjahr 1991 vergab die THA an die Unternehmensberatung McKinsey & Company den Auftrag, die ostdeutsche Stahlindustrie hinsichtlich ihrer Leistungsfähigkeit und den Privatisierungsperspektiven zu analysieren. Auf Basis dieses Gutachtens erstellte die THA bis Anfang Juli 1991 ein Konzept zur „Umstrukturierung und Privatisierung der Stahlindustrie in den neuen Bundesländern".[27] Das Konzept machte deutlich, dass sämtliche S-M-Öfen in Brandenburg und Hennigsdorf innerhalb der kommenden Jahre stillgelegt werden sollten. Für das als überlebens- und privatisierungsfähig eingestufte Elektrostahlwerk in Brandenburg wurde mit einem Personalabbau von 1400 auf 800 Beschäftigte gerechnet. In Hennigsdorf, wo neben den S-M-Öfen auch mehrere Walzstraßen stillgelegt werden sollten, wurde mit dem Erhalt von immerhin etwa 1200 Arbeitsplätzen gerechnet. Zum Zeitpunkt der Erstellung des Konzepts arbeiteten dort noch 6800 Menschen, in Brandenburg circa 6000.[28]

Auf der Basis des McKinsey-Gutachtens kam die THA zu dem Schluss, dass eine unternehmensübergreifende Privatisierung beider Stahlwerke „ebenfalls denkbar und eine eventuelle Verschmelzung der Unternehmen zu erwägen"[29] sei. Grund dafür war die Einschätzung, dass die Elektrostahlwerke in Brandenburg und Hennigsdorf als verhältnismäßig energieeffizient galten. Als *Mini-Mills* (kompakte Stahlwerke mit einem integrierten Verwertungskreislauf) angelegt und ohne die Abhängigkeit von veralteten Produktions- und Betriebsstrukturen, wurden sie als ähnlich effizient bewertet wie entsprechende westliche Werke.[30]

Der Beginn der Verkaufsverhandlungen

Bis Mitte 1991 hatten sich verschiedene Kaufinteressenten für beide Standorte gemeldet, ohne dass sich daraus bis zum Spätsommer 1991 konkrete Verkaufsverhandlungen ergaben.[31] Dies änderte sich erst, als der italienische Stahlproduzent Riva Interesse an der Übernahme der Elektrostahlwerke in Brandenburg und Hennigsdorf zeigte.[32] Mit der Übernahme der Stahlwerke nahe Berlin erhoffte sich das Familienunternehmen Riva eine Expansion auf dem deutschen Markt. Die Nachfrage nach Baustahl in Ostdeutschland, die sich daraus ergebenden geringen Transportkosten sowie die Professionalität des vorhandenen Arbeitskräftepotenzials boten aus Sicht Rivas hervorragende Ausgangsbedingungen.[33]

Hatten die westdeutschen Stahlunternehmen bis dahin auf Zeit gespielt und gehofft, der Treuhandanstalt weitreichende Zugeständnisse bei einer möglichen Übernahme abzuringen, stellte ein mögliches Engagement Rivas eine unmittelbare Konkurrenz für die Badischen Stahlwerke und die Saarstahl dar, deren Produktpalette große Ähnlichkeiten zu Brandenburg und Hennigsdorf aufwies.[34] Die Stahlkrise hatte für erhebliche Verteilungskämpfe zwischen den deutschen Stahlherstellern gesorgt, und ein zusätzlicher, ausländischer Investor stellte eine substanzielle Bedrohung der Geschäftstätigkeiten der westdeutschen Unternehmen dar.

Am 4. September 1991 forderte die THA die Kaufinteressenten auf, ihre „endgültigen Erwerbsabsichten nach Kaufgegenstand und Kaufpreis bzw. kaufpreisbildenden Faktoren bis zum 11. September, 12.00 Uhr mitzuteilen".[35] Laut Ausschreibungstext waren sowohl ein *Asset-* (also der Herauskauf von Wertgegenständen aus der als Hülle zurückbleibenden Restgesellschaft) als auch ein *Share-Deal* (der Kauf von Gesellschafteranteilen) möglich.[36] Dabei versäumte es die THA, den Interessenten einen Kriterienkatalog für die Erstellung ihrer Angebote zu geben. Die Offerten konnten somit „höchst individuell von jedem Bieter formuliert" werden. Daraus ergab sich die Gefahr, „durch Fehlinterpretationen falsche Daten zur Grundlage des Vergleichs zu machen"[37], wie ein einige Wochen später durch die THA bei einer Rechtsanwaltskanzlei in Auftrag gegebenes Gutachten feststellen sollte.

Der Aufforderung der THA zur Abgabe eines Angebots folgten die Hamburger Stahlwerke, die italienischen Unternehmen Stefana und Riva sowie ein aus der Thyssen Stahl AG, der Badischen Stahlwerke AG und der Saarstahl AG bestehendes Konsortium. Thyssen wollte dabei Brandenburg, die Badischen Stahlwerke Hennigsdorf übernehmen. Unter Einbindung der Saarstahl wurden jeweils entsprechende Teilangebote abgegeben.

Die Angebote der Hamburger Stahlwerke und von Stefana lehnte die THA „mangels genügender Finanzierungsbereitschaft“[38] ab. Auf der Basis eines Gutachtens vom 19. September 1991 entschied sich der Vorstand der THA, in Verhandlungen mit Riva einzutreten, da das italienische Unternehmen im Hinblick auf die Investitions-, Produktions- und Arbeitsplatzzusagen das beste Angebot vorgelegt hatte. Daraufhin warf Thyssen am 4. Oktober der THA vor, sie habe „die Tragweite des Angebots des Thyssen-Konsortiums nicht zutreffend eingeschätzt“.[39] Nachdem die THA und Riva am 8. Oktober 1991 eine gemeinsame Absichtserklärung zur Übernahme von Brandenburg und Hennigsdorf verfasst hatten, intervenierte Thyssen erneut mit dem Hinweis, das Konsortialangebot sei nicht zutreffend beurteilt worden. Die THA wendete sich daraufhin am 18. Oktober 1991 an Riva, Thyssen, Saarstahl und die Badischen Stahlwerke mit der Aufforderung, ihre Angebote innerhalb einer Woche zu präzisieren. Die vorliegenden Offerten seien „so klarzustellen, da[ss] die festzuschreibenden Erlöse eindeutig quantifizierbar sind“. Damit sollte eine „Transparenz der einzelnen Offerten“ zum „Zwecke ihrer Vergleichbarkeit“ hergestellt werden.[40]

Riva reagierte verärgert auf die wiedereröffnete Ausschreibung und verwies auf die gemeinsame Absichtserklärung. Am 24. Oktober 1991 ging zum ersten Mal ein gemeinsames Angebot des Konsortiums Thyssen/Badische Stahlwerke/Saarstahl bei der THA ein. Diese beauftragte daraufhin die Kanzlei Börner & Börner und die Deutsche Revisions- und Treuhand-AG (Treuarbeit) mit der Prüfung und Bewertung der vorliegenden Angebote. Diese ergab am 30. Oktober 1991, dass das Riva-Konzept Vorteile bei den zu erhaltenden Arbeitsplätzen, bei Investitionszusagen und beim geplanten Produktionsumfang gegenüber dem Konsortialangebot aufwies.[41]

In den darauffolgenden Wochen besserte das Konsortium seine Angebote mehrfach nach. Dies betraf buchhalterische Zugeständnisse an die THA sowie höhere Eigenbeiträge für Altlasten. Vor allem erhöhte das Konsortium sein Angebot im Hinblick auf den Gesamtkaufpreis, der mit 110 Millionen DM nun acht Millionen DM über dem von Riva lag, wobei das ursprüngliche Kaufpreisangebot des

Konsortiums zunächst bei 89 Millionen DM gelegen hatte. Mitte November 1991 wertete das Konsortium sein Angebot weiter auf und versprach eine Erweiterung der Produktion sowie die Erhöhung der Investitionen und der zu erhaltenden Dauerarbeitsplätze.[42] Diese Nachbesserungen führten letztlich dazu, dass das Angebot von Riva und das des Konsortiums nun sehr nahe beieinander lagen. Der Verwaltungsrat der THA stellte dazu nüchtern fest: „Es bestehen Anhaltspunkte dafür, da[ss] dem Konsortium das Riva-Angebot von dritter Seite zugespielt worden ist.“[43]

Proteste, Streiks und Verkaufsentscheidung zugunsten Rivas

Die Treuhand befand sich Mitte November in einer schwierigen Position. Bedingt durch die uneinheitlichen Ausschreibungskriterien wurde sie immer wieder mit neuen Angeboten des Konsortiums konfrontiert. Gleichzeitig befeuerte die Anfang Oktober 1991 mit Riva verkündete Absichtserklärung die öffentliche Wahrnehmung, dass die THA ohnehin an die Italiener verkaufen wolle. Zudem sprachen sich die Belegschaften und die IG Metall nachdrücklich für das Konsortium aus, da sie sich von einem deutschen Bewerber eine bessere Beachtung der Mitbestimmungs- und Arbeitnehmerrechte erhofften.[44] Die brandenburgische Landesregierung unterstützte zunächst die Stahlwerker in ihrer Überzeugung, dass das Konsortium der bessere Käufer sei.[45] Die Werksbelegschaften und ihre Vertreter kämpften zu diesem Zeitpunkt um möglichst sozialverträgliche Lösungen. Immerhin waren Ende 1991 in beiden Werken noch etwa 10 000 Beschäftigte tätig, wobei dauerhaft nur die Übernahme von insgesamt 1800 Arbeitsplätzen durch Riva (Konsortium: 1600 Dauerarbeitsplätze) in Aussicht gestellt wurde. Den restlichen Mitarbeitern sollten in den Auslaufbetrieben sowie in Beschäftigungs- und Qualifizierungsgesellschaften entsprechende Perspektiven geboten werden. Der Streit um die Beteiligung der THA und der Neuerwerber an diesen sozialpolitischen Maßnahmen überlagerte zum Teil die Fragen um die zukünftige Entwicklung der Elektrostahlwerke. Gerüchte über Angebotsdetails führten ab dem

22. November zur Besetzung des Hennigsdorfer Stahlwerkes durch die Belegschaft.[46]

Vertreter des Konsortiums beförderten die Kritik an der THA noch. Gleichzeitig versuchten sie, Riva zu diskreditieren. Horst Weitzmann, der Chef der Badischen Stahlwerke, behauptete: „In der Treuhand gibt es eine Spaghetti-Connection."[47] Zugleich unterstellte er Riva mafiöse Strukturen und bediente damit Ressentiments von Teilen der ostdeutschen Belegschaften: „Die Kerle verdienen im eigenen Land nichts, und mit Schwarzgeld aus der Schweiz kaufen sie Firmen auf." Einen möglichen Einstieg von Riva auf dem deutschen Stahlmarkt wollte Weitzmann unter allen Umständen verhindern. Für diesen Fall kündigte er einen scharfen Konkurrenzkampf an: „Wenn der Italiener kommt, dann ist der Krieg programmiert."[48]

Als zusätzlich kritisch erwies sich die unzureichende Kommunikationspolitik der THA. Deshalb interpretierten die Belegschaften die Entscheidungen der Berliner Behörde als intransparent und einseitig zugunsten Rivas.[49] So protestierten in Brandenburg am 26. November 1991 etwa 3000 Beschäftigte des Stahl- und Walzwerkes Brandenburg gegen den Verkauf an Riva, den der THA-Vorstand einen Tag zuvor beschlossen hatte.[50] In Hennigsdorf legte die Belegschaft THA-Präsidentin Birgit Breuel in einer öffentlichen Erklärung nahe, ihr Wirken doch besser „zukünftig ganz nach Italien zu verlegen".[51]

Vor dem Hintergrund der festgefahrenen Situation verständigte sich der brandenburgische Ministerpräsident Manfred Stolpe (SPD) mit dem zuständigen THA-Vorstandsmitglied Hans Krämer darauf, die beteiligten Kaufinteressenten sowie die Unternehmens- und Belegschaftsvertreter zu einem gemeinsamen Treffen in die Treuhandzentrale einzuladen. Damit sollte dem Vorwurf begegnet werden, die Privatisierungsverhandlungen würden zum Nachteil der Belegschaften geführt.[52]

Am 27. November 1991 fanden zwei Gespräche mit jeweils etwa 30 Personen statt. Zunächst stellte sich Emilio Riva den Fragen der Belegschaftsvertreter, die sich insbesondere um die Existenzsicherung derjenigen Beschäftigten sorgten, die nicht von den Erwerbern übernommen werden sollten. Im Hinblick auf den zeitlich befristeten Auslaufbetrieb des Altwerkes und die Gründung der Gesellschaften zur Arbeitsförderung, Beschäftigung und Strukturentwicklung erklärte sich Riva zu einer Minderheitsbeteiligung und der Stützung durch die Auftragsvergabe an die Gesellschaft bereit.[53]

Das im Anschluss daran anberaumte Gespräch mit den Vertretern des Konsortiums begann mit einer Reihe von Vorwürfen der Konsortialvertreter. Diese unterstellten der Treuhand, dass die Anhörung keinen Sinn habe, „sie sei ‚just for show'. Es werde ‚mit gezinkten Karten gespielt'. Die Treuhandanstalt habe keinen Stahlfachmann zu Rate gezogen, man habe tiefes Mi[ss]trauen. Die Produktionszahlen von Riva seien lediglich ‚Sprüche'."[54] Die im Anschluss vom brandenburgischen Wirtschaftsminister Walter Hirche (FDP) eingeforderte „sachliche Diskussion"[55] brachte letztlich keine signifikanten Änderungen im Angebotsvergleich mehr zutage. Bevor der Verwaltungsrat der THA der Vorlage des Vorstands zum Verkauf der Elektrostahlwerke in Brandenburg und Hennigsdorf zustimmen konnte, musste mit den Belegschaftsvertretern allerdings noch eine Einigung im Hinblick auf den Übergangsbetrieb und die sich daran anschließenden Beschäftigungs- und Qualifizierungsmaßnahmen erzielt werden. Die entsprechenden Vereinbarungen wurden am 4. Dezember 1991 zwischen Belegschaftsvertretern von Brandenburg und Hennigsdorf, Vertretern der IG Metall, der THA und des Landes Brandenburg getroffen. Die jeweiligen Restunternehmen sollten nach dem Verkauf der Elektrostahlwerke an Riva zur Unterstützung des Auslaufbetriebes bis Ende 1993 beziehungsweise 1994 erhalten bleiben.[56] Mit den vereinbarten Übergangsregelungen konnte der Verwaltungsrat dem Verkauf an Riva in einer eigens einberufenen Sondersitzung am 7. Dezember 1991 in Köln zustimmen. Die eigentliche Übernahme der Stahlwerke in Brandenburg und Hennigsdorf erfolgte Anfang Mai 1992, nachdem zuvor die Bundesregierung und die EG-Kommission ihr Einverständnis erklärt hatten.[57]

Gründe für den Verkauf an Riva und Folgen der Privatisierung

Aus Sicht der Treuhandanstalt sprachen drei Gründe für die Entscheidung zugunsten des italienischen Unternehmens Riva: *Erstens* versprach Riva, mit 1800 Beschäftigten an beiden Standorten (jeweils 900) eine größere Zahl an Dauerarbeitsplätzen zu erhalten als das Konsortium (1600). *Zweitens* lag die Höhe der Investitionsvorhaben bei Riva (200 Millionen DM) ebenfalls höher als beim Konsortium (140 Millionen DM), ebenso wie *drittens* die beabsichtigte dauerhafte Stahlproduktion (2,4 Millionen Tonnen im Verhältnis zu 1,5 Millionen).[58]

Neben dem direkten Angebotsvergleich lassen sich aber noch drei weitere Aspekte benennen, die für die Entscheidung eine ebenso wichtige Rolle gespielt haben. Hierzu zählte zunächst die Möglichkeit, mit dem Verkauf an Riva ein Zeichen zu setzen, dass bei der Privatisierung der ostdeutschen Wirtschaft Chancengleichheit zwischen in- und ausländischen Unternehmen herrsche. Wenngleich die THA stets erklärte, sie habe sich bei dem Verkauf an Riva für das bessere Angebot entschieden und keine politische Entscheidung getroffen, um ausländische Investoren gezielt anzulocken[59], hatte der Verwaltungsrat der THA die politische Dimension der Verkaufsverhandlungen sehr wohl diskutiert. Im November 1991 wurde dazu festgestellt, dass „unter allen Umständen der Eindruck vermieden werden müsse, da[ss] die Treuhandanstalt ausländischen Bewerbern nicht die gleichen Chancen gebe".[60] Unternehmen aus Italien, immerhin viertgrößte Wirtschaftskraft der EG, waren bis dahin unter den großen ausländischen Investoren, die in Ostdeutschland gekauft hatten, noch nicht vertreten. Bundesregierung und Treuhandanstalt wollten mit dem Verkauf an Riva auch „ein politisches Signal an europäische Investoren senden, dass sie [...] willkommen waren".[61] Dieses Signal war Ende 1991 ein natürliches Anliegen der THA, um ihre eigene Verkaufsposition bei zukünftigen Verhandlungen durch ein möglichst großes und internationales Feld von Kaufinteressenten zu stärken.[62]

Ein weiterer wichtiger Aspekt war das Vertrauensdefizit, das sich in der Treuhand gegenüber den westdeutschen Stahlunternehmen herausgebildet hatte. Diesen hatte die THA die ostdeutschen Stahlwerke nach eigenen Angaben wie „Sauerbier" angeboten, ehe Riva sein Interesse formulierte.[63] Die zunächst sehr auffällige Zurückhaltung und der dann einsetzende aggressive Aktionismus wurden daher von der THA misstrauisch beäugt. Die bundesdeutschen Unternehmen sahen ohne die Bedrohung durch ausländische Konkurrenz schlichtweg keine Veranlassung, finanzielle Risiken in Ostdeutschland nur aus scheinbar sentimental-vaterländischen Überzeugungen einzugehen. So begegnete Thyssen-Vorstand Heinz Kriwet der Aufforderung zu einem stärkeren Engagement in Ostdeutschland mit der Feststellung, dass er Probleme damit habe, Patriotismus in seinen Bilanzen darzustellen.[64] Hinzu kam das negative Beispiel der Übernahme des Kaltwalzwerkes in Oranienburg durch die Krupp AG, die sich nicht an die mit der THA vereinbarten Verkaufskriterien gehalten und die Schrumpfung des Werkes vorangetrieben hatte. Die brandenburgische Landesregierung hatte ihre Haltung im Herbst 1991 ebenfalls geändert und unterstützte den Verkauf der Werke an Riva. Zugleich warnte Arbeitsministerin Regine Hildebrandt vor der „Illusion“[65], das deutsche Konzept des Konsortiums als besser zu erachten.

Gleichwohl manövrierte sich die THA selbst durch die Umstände der Ausschreibung in eine schwierige Lage. Die unklaren Ausschreibungskriterien sorgten dafür, dass die THA sich wiederholt gezwungen sah, die Bieter zur Präzisierung ihrer Angaben aufzufordern. Mit ihrer öffentlichen Vorfestlegung auf Riva durch die gemeinsame Absichtserklärung erweckte sie zudem den Eindruck, dass das Verfahren weitestgehend abgeschlossen sei. Gleichzeitig verhandelte sie mit dem Konsortium weiter und traf erst am 25. November 1991 eine Entscheidung zugunsten Rivas. Die auf Initiative Stolpes durchgeführten Gespräche in der Treuhandzentrale mit beiden Bewerbern und den Belegschaftsvertretern am 27. November 1991 und damit zwei Tage nach der Entscheidung des Vorstands für den Verkauf an Riva sollten zwar der Transparenz dienen, kamen aber deutlich zu spät. Zu diesem Zeitpunkt hatte die Besetzung des Hennigsdorfer Werkes bereits begonnen.

Gerade die frühzeitige Festlegung auf Riva sowie das für die Öffentlichkeit intransparente Bieterverfahren führten zu einer Akzeptanzkrise der THA, sodass sich der Verwaltungsrat in einer Sondersitzung am 7. November 1991 genötigt sah, festzustellen: „Eine andere Entscheidung als die Vergabe an RIVA ist nicht möglich, wenn die THA nicht ihre Glaubwürdigkeit aufs Spiel setzen wolle.“[66] Das öffentliche Eingeständnis dieser Fehler erfolgte bereits einen Tag nach dem Entscheid zum Verkauf an Riva durch den THA-Verwaltungsrat Anfang Dezember 1991. THA-Vorstand Hans Krämer räumte die „mangelhafte Informationspolitik"[67] bei der Privatisierung der Stahlwerke in Brandenburg und Hennigsdorf ein und kündigte an, fortlaufend für Transparenz bei den Verhandlungen der Treuhand sorgen zu wollen.

Obwohl die Umstände der Privatisierung öffentlich kritisch betrachtet wurden, hat sich die Verkaufsentscheidung der THA als nachhaltig erwiesen. Zunächst wurden 2400 der Ende 1991 noch vorhandenen 10 000 Beschäftigten von Riva übernommen. Der Abbau der Arbeitsplätze war dabei ein schmerzhafter Prozess, der die Region vor erhebliche soziale und arbeitsmarktpolitische Herausforderungen stellte.[68] Der Auslaufbetrieb bis Ende 1993 und die letztendliche Liquidation der Restgesellschaften in Brandenburg und Hennigsdorf verursachten der THA Kosten in Höhe von circa 490 Millionen DM.[69] Auf den ehemaligen Werksgeländen entstanden Gewerbe- und Industrieparks. Riva hielt sich an die mit der Treuhand vereinbarten Konditionen und investierte bis Ende 1994 rund 200 Millionen DM in die Modernisierung der Elektrostahlwerke.[70] 25 Jahre nach dem Verkauf arbeiteten in den Riva-Werken in Brandenburg und Hennigsdorf insgesamt etwa 1500 Beschäftigte.[71] Darüber hinaus kann von der Sicherung weiterer Arbeitsplätze in ähnlicher Größenordnung bei Zulieferern und Dienstleistern in näherer Umgebung ausgegangen werden – und damit von knapp 3000 direkt oder indirekt Beschäftigten an beiden Standorten.[72] Die Privatisierung der Stahlwerke Brandenburg und Hennigsdorf lässt sich insofern insgesamt als eine Einpassung in europäische Wirtschaftsstrukturen sowie als beginnende Internationalisierung des ostdeutschen Stahlmarktes charakterisieren, die es den Standorten letztlich ermöglichte, in modernen Strukturen dauerhaft zu überleben.

Anmerkungen

1 Wenn der Italiener kommt, in: Der Spiegel, 2. 12. 1991.
2 Schlechter Verlierer, in: Die Zeit, 29. 11. 1991.
3 Vgl. Johannes Bähr u. a. (Hrsg.), Der Flick-Konzern im Dritten Reich, München 2008, S. 84–86; Industriemuseum Brandenburg (Hrsg.), Dokumentation zur Dauerausstellung „Ein Jahrhundert Stahl aus Brandenburg im sozialen und politischen Umfeld", Brandenburg a. d. Havel 2000, S. 1.

4 Vgl. Jörg Raab, Steuerung von Privatisierung. Eine Analyse der Steuerungsstrukturen der Privatisierung der ostdeutschen Werft- und Stahlindustrie 1990–1994, Wiesbaden 2002, S. 217.

5 Vgl. ebd., S. 5.

6 Vgl. Förderverein Stahlmuseum e. V. (Hrsg.), 90 Jahre Stahl aus Brandenburg. Zeitzeugen berichten: Dokumentation zum Symposium, Berlin 2005, S. 43.

7 Der Anteil des bis Mitte des 20. Jahrhunderts dominierenden Siemens-Martin-Verfahrens in der weltweiten Stahlerzeugung ging insbesondere in den westlichen Ländern stark zurück. Moderne Elektrostahlwerke waren leistungsfähiger, kostengünstiger und ressourcenschonender. Vgl. Karl Eckart/Bronislaw Kortus, Die Eisen- und Stahlindustrie in Europa im strukturellen und regionalen Wandel, Wiesbaden 1995, S. 113–124.

8 Vgl. Helmut Wienert, Die Stahlindustrie in der DDR, Berlin 1992, S. 44.

9 Der Auftrag zum Bau des Elektrostahlwerkes ging an den italienischen Anlagenhersteller Danieli, der bei diesem Vorhaben auf das Know-how des Mailänder Stahlunternehmens Riva zurückgriff. Vgl. Innovationsmonitor Brandenburg, Riva Stahl, http://www.innomonitor.de/index2.php?id=262 [26. 3. 2020]; vgl. auch Raab, Steuerung von Privatisierung, S. 217.

10 In Brandenburg belief sich der Anteil der S-M-Stahl-Erzeugung auf über 70 %, in Hennigsdorf auf immerhin 38 %, während der letzte Siemens-Martin-Ofen in der Bundesrepublik bereits 1983 außer Dienst gestellt wurde. Vgl. Rainer Karlsch, Die Entwicklung der Stahlindustrie in Ostdeutschland aus wirtschaftshistorischer Sicht, in: Manfred Rasch/Herbert Nicolaus (Hrsg.), Zum Transformationsprozess der DDR-Stahlindustrie zwischen Plan- und Marktwirtschaft, Essen 2016, S. 13–40, hier S. 28.

11 Hierzu zählten Pkw-Anhänger, Campingwohnwagen, Gartenmobiliar und Holzspielzeug. Vgl. Industriemuseum Brandenburg a. d. Havel (Hrsg.), Ein Jahrhundert Stahl aus Brandenburg im sozialen und politischen Umfeld – Dokumentation zur Dauerausstellung, S. 13, http://www.industriemuseum-brandenburg.de/pdf/Stahl%20aus%20Brandenburg.pdf [26. 3. 2020].

12 So konnten Ersatz- und Verschleißteile für die westlichen Anlagen aufgrund fehlender Devisen nicht kontinuierlich geliefert werden, Qualitätsprobleme sorgten für Kapazitätsausfälle in den Weiterverarbeitungsstufen. Vgl. Innovationsmonitor Brandenburg, Riva Stahl.

13 Vgl. Karlsch, Stahlindustrie in Ostdeutschland, S. 23.

14 Vgl. Wienert, Stahlindustrie in der DDR, S. 116.

15 Vgl. ebd., S. 35.

16 Vgl. Eckart/Kortus, Die Eisen- und Stahlindustrie in Europa, S. 144.

17 Diese Maßnahmen führten letztlich zu einer Stärkung einzelner nationaler Unternehmen wie in Frankreich (Usinor-Sacilor), Großbritannien (British Steel Company), Italien (Finsider) und Belgien (Cockerill-Sambre). Dabei handelte es sich um Staatsunternehmen, die mit erheblichen Subventionen gestützt wurden. Vgl. Norbert Berthold, Dauerkrise am europäischen Stahlmarkt – Markt- oder Politikversagen?, Bad Homburg 1994, S. 63.

18 So erwirtschafteten etwa Finsider, Unisor-Sacilor und die British Steel Company im Zeitraum zwischen 1982 und 1986 negative Geschäftsergebnisse zwischen 5 und 11 Mrd. DM, während die beiden größten deutschen Stahlproduzenten Thyssen und Krupp jeweils Gewinne einfuhren. Vgl. Dieter Ameling, Die Stahlindustrie der DDR aus westdeutscher Sicht, in: Rasch/Nicolaus (Hrsg.), Transformationsprozess der DDR-Stahlindustrie, S. 41–70, hier S. 65.

19 1989 produzierten die vier größten Unternehmen Thyssen (11 Mio. t), Krupp (4,6 Mio. t), Peine Salzgitter (4,5 Mio. t) und Hoesch (4,1 Mio. t) zusammen über 60 % des Gesamtrohstahls und stellten zum größten Teil Flachstahlerzeugnisse her. Lediglich die etwas kleineren Unternehmen Saarstahl und die Badischen Stahlwerke produzierten – wie Brandenburg und Hennigsdorf – vornehmlich Langstahlprofile. Vgl. Raab, Steuerung von Privatisierung, S. 162 f.

20 Vgl. Ameling, Stahlindustrie aus westdeutscher Sicht, S. 59.

21 Vgl. Ruprecht Vondran, Probleme der Weltstahlindustrie, in: Burkhardt Röper (Hrsg.), Wettbewerb und Anpassung in der Stahlindustrie, Berlin 1989, S. 9–24, hier S. 16 f.

22 Dazu zählten die 9000 Tonnen Staub, die jährlich über der Stadt niedergingen, sowie insbesondere die giftigen 4000 Tonnen Schwermetalle, die in Schlackenhalden im Umfeld des Werkes gelagert wurden. Hierzu Privatarchiv Wolfgang Orphal, Restrukturierungskonzept der Stahl- und Walzwerk Brandenburg GmbH vom 17. 7. 1990, S. 1.

23 Ebd.

24 Das Restrukturierungskonzept sah zudem eine Stilllegung sämtlicher S-M-Öfen bis Mitte der 1990er Jahre vor. An deren Stelle sollte ein modernes Stahlerzeugungsverfahren mit einer Kapazität von 500 000 bis 600 000 Tonnen auf dem Gelände des Altwerkes errichtet werden. Ebd., S. 6.

25 Zitate in: ebd.

26 Interview mit Wolfgang Orphal, Betriebsratsvorsitzender der Stahl- und Walzwerk Brandenburg GmbH (1990–92) am 4. 6. 2018.

27 Brandenburgisches Landeshauptarchiv (BLHA), Rep. 1700 MW 3Z, Nr. 666, Umstrukturierung und Privatisierung der Stahlindustrie in den neuen Bundesländern, 9. 7. 1991.

28 Außerdem sah das THA-Konzept vor, dass das Altwerk in Brandenburg keine Modernisierung in Form der Installation eines modernen Elektroofens erhalten und bis spätestens 1996 geschlossen werden sollte. Ebd., S. 4 f.

29 Ebd.

30 Vgl. Wienert, Stahlindustrie in der DDR, S. 82.

31 Hierzu zählten ein Konsortium aus Hamburger Stahlwerken und dem britischen Unternehmen Allied Steel & Wire sowie die japanische Kyoei Steel. Thyssen legte zudem ein Angebot vor, das sich auf das Stahlwerk Brandenburg zusammen mit dem Walzwerk in Finow konzentrierte. Für das Werk in Hennigsdorf interessierten sich die Saarstahl gemeinsam mit den Badischen Stahlwerken. BLHA, Rep. 1700 MW 3Z, Nr. 666, Umstrukturierung und Privatisierung der Stahlindustrie in den neuen Bundesländern, 9. 7. 1991, S. 5.

32 Vgl. Riva-Konzern: Erfolgreich und verschwiegen, in: Wirtschaftswoche, 29. 5. 1992. Die Mailänder Brüder Emilio und Adriano Riva begründeten ihr Unternehmen in den 1950er Jahren als Schrotthändler. In den darauffolgenden Jahrzehnten wurde Riva mit dem Aufbau eigener und dem Zukauf weiterer Stahlwerke bis Ende der 1980er Jahre der größte Stahlproduzent Italiens.
33 Vgl. Birgit Breuel (Hrsg.), Treuhand intern: Tagebuch, Frankfurt a. M. 1993, S. 279.
34 Bundesarchiv (BArch) Berlin, B 412/2618, Bl. 134–147, hier Bl. 138, Gutachten: Rechtliche Beurteilung des Verfahrens beim Verkauf von Brandenburg und Hennigsdorf, 14. 11. 1991.
35 Bundesarchiv (BArch) Berlin, B 412/2618, Bl. 134–147, hier Bl. 138, Gutachten: Rechtliche Beurteilung des Verfahrens beim Verkauf von Brandenburg und Hennigsdorf, 14. 11. 1991.
36 Ebd.
37 Ebd., Bl. 144.
38 BLHA, Rep. 1100 MP, Nr. 544, Protokoll der 20. Sitzung des Verwaltungsrates der Treuhandanstalt am 22. 11. 1991, S. 27.
39 BArch Berlin, B 412/2618, Bl. 134–147, hier Bl. 138, Gutachten: Rechtliche Beurteilung des Verfahrens beim Verkauf von Brandenburg und Hennigsdorf, 14. 11. 1991.
40 Zitate in: ebd., Bl. 143.
41 Ebd., Bl. 134.
42 Ebd., Bl. 136.
43 BLHA, Rep. 1100 MP, Nr. 544, Protokoll der 20. Sitzung des Verwaltungsrates der Treuhandanstalt am 22. 11. 1991, S. 27.
44 Ebd.
45 Vgl. Raab, Steuerung von Privatisierung, S. 220.
46 Vgl. Wenn der Italiener kommt, in: Der Spiegel, 2. 12. 1991.
47 Ebd.
48 Ebd.
49 Vgl. Interview mit Wolfgang Orphal am 4. 6. 2018.
50 Vgl. Industriestandorte längst nicht gesichert, in: Neues Deutschland, 27. 11. 1991.
51 Hennigsdorf-Verhandlungen geplatzt, in: Die Tageszeitung, 4. 12. 1991.
52 Vgl. Breuel (Hrsg.), Treuhand intern, S. 278.
53 Vgl. ebd.
54 BLHA, Rep. 1100 MP, Nr. 544, Ergebnisprotokoll: Vorstellung des Angebots des Konsortiums, bestehend aus Thyssen Stahl AG, Badische Stahlwerke AG und Saarstahl AG am 27. 11. 1991.
55 Ebd.
56 Privatarchiv Wolfgang Orphal, Gesprächsvermerk zur Teilprivatisierung/Übergangsbetrieb Stahl- und Walzwerke Brandenburg GmbH, S. 2.
57 Vgl. Kommission billigt Verkauf Ost-Stahlwerke, in: Handelsblatt, 9. 4. 1992.
58 BLHA Rep, 1100 MP, Nr. 544, Protokoll der 20. Sitzung des Verwaltungsrates der Treuhandanstalt am 22. 11. 1991, S. 27.

59 Der für den Stahlbereich zuständige THA-Vorstand Hans Krämer erklärte nach der Vorstandsentscheidung am 25. 11. 1991: „Das bessere Konzept hat den Ausschlag gegeben.“ Zitat in: Zuschlag für Werke in Brandenburg und Hennigsdorf geht an Italiener, in: Handelsblatt, 26. 11. 1991.

60 BLHA, Rep. 1100 MP, Nr. 544, Protokoll der 20. Sitzung des Verwaltungsrates der Treuhandanstalt am 22. 11. 1991, S. 28.

61 Raab, Steuerung von Privatisierung, S. 220.

62 Vgl. Bundesanstalt für vereinigungsbedingte Sonderaufgaben (Hrsg.), „Schnell privatisieren, entschlossen sanieren, behutsam stilllegen“. Ein Rückblick auf 13 Jahre Arbeit der Treuhandanstalt und der Bundesanstalt für vereinigungsbedingte Sonderaufgaben, Berlin 2003, S. 58 f.

63 Martin Flug, Treuhand-Poker. Die Mechanismen des Ausverkaufs, Berlin 1992, S. 125.

64 Vgl. Vom Gegner zum Retter, in: Die Zeit, 20. 5. 1994.

65 Arbeiter zogen zum Landtag, in: Berliner Zeitung, 28. 11. 1991.

66 BLHA, Rep. 1100 MP, Nr. 544, Protokoll der 20. Sitzung des Verwaltungsrates der Treuhandanstalt am 22. 11. 1991, S. 28.

67 Treuhand-Verwaltungsrat billigt Verkauf an italienischen Konzern. Rivas Erfolg lockt italienische Investoren, in: Handelsblatt, 9. 12. 1991.

68 Vgl. Kornelia Hagen u. a., Wirkungen der arbeitsmarktpolitischen Instrumente auf die wirtschaftliche Entwicklung in Ostdeutschland, in: Deutsches Institut für Wirtschaftsforschung (Hrsg.), Beiträge zur Strukturforschung, Bd. 140, Berlin 1993, S. 46–68.

69 Die Liquidation der Restgesellschaft Stahl- und Walzwerke Brandenburg GmbH kostete die THA letztlich 243 Mio. DM. Für die Hennigsdorfer Stahl GmbH fielen Abwicklungskosten in Höhe von 246 Mio. DM an, davon ca. 190 Mio. DM auf die seit 1990 gewährten Neukredite zur Absicherung der Geschäftstätigkeiten. BLHA, Rep. 1100 MP, Nr. 556, Vorlage für den Verwaltungsrat der Treuhandanstalt: Hennigsdorfer Stahl GmbH, Liquidation des Unternehmens, 13. 1. 1993; BLHA, Rep. 1100 MP, Nr. 559, Vorlage für den Verwaltungsrat der Treuhandanstalt: Stahl- und Walzwerke Brandenburg GmbH, Liquidation des Unternehmens, 31. 3. 1993.

70 Vgl. Hennigsdorf verdoppelt die Produktion, in: Handelsblatt, 13. 10. 1995.

71 Vgl. 800 Stahlwerker im Riva-Jubiläumsjahr, in: Märkische Allgemeine Zeitung, 15. 5. 2017; Hennigsdorfer Elektrostahlwerke, Unternehmensprofil, https://www.rivastahl.com/de/standorte/hes/unternehmensprofil_und_geschichte [26. 3. 2020].

72 Vgl. zur Bedeutung der durch die Stahlindustrie induszierten Beschäftigung: André Küster Simic/Okan Gül/Philipp Lauenstein, Branchenanalyse Stahlindustrie – Entwicklungstrends und Zukunftschancen, Düsseldorf 2017, S. 13, https://www.boeckler.de/pdf/p_study_hbs_352.pdf [26. 3. 2020].

GERHARD HEIMPOLD

Was wurde aus den industriellen Kernen der ehemaligen DDR?

Einige Fallbeispiele

Im Mittelpunkt des Beitrags steht die Frage, wie es um die industriellen Kerne der ehemaligen DDR nach fast dreißig Jahren marktwirtschaftlicher Entwicklung bestellt ist. Ihre Beantwortung kann einen Beitrag zur aktuellen Debatte über die Rolle der Treuhandanstalt bei der Transformation der ostdeutschen Wirtschaft leisten.[1] Da hoch entwickelte Volkswirtschaften einem permanenten Strukturwandel unterliegen, in dem auch Industriebetriebe geschlossen werden und die Produktion ins Ausland verlagert wird, soll zudem untersucht werden, inwieweit industrielle Kerne in Ostdeutschland für die Globalisierung gerüstet sind. Dazu werden zunächst der Begriff und das Konzept der industriellen Kerne vorgestellt. Anschließend werden fünf Fallbeispiele präsentiert, die Hinweise dafür liefern, welche Umstände bei den untersuchten Betrieben förderlich oder hemmend für die Restrukturierung und Privatisierung waren.

Industrielle Kerne – Begriff und Konzept

Der Begriff und das wirtschaftspolitische Konzept der industriellen Kerne kamen im Jahr 1992 auf, als sich die konjunkturelle Lage verschlechterte und das Interesse von Investoren an Vorhaben in den ostdeutschen Bundesländern nachließ.[2] In dieser Situation wurden auf der Bundesebene Überlegungen zur Sicherung industrieller Kerne angestellt. Aus Sicht der Bundesregierung waren damit einzelne, ehemalig volkseigene Betriebe gemeint, die von der Treuhandanstalt als sanierungsfähig eingeschätzt wurden, für die es aber noch keinen Kaufinteressenten gab.[3] Es ging um die Sanierung vor der Privatisierung. Befürworter der Sicherung industrieller Kerne argumentierten mit der Funktion der Industrie als „Kristallisationszentrum"[4] für die regionale Wirtschaftsentwicklung. Dagegen befürchteten Kritiker eine „strukturpolitische Konservierung"[5] durch den Erhalt industrieller Kerne.

Fünf Fallbeispiele der Umstrukturierung und Privatisierung von ehemaligen volkseigenen Betrieben

Bei den untersuchten fünf ehemaligen volkseigenen Betrieben (VEB) handelt es sich um das VEB Eisenhüttenkombinat Ost (EKO), Eisenhüttenstadt (heute: ArcelorMittal Eisenhüttenstadt GmbH); die VEB Chemische Werke Buna (heute: Dow Olefinverbund GmbH); den VEB Carl Zeiss Jena (heute: Jenoptik AG und andere); den VEB Schwermaschinenbau „Ernst Thälmann" Magdeburg (heute: SKET GmbH/ Enercon-Betriebsstätten und andere) sowie den VEB Forschungszentrum Mikroelektronik Dresden (ZMD; heute: IDT Europe GmbH).[6] Die Analyse basiert vor allem auf der Auswertung von Büchern und Zeitschriftenbeiträgen, Informationen aus den Internet-Seiten der Unternehmen und anderen Internet-Quellen sowie Medienberichten.

a) VEB Eisenhüttenkombinat Ost (EKO)[7]

Auf dem dritten Parteitag 1950 entschied die SED, am Oder-Spree-Kanal in der Umgebung von Fürstenberg ein metallurgisches Werk zu errichten. In der DDR sollte infolge der deutschen Teilung eine eigene Eisen- und Stahlerzeugung aufgebaut werden. Bis 1954 wurden sechs Hochöfen, 1968 ein Kaltwalzwerk, 1974 Anlagen zur Oberflächenveredlung und 1984 ein Konverter-Stahlwerk in Betrieb genommen. Ein Warmwalzwerk, das den technologischen Zyklus vervollständigt hätte, fehlte. Das EKO hatte 1989 insgesamt 11 934 Beschäftigte.

Das EKO wurde Mitte 1990 der Treuhandanstalt zugeordnet. Nach Inkrafttreten der Währungsunion gingen die Bestellungen der ostdeutschen Abnehmer zurück. Für den Wettbewerb mit westlichen Konkurrenten war das EKO nicht gerüstet: die Produktivität niedrig, die Technologie rückständig, das Personal überhöht, die Produktqualität unzureichend und die Rohstoffbezüge zu teuer. Es wurde von monatlichen Verlusten in Höhe von 22 Millionen DM ausgegangen. Zwei Privatisierungsversuche schlugen fehl. Erschwerend wirkte die Krise des westeuropäischen Stahlsektors. Bis 1994 gab es einen starken Beschäftigtenabbau auf nur noch 3027. Zur sozialen Abfederung wurde aktive Arbeitsmarktpolitik betrieben. Ferner halfen Handelsgeschäfte mit Russland beim ökonomischen Überleben des Werkes.[8]

Im Dezember 1994 wurde ein Privatisierungsvertrag mit dem belgischen Stahlunternehmen Cockerill Sambre unterzeichnet. Zuvor hatte der EU-Ministerrat Beihilfen für die Privatisierung und Sanierung des EKO zugestimmt. Der belgische Investor wollte mit der Übernahme seine Position auf dem Markt in Deutschland stärken und künftig auch in Osteuropa aktiv sein. Errichtet wurden ein Warmbreitbandwalzwerk sowie ein neuer Hochofen; beide Anlagen gingen 1997 in Betrieb. Danach erfolgten weitere Investitionen. Das Eisenhüttenstädter Unternehmen mit rund 2500 Beschäftigten gehört inzwischen zum weltweit größten Stahlkonzern ArcelorMittal und ist auf hochwertige Stahlerzeugnisse für den Automobilbau, das Bauwesen und die Haushaltsgeräteindustrie spezialisiert.[9] Aktuelle Herausforderungen für die Stahlbranche in Deutschland bestehen in globalen Überkapazitäten und wettbewerbsverzerrenden Subventionen insbesondere in China sowie in befürchteten Kostensteigerungen durch die Energiewende und den Europäischen Emissionsrechtehandel.[10]

b) VEB Chemische Werke Buna[11]

1936 beziehungsweise 1937 war in Schkopau ein Unternehmen zur Herstellung von synthetischem Kautschuk errichtet worden, das den Nationalsozialisten zur Kriegsvorbereitung gedient hatte. Nach dem Ende des Zweiten Weltkriegs wurde das Unternehmen 1954 ein volkseigener Betrieb, der vor allem Erzeugnisse der Grundchemie, Kunststoffe und Synthesekautschuk herstellte und seine Rohstoffbasis zu einem Teil in der – nach westlichen Maßstäben veralteten – Kohlechemie hatte. Ende 1989 waren im Stammbetrieb des Kombinates VEB Chemische Werke Buna rund 18 000 Beschäftigte tätig.

Schon ab Februar 1990 wurden in der Buna AG zahlreiche Produktionsanlagen, darunter die der Kohlechemie, stillgelegt. Ab Mitte 1990 gehörte das Unternehmen zur Treuhandanstalt. Zwischen 1991 und 1994 wurden in Böhlen und Buna über eine Milliarde DM investiert, von denen rund 200 Millionen DM als „Schlüsselinvestitionen" galten.[12] Es vollzog sich ein drastischer Personalabbau, begleitet von Vorruhestand, Kurzarbeit und einem Sozialplan sowie von Ausgliederungen und Arbeitsbeschaffungsmaßnahmen. Der damalige Bundeskanzler Helmut Kohl (CDU) hatte im Mai 1991 versprochen, sich für den Erhalt des Chemiedreiecks im Osten Deutschlands einzusetzen, und dadurch hohe Erwartungen geweckt. Investoren zeigten aber wegen der Überkapazitäten in der Chemieindustrie in Europa wenig Interesse am Buna-Werk. Ein wichtiger Meilenstein war die Erarbeitung eines Restrukturierungskonzepts, mit einem Olefinverbund zwischen den Standorten in Böhlen, Leuna und Schkopau. Das Konzept wurde von der Treuhandanstalt bestätigt und weckte das Interesse des US-Unternehmens Dow Chemical Company.

Im April 1995 wurde der Privatisierungsvertrag mit Dow Chemical Company unterzeichnet. Er sah für die Bundesanstalt für vereinigungsbedingte Sonderaufgaben finanzielle Verpflichtungen von rund 10,8 Milliarden DM vor. Bis 2000 tätigte Dow Chemical Company Investitionen im Umfang von ungefähr 2,7 Milliarden Euro; 60 Produktionsstätten wurden abgerissen, neun modernisiert und 15 neu errichtet.[13] Hergestellt werden nun hochwertige Kunststoffe sowie Spezialchemikalien.[14] Seit 1998 betreibt Dow Chemical Company in der mitteldeutschen Region den Chemiepark ValuePark®, mit Kunststoffverarbeitung und Dienstleistungen. Die Dow Olefinverbund GmbH hat Standorte in Böhlen, Leuna, Schkopau und Teutschenthal. Dort sind zusammen 1700 Beschäftigte tätig. Herausforderungen für den mitteldeutschen Dow-Standort bestehen in der internationalen Konkurrenzsituation bei den Kosten für Rohstoffe; weitere Investitionen werden als erforderlich angesehen.[15]

c) VEB Carl Zeiss Jena

Im Jahr 1846 gründete Carl Zeiss in Jena einen Handwerksbetrieb, der zunächst vor allem Mikroskope herstellte.[16] Das Jenaer Unternehmen wurde 1948 ein volkseigener Betrieb (VEB Carl Zeiss Jena)[17] und stellte unter anderem optische, optisch-mechanische Erzeugnisse, Feinmesstechnik, Vakuum- sowie Lasertechnik her.[18] Mitte 1990 wurde das ehemalige Kombinat VEB Carl Zeiss Jena der Treuhandanstalt zugeordnet.[19] Ungefähr ein Jahr später trafen die Treuhandanstalt, die Länder Baden-Württemberg und Thüringen, die Jenaer Firmen und die Firmen Carl Zeiss Oberkochen und Schott Glaswerke eine Grundsatzvereinbarung, die die Restrukturierung und Privatisierung der optischen und Glasindustrie am Standort Jena betraf. Die Übereinkunft sah vor, 10 200 Arbeitsplätze zu sichern beziehungsweise neu zu schaffen und dafür öffentliche Hilfen durch die Treuhandanstalt und den Freistaat Thüringen bereitzustellen. Die Zahl der Beschäftigten vor Beginn der Umstrukturierung wurde mit fast 30 000 angegeben, von denen rund 17 500 Beschäftigten zum 31. Dezember 1991 gekündigt wurde.[20] Zur Abfederung der sozialen Folgen kamen auch Maßnahmen der aktiven Arbeitsmarktpolitik zum Einsatz. Bis Ende 1996 wurden 14 064 Arbeitsplätze in Jena und an anderen Orten, nicht zuletzt durch neue Investoren, geschaffen oder gesichert.

Zur Rechtsnachfolgerin des VEB wurde die Jenoptik GmbH, die – temporär – im Eigentum des Freistaats Thüringen war, Immobilien vermarktete und unter Nutzung der vorhandenen Forschungskompetenzen das Feld der Optoelektronik ausbaute, zur Abrundung der Geschäftstätigkeit auch einzelne Unternehmen kaufte und 1998 an die Börse ging.[21] Mit der Umstrukturierung der Jenoptik war Lothar Späth, ehemaliger Ministerpräsident des Landes Baden-Württemberg, betraut worden.[22]

Die Jenoptik AG hat sich zu einem Photonik-Unternehmen entwickelt, das in über 80 Ländern vertreten ist.[23] Das Unternehmen hatte Ende 2017 weltweit 3680 Beschäftigte (einschließlich Auszubildende). Aktuelle Herausforderungen bestehen für das Unternehmen in Volatilitäten der Märkte, beispielsweise in den Bereichen Automobil sowie Ausrüstungen für die Halbleiter-Industrie, sowie in den Unsicherheiten bezüglich der Marktentwicklung in China, des *Brexit* und der US-Handels- und Außenpolitik. Die Jenoptik AG stellt heute zunehmend Systeme und in geringerem Umfang einzelne Komponenten her, hat sich weiter internationalisiert und setzt auf sogenannte Megatrends.[24]

d) VEB Schwermaschinenbau „Ernst Thälmann“ Magdeburg[25]

Der VEB Schwermaschinenbau „Ernst Thälmann“ Magdeburg (SKET) hat seinen Ursprung in der Gründung einer Schiffswerft, Gießerei und Maschinenfabrik durch Hermann Gruson im Jahr 1855 in Magdeburg. Nach dem Zweiten Weltkrieg wurde das Unternehmen 1954 in einen staatlichen Betrieb, den VEB Schwermaschinenbau „Ernst Thälmann“ umgewandelt. Zur Produktpalette des Magdeburger Stammbetriebs des gleichnamigen Kombinats gehörten Walzwerke, Krane für die Metallurgie sowie Schwerlastkrane, Aufbereitungsanlagen, Anlagen zur Herstellung von Speiseöl und von Kabeln. Hauptabsatzmarkt war die Sowjetunion. Der Magdeburger Stammbetrieb hatte 1989 12 400 Beschäftigte.

Mitte 1990 wurde die Treuhandanstalt für das damalige Schwermaschinenbau-Kombinat zuständig. Es erfolgte ein starker Personalabbau; Ende 1994 waren nur noch rund 1800 Beschäftigte in der SKET Schwermaschinenbau Magdeburg GmbH tätig. Zur Abfederung des Beschäftigungsabbaus wurden ehemalige SKET-Beschäftigte in Arbeitsbeschaffungsmaßnahmen eingesetzt, qualifiziert oder umgeschult. Darüber hinaus fanden Ausgründungen statt, und ehemalige Beschäftigte wurden in die Frühverrentung geschickt.[26] 1994 unterzeichneten Carsten Oestmann und Helmut Borchert einen Privatisierungsvertrag. Danach mussten die Umsatzziele nach unten korrigiert werden. Zwei Jahre später wurde die Gesamtvollstreckung beantragt. Daraufhin wurden fünf GmbH gebildet, und zwar für die Bereiche Stahlbearbeitung, Walzwerke, Ölmaschinen, Kabel-herstellende Maschinen sowie für IT-Dienstleistungen. Eine sechste GmbH war für das Management sowie den Vertrieb gegründet worden. Diese Gesellschaften hatten Anfang 1997 430 Beschäftigte. Die fünf produzierenden Gesellschaften wurden bis 1998 privatisiert; die sechste ist aufgelöst worden. Laut einer Pressemeldung hatten die Unternehmen, zu denen auch der Hersteller Herborn+Breitenbach und die Entstaubungstechnik Magdeburg gehörten, „als Gruppe eine schwarze Null“[27] erzielt; allerdings hatte die Privatisierung für die öffentliche Hand Kosten von 1,4 Milliarden DM verursacht.[28] Die SKET Maschinen und Anlagenbau GmbH als eine der fünf Firmen wurde 1998 von Aloys Wobben, Inhaber des Windkraftanlagenherstellers Enercon, und von Heinz Buse, Inhaber einer Maschinenfabrik in Leer – einem Zulieferer für Enercon –, übernommen. Das Magdeburger Unternehmen firmiert inzwischen als SKET GmbH, stellt Komponenten für Windkraftanlagen her, fertigt als Industriedienstleister große Maschinenbauteile und bietet Montageleistungen an.[29] Zur Enercon-Gruppe zählten am Standort Magdeburg im Jahr 2014 insgesamt 15 Unternehmen mit rund 5000 Beschäftigten.[30] Herausforderungen für die Windkraftanlagenproduktion in Magdeburg und an anderen Standorten bestehen in Veränderungen der Regulierung für erneuerbare Energien und Windenergieanlagen, mit einer die Nachfrage nach Windkraftanlagen in Deutschland dämpfenden Wirkung.[31]

e) VEB Forschungszentrum Mikroelektronik Dresden (ZMD)[32]

Der VEB Forschungszentrum Mikroelektronik Dresden hatte seine Ursprünge in einer im Jahr 1961 gegründeten Arbeitsstelle für Molekularelektronik. Seit 1987 lautete der Firmenname VEB Forschungszentrum Mikroelektronik Dresden (ZMD). Bekannt wurde das ZMD 1988 mit der Entwicklung eines 1-Megabit-Speicherchips im Rahmen des von der DDR-Führung initiierten Mikroelektronik-Programms. Die Beschäftigtenzahl des ZMD wird – bezogen auf das Jahr 1989 – mit 3280 angegeben. Die Treuhandanstalt war seit Mitte 1990 für das ZMD als Teil eines Verbundes ostdeutscher Halbleiterhersteller zuständig. Der Verbund konnte nicht privatisiert werden und wurde aufgelöst. 1990 und 1991 erhielten über 2500 Mitarbeiter des ZMD die Kündigung; abgefedert wurden die Entlassungen unter anderem durch Vorruhestand, Abfindungen, Umschulungen, Arbeitsbeschaffungsmaßnahmen sowie durch Ausgründungen. Schließlich übernahmen zwei Banken 1993 treuhänderisch die Anteile am ZMD. Der Freistaat Sachsen wurde faktisch

Eigentümer des ZMD und sah in ihm ein wichtiges Element für die Profilierung Dresdens als Standort der Halbleiterindustrie.[33] Das ZMD war aber weiter von Subventionen aus dem sächsischen Landeshaushalt abhängig. 1998 wurde das ZMD an den Automobiltechnik-Hersteller Sachsenring AG, Zwickau, verkauft. Das ZMD wurde eine Aktiengesellschaft. Ende 2000 veräußerte die Sachsenring AG die Anteilsmehrheit am ZMD. Die Aktienmehrheit lag bei Global Asic. Geschäftsfelder wurden veräußert, darunter auch die Halbleiter-Fertigung. Dadurch erfolgte eine Konzentration auf die Entwicklung von Halbleiter-Erzeugnissen.

Im Jahr 2015 wurde das als ZMDI AG firmierende Unternehmen durch den US-amerikanischen Halbleiterhersteller Integrated Device Technology, Inc.® (IDT) gekauft; von Interesse waren unter anderem die Kompetenzen bei der Halbleiterentwicklung für den Automobilsektor, industrielle Anwendungen und das Energie-Management.[34] Zum Zeitpunkt der Übernahme durch IDT wurde die Beschäftigtenzahl bei ZMDI auf ungefähr 400 beziffert.[35] Für Mitte 2019 ist der Abschluss der Übernahme von IDT durch das japanische Halbleiter-Unternehmen Renesas geplant.[36]

Fazit

Alle fünf Unternehmen existieren auch fast drei Jahrzehnte nach dem Fall der Berliner Mauer. Beim SKET bedurfte es allerdings eines zweiten Anlaufs zur Privatisierung. Die Beschäftigung ging in allen fünf Fällen drastisch zurück. Die Schaffung zusätzlicher Arbeitsplätze vollzog sich im lokalen und regionalen Umfeld. Angesichts der keineswegs geradlinigen Entwicklungswege drängen sich Fragen nach förderlichen und hemmenden Faktoren bei den fünf Fallbeispielen auf:

a) Förderliche Faktoren

Der Verlauf der Umstrukturierung und Privatisierung wurde wesentlich von der Qualität der unternehmerischen Konzepte bestimmt. Beim EKO war es die Entscheidung für ein integriertes

Werk, beim Buna-Werk der Olefinverbund, in der Jenoptik das Setzen auf Forschung und Entwicklung und beim ZMDI die Fokussierung auf die Entwicklung von Halbleitern. Beim zweiten Anlauf zur SKET-Privatisierung scheint die Aufteilung nach Produktsparten das Überleben begünstigt zu haben. Gewiss wären ohne umfangreiche finanzielle Mittel der öffentlichen Hand, insbesondere der Treuhandanstalt beziehungsweise Bundesanstalt für vereinigungsbedingte Sonderaufgaben, eine Privatisierung und Sanierung nicht möglich gewesen. Weil es sich um große Unternehmen und Beihilfesummen handelte, fungierte die Europäische Kommission als ein wichtiger Akteur, der die finanziellen Unterstützungsmaßnahmen zu genehmigen hatte. Angesichts des drastischen Beschäftigungsabbaus in den untersuchten Unternehmen wurden soziale Härten durch eine aktive Arbeitsmarktpolitik gemildert. Daneben gab es politische Einflussfaktoren, wie etwa das Kanzler-Versprechen zum Erhalt des Chemiedreiecks (Buna-Werke), die Rolle von Lothar Späth (Jenoptik) und die staatliche Förderung der Windenergie-Erzeugung (SKET).

Freilich kann die Frage gestellt werden, ob die verausgabten öffentlichen Mittel in anderen Verwendungen größere Effekte gebracht hätten.[37] Angesichts des sehr großen Verlustes von Industrie-Arbeitsplätzen hätten in den frühen 1990er Jahren Überlegungen, die Mittel nicht in die Erhaltung industrieller Kerne zu stecken, verständlicherweise wenig Akzeptanz gefunden. Zukunftsgerichtet erscheint jedoch die Frage durchaus berechtigt, wo in Deutschland in den kommenden Jahrzehnten die Zuwächse der Wertschöpfung herkommen, worin die Perspektiven industrieller Entwicklung bestehen und wofür Steuergelder aufgewendet werden. Gerade die aktuellen Herausforderungen, vor denen die fünf Unternehmen stehen, die größtenteils aus den internationalen Entwicklungen herrühren, geben Fingerzeige darauf, dass die industrielle Produktion in Deutschland vor einem Wandel steht: In Zukunft werden Wertschöpfungsbeiträge maßgeblich aus Forschung und Entwicklung, Design, hoch entwickelten Spezialprodukten und dem Anbieten von Systemlösungen kommen; gleichzeitig wird standardisierte Massenproduktion womöglich im Ausland stattfinden.

b) Hindernisse

Alle betrachteten Unternehmen hatten das Erbe der Zentralverwaltungswirtschaft zu bewältigen: Die Betriebe und speziell die Stammbetriebe der Kombinate waren zu groß, die Produktivität gering, die Ausrüstungen und Technologien vielfach veraltet und der Absatz einseitig auf den Rat für gegenseitige Wirtschaftshilfe ausgerichtet. Nicht ohne Einfluss auf die Restrukturierung und Privatisierung der untersuchten ostdeutschen Betriebe waren internationale Faktoren, etwa die Abschwächung der Konjunktur von 1993 sowie Überproduktion in den Bereichen der Stahl- und Chemieindustrie, die speziell die Privatisierung des EKO beziehungsweise der Buna-Werke erschwerte.

Anmerkungen

1 Vgl. Constantin Goschler/Marcus Böick, Wahrnehmung und Bewertung der Arbeit der Treuhandanstalt (Studie im Auftrag des Bundesministeriums für Wirtschaft und Energie), Bochum 2017, https://www.bmwi.de/Redaktion/DE/Publikationen/Studien/wahrnehmung-bewertung-der-arbeit-der-treuhandanstalt-lang.pdf?__blob=publicationFile&v=22 [13. 9. 2018].

2 Vgl. Johannes Ludewig, Unternehmen Wiedervereinigung. Von Planern, Machern, Visionären, Hamburg 2015, S. 135–143.

3 Vgl. Deutscher Bundestag, Unterrichtung durch die Bundesregierung. Jahreswirtschaftsbericht 1993 der Bundesregierung. Drucksache 12/4330, 11. 2. 1993, S. 25 f., http://dipbt.bundestag.de/doc/btd/12/043/1204330.pdf [28. 7. 2015].

4 Dirk Nolte/Astrid Ziegler, Neue Wege einer regional- und sektoralorientierten Strukturpolitik in den neuen Ländern. Zur Diskussion um den „Erhalt industrieller Kerne“, in: Informationen zur Raumentwicklung 4 (1994), S. 255–265, hier S. 261.

5 Henning Klodt, Industrielle Kerne: Ein Konzept zur Sanierung der ostdeutschen Wirtschaft?, in: Kreditanstalt für Wiederaufbau (Hrsg.), Investitionen prägen den Strukturwandel: regionale und sektorale Entwicklungen in Deutschland, Frankfurt a. M. 1994, S. 28–33, hier S. 29, https://www.econstor.eu/bitstream/10419/1924/1/756010330.pdf [12. 9. 2018].

6 Vgl. zu den hier präsentierten Privatisierungsfällen die Beiträge des Autors in der Rubrik „Im Fokus: Industrielle Kerne in Ostdeutschland und wie es dort heute aussieht“ in der Zeitschrift Wirtschaft im Wandel: Das Beispiel des Metallurgiestandorts Eisenhüttenstadt, in: Wirtschaft im Wandel

22 (2016), 3, S. 57–60; Das Beispiel des Chemiestandorts Schkopau, in: Wirtschaft im Wandel 22 (2016), 4, S. 73–76; Das Beispiel der Jenoptik AG, in: Wirtschaft im Wandel 22 (2016), 5, S. 97–100; Das Beispiel SKET Magdeburg, in: Wirtschaft im Wandel 22 (2016), 6, S. 129–132; Das Beispiel des Zentrums Mikroelektronik Dresden, in: Wirtschaft im Wandel 23 (2017), 1, S. 9–12; Gerhard Heimpold, Restructuring of Industrial Enterprises in the Course of Privatization in East Germany, in: Hyung-Gon Jeong/Gerhard Heimpold (Eds.), Economic Transition in Unified Germany and Implications for Korea, Sejong 2017, S. 59–80; Ders., Spatial Development Patterns in East Germany and the Policy to Maintain „Industrial Cores", in: Hyung-Gon Jeong/Gerhard Heimpold (Eds.), Economic Development after German Unification and Implications for Korea, Sejong 2018, S. 171–212; Ders., Industrielle Kerne in Ostdeutschland und ihre Interaktion mit dem regionalen Umfeld – vier Fallbeispiele, in: List Forum für Wirtschafts- und Finanzpolitik, Band 45 (2019), 2, S. 97–120.

7 Die Darstellung zur Entwicklung des EKO fußt, sofern nichts anderes angegeben ist, auf: EKO Stahl GmbH (Hrsg.), Einblicke. 50 Jahre EKO Stahl. Autoren: Herbert Nicolaus/Lutz Schmidt, Eisenhüttenstadt 2000, S. 42–99, 145–153, 167 f., 195–205, 218 f., 244–246, 267–270, 275–281, 296–301, 306–313, 320 f., 323–326, 347.

8 Vgl. Karl Döring, EKO. Stahl für die DDR – Stahl für die Welt. Generaldirektor und Stahlmanager, Berlin 2015, S. 240–256.

9 Vgl. ArcelorMittal Eisenhüttenstadt, Über uns, https://eisenhuettenstadt.arcelormittal.com/Ueber-uns/ArcelorMittal-Eisenhuettenstadt/ [23. 10. 2018].

10 Vgl. Wirtschaftsvereinigung Stahl, 1. Nationaler Stahlgipfel. Positionen der Stahlindustrie in Deutschland, Saarbrücken 22. 10. 2018, https://www.stahl-online.de/wp-content/uploads/2018/10/WV-Stahl_Positionen_Nationaler-Stahlgipfel_web_20181022.pdf [24. 10. 2018].

11 Die Darstellung zur Entwicklung der Buna-Werke fußt, sofern nichts anderes angegeben ist, auf: Rainer Karlsch/Raymond Stokes, Die Chemie muss stimmen. 1990–2000. Bilanz des Wandels, Berlin 2000, S. 17 f., 24, 28–31, 60–62, 64, 77, 85 f., 88, 104–106, 112–114; Bernhard H. Brümmer, Das Kanzlerversprechen. Die Privatisierung von Buna, SOW und Leuna-Olefin 1993–1995, Halle (Saale) 2002, S. 24 f., 33–41, 56–75, 122.

12 Buna SOW Sächsische Olefinwerke Böhlen Leuna (BSL) Unternehmensarchiv, Rep. X, Nr. 1 192, 16. Sitzung des Aufsichtsrates der SOW GmbH am 27. 9. 1994, zit. nach: Karlsch/Stokes, Die Chemie muss stimmen, S. 125.

13 Vgl. Dow Deutschland Anlagengesellschaft mbH (Hrsg.), 50 Jahre Dow in Deutschland. Im Herzen Europas. Für die Menschen. Für die Region. Für die Zukunft, Schwalbach 2010, S. 15, http://msdssearch.dow.com/PublishedLiteratureDOWCOM/dh_04db/0901b803804dbb05.pdf?filepath=/pdfs/noreg/733-12003.pdf&fromPage=GetDoc [14. 7. 2015].

14 Zu den Informationen in diesem Absatz über den Dow-Olefinverbund: DOW Olefinverbund GmbH, Daten und Fakten. DOW in Mitteldeutschland, Schkopau Juli 2015, S. 5, http://msdssearch.dow.com/Published

LiteratureDOWCOM/dh_096e/0901b8038096eaec.pdf?filepath=facilities/pdfs/noreg/903-07203.pdf&fromPage=GetDoc [18. 10. 2018].

15 Vgl. Steffen Höhne, Schkopau, Leuna, Böhlen. Chemie-Unternehmen Dow will 300 Millionen Euro investieren, in: Mitteldeutsche Zeitung, 10. 3. 2017, https://www.mz-web.de/wirtschaft/schkopau--leuna--boehlen--chemie-unternehmen-dow-will-300-millionen-euro-investieren-26166918 [13. 12. 2018].

16 Vgl. Edith Hellmuth/Wolfgang Mühlfriedel, Zeiss 1846–1905. Vom Atelier für Mechanik zum führenden Unternehmen des optischen Gerätebaus, Weimar 1996, S. 20–29.

17 Vgl. Wolfgang Mühlfriedel/Edith Hellmuth, Carl Zeiss in Jena 1945–1990, Köln 2004, S. 67.

18 Vgl. Hans-Joachim Beyer (Hrsg.), Handbuch der DDR-Betriebe. Standorte – Produktionen – Betriebsgrößen, Köln 1990, S. 228.

19 Diese und die nachfolgenden Informationen über die Grundsatzvereinbarung zur Umstrukturierung der Optik- und Glasindustrie in Jena fußen auf Wolfgang Bohn, Kombinat Carl Zeiss Jena. Das erste High-Tech-Valley der Geschichte, in: Wochenzeitung Die Wirtschaft (Hrsg.), Kombinate. Was aus ihnen geworden ist. Reportagen aus den neuen Ländern, Berlin 1993, S. 173–182, hier S. 175–179.

20 Zu diesen und den nachstehenden Angaben über die Beschäftigung, deren Abbau und die Schaffung neuer Arbeitsplätze vgl. Heinz Schleef, Vom Kombinat zum Konzern. Die Umgestaltung des VEB Carl Zeiss Jena, in: Industrielle Beziehungen 4 (1997), 4, S. 335–350, hier S. 340, 344 f., 347.

21 Vgl. Lothar Späth, Erfolge, Mißerfolge: Aus der Sicht eines ostdeutschen Unternehmens, in: Helmut Hesse/Bernd Rebe (Hrsg.), Vision und Verantwortung. Herausforderungen an der Schwelle zum neuen Jahrtausend. Festschrift für Manfred Bodin zum 60. Geburtstag, Hildesheim 1999, S. 229–236, hier S. 229–232.

22 Vgl. Bohn, Kombinat Carl Zeiss Jena, S. 177.

23 Zu diesen und den nachstehenden Angaben über die Jenoptik AG vgl. JENOPTIK AG (Hrsg.), JENOPTIK. Geschäftsbericht 2017, S. 1, 14, 81, 113, https://www.jenoptik.de/-/media/websitedocuments/ir/berichte/gj-2017/jenoptik-geschaeftsbericht-2017.pdf [25. 10. 2018].

24 Vgl. Tino Zippel, Jenoptik aus der Krise zum Erfolg geführt. Vorm Abschied als Vorstandsvorsitzender blickt Michael Mertin zurück auf seine Amtszeit, spricht über seine Vorhaben und die stockende Jenaer Stadtentwicklung, in: Ostthüringer Zeitung (Stadtroda), 15. 3. 2017.

25 Die Informationen zur Geschichte des SKET fußen, sofern nichts anderes angegeben ist, auf: Christoph Kretschmann, Vom Grusonwerk zum SKET. 150 Jahre Industriegeschichte, 2. Aufl. Magdeburg 2007, S. 9, 112, 132, 134, 146, 148–150, 154; Eckhard Ladwig, Schwermaschinenbau-Kombinat (SKET) Magdeburg. „Krupp und Krause" wird neu inszeniert, in: Wochenzeitung Die Wirtschaft (Hrsg.): Kombinate, S. 271–282, hier S. 272.

26 Vgl. Uwe Neumann/Peter von Pokrzywnicki, Die Konsequenzen der Umstrukturierung von SKET für Wirtschaft und Arbeitsmarkt in der

Region Magdeburg. Gutachten im Auftrag der Hans-Böckler-Stiftung Düsseldorf, Düsseldorf 1993, S. 12.

27 Das letzte Kapital der Sket-Privatisierung ist abgeschlossen, in: Der Tagesspiegel, 17. 4. 1998, https://www.tagesspiegel.de/wirtschaft/das-letzte-kapital-der-sket-privatisierung-ist-abgeschlossen/37828.html [5. 11. 2018].

28 Vgl. ebd.

29 Vgl. Dirk Pollak, SKET GmbH, Magdeburg. Wir machen das – seit 158 Jahren, in: Günter Ihlow u. a. (Hrsg.), Der Maschinen- und Anlagenbau in der Region Magdeburg zu Beginn des 21. Jahrhunderts, Magdeburg 2014, S. 319–320.

30 Vgl. Volker Ziem, ENERCON-Gruppe in Magdeburg, in: Günter Ihlow/u. a. (Hrsg.), Der Maschinen- und Anlagenbau, S. 261 f.

31 Vgl. mdr.de, Windenergie schwächelt. Mehr als 130 Jobs brechen bei Enercon-Zulieferer weg, 2. 8. 2018, https://www.mdr.de/sachsen-anhalt/magdeburg/magdeburg/enercon-reduziert-zulieferervertraege-100.html [25. 10. 2018].

32 Die Ausführungen zur Entwicklung des ZMD fußen, sofern nichts anderes angegeben ist, auf: Silicon Saxony e. V. (Hrsg.), Silicon Saxony. Die Story, Dresden 2006, S. 21, 26, 67–81, 101, 118; Michael Plattner, Cluster-Evolution im Produktionssystem der ostdeutschen Halbleiterindustrie, Münster 2003, S. 84–86.

33 Zur Entwicklung des ZMD bis 2011: Heiko Weckbrodt, ZMD: Eine turbulente Geschichte, in: Oiger – Neues aus Wirtschaft und Forschung, 29. 8. 2001, https://oiger.de/2011/08/29/zmd-eine-turbulente-geschichte/2502 [7. 11. 2018].

34 Vgl. Integrated Device Technology, Inc., IDT Completes Acquisition of ZMDI, Dresden, 7. 12. 2015, https://www.idt.com/about/press-room/idt-completes-acquisition-zmdi [12. 11. 2018].

35 Vgl. Heiko Weckbrodt, US-Elektronikfirma IDT kauft Dresdner ZMD, in: Oiger, 27. 10. 2015, https://oiger.de/2015/10/27/us-elektronikfirma-idt-kauft-dresdner-zmd/156183 [13. 12. 2018].

36 Vgl. Heiko Weckbrodt, Nun offiziell: Renesas kauft IDT, Oiger, 11. 9. 2018, https://oiger.de/2018/09/11/nun-offiziell-renesas-kauft-idt/169296 [24. 10. 2018].

37 Vgl. zu dieser Debatte auch die Überlegungen des IWH-Präsidenten Reint E. Gropp: Dorothea Siems, Wie die deutsche Wirtschaft ihre Zukunft verspielt. Interview mit Reint E. Gropp, in: Die Welt, 16. 5. 2015, https://www.welt.de/wirtschaft/article140984920/Wie-die-deutsche-Wirtschaft-ihre-Zukunft-verspielt.html [21. 5. 2019].

JESSICA ELSNER

Enttäuschte Hoffnung

Soziale Ungleichheit im Automobilwerk Eisenach in der Transformationszeit (1989–91)

Das VEB Automobilwerk Eisenach (AWE) war bis zur Vereinigung der beiden deutschen Staaten das zweitgrößte Unternehmen in der DDR-Automobilindustrie und in der Westthüringer Wartburgregion ein Schwerpunktbetrieb. Das AWE bestand aus einem festen Belegschaftsstamm von annähernd 10 000 Mitarbeiterinnen und Mitarbeitern in der Produktion, der Verwaltung und in betriebseigenen sozialen Einrichtungen. Nach dem Zusammenbruch der DDR herrschte dort rege Aufbruchsstimmung. Zu diesem Zeitpunkt dachte vermutlich kein Arbeitnehmer jenseits der Betriebsleitung daran, dass nur anderthalb Jahre später die Produktion im April 1991 auslaufen und das Werk im Dezember 1991 schließen könnte. Denn nach der friedlichen Revolution im Herbst 1989 waren die Anzeichen für den Erhalt der Fahrzeugfabrik in Eisenach zunächst sehr positiv.

Das Automobilwerk war in der Region tief verwurzelt und konnte auf eine lange Tradition zurückschauen. Bis heute werden in der Wartburgstadt Autos produziert, denn schon 1990 entschloss sich die Adam Opel AG zu einem *Joint-Venture*-Vertrag mit der Eisenacher Fahrzeugfabrik. Die nach der Vereinigung Deutschlands zentrale Lage und die vorhandene Infrastruktur sorgten nach dem Ende des Staatssozialismus dafür, dass sich mehrere westdeutsche Firmen für das Eisenacher Werk interessierten. Deshalb ging die große Mehrheit der Beschäftigten davon aus, dass ihr Arbeitsplatz und damit ihre Existenz gesichert seien.

DDR-Großbetriebe wie das Automobilwerk in Eisenach waren zentraler Bestandteil der realsozialistischen Gesellschaft. Die Anstellung im Betrieb entschied nicht nur über die Einkommens- und Karrierechancen der Mitarbeiterinnen und Mitarbeiter, sondern reichte auch in viele andere Lebensbereiche hinein.[1] So wurden zum Beispiel die Wohnraumvergabe, Gesundheitsfürsorge oder Freizeitangebote über die Betriebe koordiniert. Die DDR war „eine um Arbeit zentrierte Gesellschaft“[2], in der die betriebliche Zugehörigkeit einen zentralen Teil des Lebensvollzugs und der Identitätsbildung darstellte. Sie beeinflusste auch den Zugang zu knappen Ressourcen. Mitarbeiterinnen und Mitarbeiter des AWE hatten so beispielsweise einen besseren Zugang zu Pkw-Ersatzteilen und Werkstattaufträgen. Bei der Vergabe von Fahrzeugen der Typen „Wartburg“ und „Trabant“ mussten die meisten Angestellten jedoch – wie der Rest der DDR-Bevölkerung – lange Wartezeiten in Kauf nehmen. Gleichzeitig wirkten die Betriebe damit aber auch in andere Lebensbereiche hinein. Der Arbeitsplatz war in der DDR also ein genuin sozialer Ort. In vielen Fällen spielten neben der Position in der Betriebshierarchie auch die Partei- oder Gewerkschaftsmitgliedschaft sowie die Mitarbeit in Wohnbezirksvereinen eine Rolle bei der Vergabe solcher knappen Ressourcen.

Mit dem Fall der Berliner Mauer änderten sich nicht nur die Arbeitsbedingungen in den DDR-Großbetrieben; die Menschen erfuhren auch neue soziale Risiken und Ungleichheiten. Arbeitsplatzverluste, Arbeitslosigkeit und damit verbundene soziale Nöte waren den allermeisten DDR-Bürgern bis dahin tatsächlich unbekannt. Am Beispiel des Wartburg-Werkes in Eisenach soll im Folgenden gezeigt werden, wie sich der betriebliche Alltag nach den politischen Ereignissen 1989 veränderte und welche Auswirkungen die Transformationszeit auf das AWE und seine Werksangehörigen hatte.

Euphorie und Aufbruchsstimmung nach dem Mauerfall 1989

Der 9. November 1989 bildete auch für die Mitarbeiterinnen und Mitarbeiter im AWE eine Zäsur. Letztlich war es der Anfang vom Ende des Automobilwerks. Die Zeit unmittelbar nach dem Mauerfall war geprägt von zahlreichen Veränderungen, wobei aus Sicht der Beschäftigten zunächst noch die positiven Aspekte überwogen: So nutzten viele Mitarbeiterinnen und Mitarbeiter die neu gewonnene

Freiheit, die sich auch durch neue betriebliche Diskussionsforen zeigte, um Probleme und Missstände aus 40 Jahren Planwirtschaft offen anzusprechen.

Schon vor dem Mauerfall hatte der Betriebsdirektor Wolfram Liedke zu AWE-Dialoggesprächen an „Runden Tischen" eingeladen. Die Betriebszeitschrift berichtete über die erste Zusammenkunft vom 4. November 1989: „Das Interesse war, es konnte ja gar nicht anders sein, sehr groß. Es zeugte vom Willen der Teilnehmer, daran mitzuwirken, bei der Wende, die auch in unserem Betrieb einige Änderungen verlangt, tüchtig mit zuzupacken."[3] Die etwa 35 Werktätigen, die an dem Gespräch teilgenommen hatten, waren sich darüber einig, dass sich auch der sozialistische Betrieb ändern müsse. In den heftigen Diskussionen wiesen sie nun offen auf Mängel im Arbeitsalltag hin. Noch vor dem Ende des Staatssozialismus forderten also die Betriebsangehörigen Veränderungen im Automobilwerk. Dies ist insofern bemerkenswert, da zu diesem Zeitpunkt noch jede öffentliche Kritik schwere Folgen haben konnte.[4]

Dabei ging es den Mitarbeiterinnen und Mitarbeitern aber nicht nur um abstrakte volkswirtschaftliche Überlegungen, sondern um konkrete Verbesserungen im Betrieb, wie sich auch an den bis Ende 1989 sorgfältig geführten Brigadebüchern nachvollziehen lässt. So berichtete eine Gewerkschaftsgruppe der Abteilung Presswerk über die Stimmung nach dem 9. November:

„Uns Arbeiter[n] geht es nicht nur um die große Politik, sondern vor allem um das, was sich im Betrieb, im Territorium – also in unserem eigentlichen Umfeld – tut. Mißstände, die schon lange angesprochen sind, Verstöße gegen Arbeitsbestimmungen, Arbeitsschutz, Qualitätsparameter, aber auch innerbetriebliche Disproportionen, Ungereimtheiten beim Disponieren der Produktion, ungelöste Ersatzteilprobleme u. a. m., dürfen nicht länger Hemmnis für die weitere Entwicklung sein."[5]

Bei den Treffen am Runden Tisch ging es jedoch nicht nur um Mängel bei der Produktion, sondern auch um Fragen sozialer Ungleichheit, insbesondere die Vergabe von Ferienplätzen und Kuren an die Schichtarbeiterinnen und Schichtarbeiter des Betriebes. Über Jahrzehnte waren die Vergabekriterien intransparent. Das sollte sich jetzt nach dem Willen der Beschäftigten ändern. Von Interesse war auch, ob Angestellte gegenüber den Produktionsmitarbeiterinnen und -mitarbeitern im AWE bei der Vergabe der betrieblichen Sozialleistungen begünstigt wurden. Weiter interessierte die Betriebsangehörigen das als ungerecht empfundene System der Pkw-Verteilung: „Nach welchen Kriterien wird hier gehandelt, welche besonderen Verdienste sind hier gefragt?“[6], zitierte die Betriebszeitschrift einen Teilnehmer des Gespräches am Runden Tisch. Die verbreitete Phrase „für verdienstvolle Werktätige unseres Betriebes“ entschied auch noch in den letzten Monaten 1989 über die Verteilung von Wartburg und Trabant: Aufgelistet nach Abteilungen wurden beispielsweise an die Abteilung Fertigung – die zahlenmäßig größte Abteilung – 16 Wartburg und zwölf Trabant vergeben; die Abteilung Materialdisposition erhielt dagegen nur zwei bis drei Pkw.[7]

Im Rahmen dieser Diskussionen im Herbst 1989 kamen auch bestimmte Bereiche des sozialistischen Betriebslebens auf den Prüfstand. So wurde etwa eine Arbeitsgruppe gegründet, die den „sozialistischen Wettbewerb“ überprüfen und Reformvorschläge machen sollte. Die Ergebnisse der Arbeitsgruppe waren deutlich: Ab 1990 sollten Kernelemente des „sozialistischen Wettbewerbs“, etwa die „Neuererbewegung“, abgeschafft und die „Kollektive der sozialistischen Arbeit“ aufgelöst werden. In der „Neuererbewegung“ sollten von den Mitarbeiterinnen und Mitarbeitern – zumeist außerhalb der regulären Arbeitszeit – Vorschläge, Verbesserungen aber auch technologische und wissenschaftliche Erfindungen hervorgebracht werden.[8] Die normativen und moralischen Elemente von Gratifikationen sollten nach Vorstellung der Arbeitsgruppe durch Elemente ersetzt werden, die auf der individuellen Leistung basierten. Zwar sollten auch weiterhin kollektive Prämien möglich sein, aber streng begrenzt auf 50 Mark pro Mitglied und auch nur, wenn „herausragende Qualitätsarbeit“ geleistet worden war.[9]

Während sich die Beschäftigten um die Verbesserung betriebsinterner Strukturen und bestehender Ungleichheitsverhältnisse bemühten, hatte die Betriebsleitung vor allem die Zukunft des Werkes als Ganzes im Blick. Schon am 15. Dezember fand auf der Leitungsebene eine „erste Beratung zur Veränderung im Betrieb“ statt. Dabei standen auf der Tagesordnung unter anderem die „Sicherung des Standortes Eisenach als PKW-Finalist“.[10] Darum wurde bei dieser

Beratung die „Struktur Strategie – Joint Venture“ beschlossen, die in den folgenden Wochen die Verhandlungen mit westdeutschen (VW, BMW, Opel), aber auch außereuropäischen (Mitsubishi) Investoren vereinfachen sollte. Demnach war der Betriebsleitung schon wenige Tage oder Wochen nach dem Mauerfall bewusst, dass der Wartburg nicht konkurrenzfähig war und somit auch der Betrieb mit seinen Verbindlichkeiten in der Marktwirtschaft nicht überleben würde. Darum bemühten sich die Direktoren schnell um Kooperationen mit westdeutschen beziehungsweise außereuropäischen Automobilherstellern, um den Standort Eisenach als Automobilproduzent zu erhalten. In dieser Phase entwickelte sich im AWE zunächst eine positive Zukunftserwartung. Denn einerseits bestand seit den 1980er Jahren eine Kooperation mit der Volkswagen (VW) AG, und andererseits suchten relativ schnell verschiedene (westdeutsche) Automobilhersteller den Kontakt zum Thüringer Werk.

Westliche Investoren, Treuhandanstalt und die Ankunft in der Marktwirtschaft

Im Dezember 1989 nahmen die AWE-Direktoren Verhandlungen mit der VW AG auf, die von der DDR-Führung aufgrund bestehender Verträge mit der VW AG unterstützt wurden. Der VW-Vorstand war von Anfang an jedoch nur an einer Teilproduktion in Eisenach interessiert. Der Fokus von VW lag vielmehr auf der Übernahme des VEB Sachsenring in Zwickau (Trabant). Die Unternehmensleitung des AWE hatte jedoch hieran kein Interesse und lehnte das gegen den Willen des Pkw-Kombinats ab. Stattdessen wurden noch im Dezember 1989 Verhandlungen mit der Adam Opel GmbH aufgenommen. All dies passierte zunächst hinter verschlossenen Türen und ohne das Wissen der Beschäftigten. Ab Januar 1990 fanden im wöchentlichen Rhythmus „Rundtischgespräche“ statt, auf denen gemeinsam über mögliche Wege inmitten des Umbruchs beraten wurde. Einen Schwerpunkt der Gespräche bildeten zum Beispiel die „Jahresendprämie oder [das] 13. Monatsgehalt“.[11] Die Teilnehmer waren sich darin einig, dass die Jahresendprämie letztmalig für 1989 gezahlt werden und zukünftig ein 13. Gehalt an dessen Stelle treten sollte.

Voraussetzung dafür war, dass das DDR-Lohn- und Gehaltsgefüge dahingehend verändert wurde, die „Arbeitsaufgaben der Werktätigen leistungsgerechter“[12] zu bewerten. Ausgeschlossen von dieser Einmalzahlung waren Werktätige, die gegen die Betriebsvereinbarung verstoßen hatten, das heißt, die Fehlschichten aufwiesen oder für ihren Alkoholkonsum bekannt waren.[13]

Neben diesen betriebsinternen Problemfeldern führte der Exodus vieler Beschäftigter in die Bundesrepublik nach dem Mauerfall zu einem enormen ökonomischen Leistungsabfall. Umso wichtiger war darum die Gründung der gemeinsamen Planungsgesellschaft Opel-AWE-Pkw GmbH im März 1990. Bei der Vertragsunterzeichnung waren neben Vertretern des AWE und von Opel auch Vertreter des Mutterkonzerns General Motors sowie Christa Luft als Wirtschaftsministerin anwesend. Das Ziel war die jährliche Produktion von 200 000 Fahrzeugen, und zwar in einer daraus realisierbaren SKD-Montage des Fahrzeugmodells Opel Vectra.[14] Nach dieser Testphase sollte anschließend in Eisenach ein komplett neues Automobilwerk für die Adam Opel GmbH gebaut werden. Die Vorzeichen waren also für den Standort Eisenach zunächst sehr gut. Für die Montage des Opel Vectra wurden circa 240 Mitarbeiterinnen und Mitarbeiter des AWE ausgewählt.[15]

Gleichzeitig war die Betriebsführung der AWE GmbH, die am 1. Mai 1990 gegründet wurde, damit beschäftigt, die Existenz des Werkes und der Arbeitsplätze bis zur anvisierten Opel-Produktion Anfang 1992 zu sichern. Dabei ging es nicht mehr um die Erhaltung des AWE-Werkes, sondern um dessen Entflechtung und „Umwandlung in überlebensfähige Kapitalgesellschaften“.[16] Aus der AWE GmbH sollten klein- und mittelständische Unternehmen im Zuliefer- und Dienstleistungsbereich entstehen.

Bis die Produktion unter Opel im neuen Werk 1992 richtig anlaufen konnte, war das oberste Ziel der Betriebsführung, neben der vorgesehenen SKD-Fertigung des Opels auch den Wartburg weiter zu bauen, „bis eine sozial vertretbare Überleitung in einen neuen automobiltypischen Arbeitsmarkt erfolgen“[17] konnte. Die Produktion wurde trotz erheblicher Einsparung von Produktions- und Materialkosten weiterhin im großen Umfang subventioniert. Der Plan der Betriebsleitung geriet im Zuge der Währungs- und Sozialunion im Juli 1990 unter Druck, da die von der DDR-Regierung zugesicherten Subventionen stark gekürzt wurden. Ein Sozialplan wurde mit dem Ziel erstellt, „Nachteile aus wirtschaftlichen Veränderungen auszugleichen bzw. zu mindern sowie soziale Einrichtungen und Leistungen zu erhalten“.[18]

Am 4. Juli 1990 fand im Automobilwerk eine große Betriebsversammlung statt, auf der der Betriebsdirektor und der Betriebsgewerkschaftsleiter über die neuen Entwicklungen informierten und weitere Schritte ankündigten. Vordergründig ging es um den geplanten Stellenabbau bis zum 31. Dezember desselben Jahres, der offenbar notwendig geworden war, um eine vorzeitige Produktionseinstellung zu vermeiden. Zu diesem Zeitpunkt waren noch 8863 Mitarbeiterinnen und Mitarbeiter im AWE beschäftigt. Erst jetzt wurde den meisten bewusst, dass ihre Arbeitsplätze durchaus gefährdet waren.

Neben Umschulungen und Kurzarbeit standen auch Entlassungen im Raum. Zunächst traf es 130 Beschäftigte im Rentenalter, die bis dahin über den individuellen Rentenbeginn selbst hatten entscheiden können. Nun aber war das Renteneintrittsalter auf 60 Jahre für Frauen und 65 Jahre für Männer verbindlich. Über entsprechende Arbeitsförderungsgesetze beantragte die Betriebsführung für diese und nachfolgende Maßnahmen mehrere Millionen DM beim zuständigen Arbeitsamt in Gotha.

Die Kurzarbeit traf zunächst alle 464 beschäftigten Mosambikanerinnen und Mosambikaner und 400 Werktätige, die „infolge altersbedingter Gründe“[19] in Kurzarbeit ohne Qualifizierungsmöglichkeiten geschickt wurden. Auf der Belegschaftsversammlung wurde den Betriebsangehörigen, für die eine Vorruhestandsregelung infrage kam, ein Angebot gemacht: Sollten die betreffenden Personen bis zum 30. September freiwillig in den Vorruhestand gehen, würden sie 85 Prozent statt 70 Prozent ihres Nettoverdienstes erhalten.[20] Die Differenz sollte als „Sozialangebot“ über den Betrieb finanziert werden.[21] Die grundsätzliche Möglichkeit, vom gesetzlichen Vorruhestandsrecht Gebrauch zu machen, bot sich Frauen ab dem 55. Lebensjahr und Männern ab dem 60. Lebensjahr. Dafür mussten Frauen mindestens 20 Jahre und Männer mindestens 25 Jahre eine versicherungspflichtige Tätigkeit vorweisen – sowie diese kontinuierlich fünf Jahre vor dem Eintritt in den Ruhestand ausgeführt haben. Dies allein begründete jedoch noch keinen Rechtsanspruch auf Vorruhestand.

Belegt werden musste die Inanspruchnahme etwa mit der gesundheitlichen Nichteignung für den vorgesehenen Arbeitsplatz, durch Rationalisierungsmaßnahmen im Betrieb, die eine Weiterbeschäftigung nicht mehr ermöglichten, oder durch die Nichtverfügbarkeit von einer anderen zumutbaren, gleichwertigen Arbeit im Betrieb. Das Besondere an dieser Regelung war, dass die Mitarbeiterinnen und Mitarbeiter weiterhin Betriebsangehörige blieben und damit Anspruch auf alle Zusatzleistungen behielten.[22] Dementsprechend erschien die Aussicht auf den Vorruhestand vielen sehr attraktiv.

Umschulungsmaßnahmen kamen für diejenigen Arbeitnehmerinnen und Arbeitnehmer aus den Produktionsabteilungen infrage, deren bisheriger Arbeitsplatz aufgrund von Umstrukturierungsmaßnahmen im AWE wegfiel. Zunächst sollte den betroffenen Werktätigen die Möglichkeit eröffnet werden, an anderer Stelle im Betrieb nach einem 12-wöchigen Einarbeitungslehrgang weiterzuarbeiten. Für den Fall, dass diese Variante nicht zustande kam, musste der Betrieb für eine Umschulung sorgen, die aus einer theoretischen und praktischen Ausbildung von maximal 12 Monaten bestand. Während der Umschulungsmaßnahmen blieben die Arbeiterinnen und Arbeiter weiterhin Betriebsangehörige und wurden nach Tarif bezahlt. Nach dem Ende der Maßnahme und dem Einsatz in einer neuen Tätigkeit mit finanziellem Abschlag sollte bis zu sechs Monate Lohnausgleich gezahlt werden.[23]

Die Entlassungen und die vorgesehenen Sofortmaßnahmen trafen damit zunächst ausländische Arbeitnehmerinnen und Arbeitnehmer sowie einheimische Arbeitnehmerinnen und Arbeitnehmer in fortgeschrittenem Alter. Allerdings stellten sie nur den Anfang der Strukturveränderungen dar. Ab August 1990 befand sich ein erheblicher Teil der Betriebsangehörigen in Kurzarbeit ohne Qualifizierungsanspruch, zum Beispiel „infolge altersbedingter Gründe".[24] 200 Personen nahmen an Umschulungen außerhalb des Betriebes teil, und gut 200 Arbeiterinnen und Arbeiter befanden sich in Vorbereitung für das Opel-Programm. 600 Personen waren in Kurzarbeit mit Qualifizierungsanspruch geschickt worden. 1936 Beschäftigte mussten von einer Vollzeit- in eine Teilzeitarbeitsstelle wechseln; ihre Wochenarbeitszeit reduzierte sich um mindestens zehn Prozent.[25] Ausgeschlossen von der Kurzarbeit waren Alleinerziehende mit Kindern bis zu drei Jahren, Schwangere und Mütter im Wochenbetturlaub und anschließender Freistellung, Schwerbehinderte und Reha-Patienten sowie Lehrlinge und pädagogisches Personal im Ausbildungsprozess.

Nach welchen Kriterien – abgesehen von Alter und Herkunft – entschieden wurde, welche Personen einen Qualifizierungsanspruch hatten oder auch nicht, geht aus den Unterlagen nicht eindeutig hervor. Der Betrieb hatte aber verschiedene Möglichkeiten, um möglichst viele Arbeiterinnen und Arbeiter sowohl vor der Kurzarbeit als auch vor drohenden Entlassungen zu schützen. Beschäftigte, die jedoch die ihnen angebotenen Ersatzarbeitsplätze ablehnten, verloren den Anspruch auf etwaige Leistungen aus dem Sozialplan.[26] Betriebsangehörige, die einen Hoch- oder Fachschulabschluss hatten und zur „betrieblichen Hilfe" – also der befristeten Übertragung einer anderen Arbeitsaufgabe – verpflichtet wurden, behielten ihren Status entsprechend ihrer Ausbildung.[27]

Ebenso ungeklärt bleibt die Frage, nach welchen Kriterien die Teilnehmerinnen und Teilnehmer an dem Opel-Programm ausgewählt wurden. 600 Facharbeiter konnten sich im Sommer 1990 für die Ausbildung im Stammwerk in Rüsselsheim bewerben. Psychologen und Manager trafen eine Auswahl nach mehrtägigen Einzel- und Gruppenübungen. Die 200 Besten wurden dann sieben Wochen für die neue Arbeitsorganisationsform – die Gruppenarbeit – geschult.[28] Diese sogenannten Assessmentverfahren fanden für verschiedene Bereiche 1990 statt. Trotz der steigenden Zahl der Kurzarbeiterinnen und Kurzarbeiter beklagte sich die Opel-Personalabteilung über die mangelnden Bewerbungen. Als Grund hierfür machten sie das gute Kurzarbeitergeld – nämlich 90 Prozent – sowie ausstehende beziehungsweise in Aussicht gestellte Abfindungen verantwortlich.[29]

Ausblick: Die Treuhandentscheidung, Protest und Resignation, Produktionsende 1991

Am 5. Oktober 1990 begann die gemeinsame Produktion des Opel-Modells Vectra im Betriebsteil Eisenach West, dem einstigen Presswerk des AWE. Die Adam Opel AG war damit eines der ersten Unternehmen, das eine Großinvestition in den sogenannten neuen

Ländern realisierte. Anlässlich des Produktionsstartes war auch Bundeskanzler Helmut Kohl (CDU) anwesend, er benannte Eisenach als „das Tor zu Thüringen".[30] Damit weckte er bei den Betriebsangehörigen wieder vage Hoffnungen auf den Erhalt ihrer Arbeitsplätze. Am 13. Dezember 1990 unterzeichneten die Treuhandanstalt, die AWE GmbH und die Adam Opel GmbH einen Grundstückskaufvertrag als Voraussetzung für die Errichtung des neuen Opel-Werkes. Der Wartburg sollte zu diesem Zeitpunkt noch bis Ende 1991 weiter gebaut werden, damit ein nahtloser Übergang zum Opelprojekt vollzogen werden konnte. Die Treuhandanstalt hatte jedoch mittlerweile entschieden, das AWE aufgrund schlechter Bilanzzahlen abzuwickeln. Die Betriebsleitung legte mehrere überarbeitete Konzepte vor und versuchte zudem, durch Ausgründung von Unternehmen die Treuhandanstalt umzustimmen – letztlich ohne Erfolg. Zum 31. Januar 1991 sollte die Produktion des Wartburg eingestellt werden.

Am 25. Januar 1991 blockierten etwa 1000 Fahrzeuge die Autobahn A 4 bei Eisenach. Arbeitnehmerinnen und Arbeitnehmer des Automobilwerks hatten gemeinsam mit der IG Metall dazu aufgerufen, gegen die Treuhandentscheidung, die Produktion des Wartburg schon vorzeitig einzustellen, zu protestieren. Die Blockade der Autobahn bildete den Höhepunkt einer Protestwelle und richtete sich nicht nur gegen die Entscheidung der Treuhandanstalt, sondern auch gegen die Bundes- und Landespolitik. Die Proteste hatten zumindest teilweise Erfolg. Das Ende der Produktion konnte dadurch, und durch den Einsatz der Betriebsführung und des Betriebsrates, bis zum vollständigen Abbau der vorhandenen Materialbestände hinausgeschoben werden. Am 10. April 1991 lief schließlich der letzte Wartburg vom Band. Er wurde bei einem Festakt vom Werk direkt ins Museum überführt. Als der Betriebsdirektor Liedke hierzu eine Ansprache halten wollte, brach sich die Enttäuschung der Betriebsangehörigen mehrmals Bahn: „Hör auf!", rief ein 29-Jähriger im Blaumann. „Wir haben die Schnauze voll." Die Betroffenheit, die der Betriebsdirektor bekundete, wollten die Anwesenden in diesem Moment nicht hören. Es hatte sich herumgesprochen, dass Liedke bei Opel in eine sehr gute Position aufsteigen sollte. Der junge Mann sprach mit Tränen im Gesicht weiter: „Meine

Frau ist arbeitslos, ich bin jetzt arbeitslos. Was wird aus den drei Kindern? Ich kann mir doch jetzt den Strick nehmen."[31] An diesem Tag beschäftigte das AWE noch 4700 Mitarbeiter, die dann in Null-Stunden-Kurzarbeit und damit in die Arbeitslosigkeit überführt wurden. Denn der Kündigungsschutz erlosch zum Jahresende. Vor allem die älteren Werksangehörigen – jeder vierte war über 50 Jahre – hatten Angst vor der beruflichen und privaten Zukunft.[32] Der Verlust des Arbeitsplatzes und damit entstehende soziale Nöte bildeten für die Bürgerinnen und Bürger der ehemaligen DDR einen neuen Erfahrungshorizont.

Ein Teil der Werktätigen fand nach dem Ende der Produktion in den ausgegründeten Firmen eine neue Anstellung. Am Tag der Stilllegung traf dies immerhin auf 900 Personen zu. Dazu waren im neuen Opel-Werk etwa 2600 Arbeitsplätze kalkuliert. Hierfür wurden bereits vorbereitende Maßnahmen durchgeführt, etwa zur Qualifizierung in bestehenden Werken. Mit den Qualifizierungs-, Umschulungs- sowie Weiterbildungsmaßnahmen versuchte man, die drohende Massenarbeitslosigkeit abzufedern und in zwei Stufen insgesamt circa 2000 Personen wieder in Arbeit zu bringen. Für diejenigen, die zum Jahreswechsel dennoch entlassen werden mussten, wurden Abfindungen in Aussicht gestellt. Eine weitere Hoffnung bestand in der Neuansiedlung von Zulieferbetrieben für Opel, so zum Beispiel für die Sitzfertigung oder für den Getriebebau. Der Plan der Betriebsleitung und der Gewerkschaft sah den Erhalt von fast 7000 Arbeitsplätzen in den ausgegründeten Firmen und bei Opel vor.[33]

Resümierend lässt sich feststellen, dass die Transformationszeit in Eisenach wie in anderen Orten von Zukunftsängsten und Protesten aufseiten der Betriebsangehörigen geprägt war. Aufgrund der Demonstrationen und mithilfe von Betriebsrat und Gewerkschaft, und sicherlich auch der Öffentlichkeit, gelang es der Betriebsleitung, das Produktionsende um ein paar Wochen hinauszuzögern. Trotz des enormen Stellenabbaus und der Liquidierung des Betriebes 1991 gestaltete sich der Übergang für viele erfolgreicher als in anderen Regionen der ehemaligen DDR. Neben Opel siedelten sich noch andere Firmen an, die Pkw-Teile fertigten. Hinzu kamen weitere Arbeitsplätze in den ausgegründeten Firmen. Warum aber die

Personalabteilung der Adam Opel GmbH bis weit in die 1990er Jahre Mitarbeiterinnen und Mitarbeiter suchte, muss an dieser Stelle unbeantwortet bleiben.

Soziale Ungleichheit begegnete den Betriebsangehörigen in der Transformationszeit auf verschiedenen Ebenen: Die Einführung der Marktwirtschaft in Ostdeutschland war generell mit neuen Spielregeln verbunden, die den meisten Mitarbeiterinnen und Mitarbeitern bis dahin noch weitgehend unbekannt waren. Sie sahen sich in der Folgezeit mit neuen sozialen Risiken konfrontiert, wie etwa Kurzarbeit, Arbeitszeitverkürzung, Arbeitsplatzverlust sowie Verlust von DDR-spezifischen Sozialeinrichtungen. Nicht selten waren Frauen von diesen Prozessen häufiger betroffen als ihre männlichen Kollegen. Vor allem in ihrer Selbstwahrnehmung waren sie die Verliererinnen der deutschen Einheit, denn auf dem Arbeitsmarkt waren die Chancen von jungen Müttern oder Frauen kurz vor dem Rentenalter gegenüber Männern deutlich schlechter.[34]

Bis heute werden in Eisenach Automobilfahrzeuge produziert, doch die Zukunft des Opel-Werks steht derzeit wieder zur Debatte. Vorruhestandsregelungen und Umschulungs- beziehungsweise Weiterbildungsmaßnahmen bilden dort auch gegenwärtig einen wichtigen Teil des Betriebsalltags. Viele Beschäftigte blicken damit zum zweiten Mal in eine ungewisse Zukunft.

Anmerkungen

1 Vgl. Knud Andresen u. a. (Hrsg.), Der Betrieb als sozialer und politischer Ort. Studien zu Praktiken und Diskursen in den Arbeitswelten des 20. Jahrhunderts, Bonn 2015, S. 11.

2 Martin Kohli, Die DDR als Arbeitsgesellschaft? Arbeit, Lebenslauf und soziale Differenzierung, in: Hartmut Kaelble/Jürgen Kocka/Hartmut Zwahr (Hrsg.), Sozialgeschichte der DDR, Stuttgart 1994, S. 31–61, hier S. 33.

3 Betriebszeitschrift Der Motor [ab 1990 Der Neue Motor], Nr. 23, 20. 11. 1989, S. 1.

4 Vgl. Renate Hürtgen, Die „Wende" in den Betrieben der DDR im Herbst 1989 – Ein unbekanntes Terrain, in: Potsdamer Bulletin für Zeithistorische Studien (2001), 23/24, S. 41–47, hier S. 45.

5 Archiv der Stiftung Automobile Welt Eisenach, Brigadebuch Abteilung Presserei/Transport, 1989.

6 Der Motor, Nr. 23, 20. 11. 1989, S. 1.
7 Ebd., S. 9.
8 Friederike Sattler, Neuererbewegung, in: Freier Deutscher Gewerkschaftsbund, Lexikon 2009, http://library.fes.de/FDGB-Lexikon/texte/sachteil/n/Neuererbewegung.html [2. 6. 2020].
9 Vgl. Der Motor, Nr. 24, 4. 12. 1989, S. 1.
10 Archiv der Stiftung Automobile Welt Eisenach, Schrank 62, Strukturveränderungen des Betriebs 1989/1990.
11 Der Motor, Nr. 1, 15. 1. 1990, S. 1.
12 Ebd.
13 Vgl. ebd.
14 Semi-knocked down bezeichnet in der Automobilindustrie die Fertigstellung eines Automobils, dessen größter Teil an anderer Stelle oder Ort produziert wurde. Es handelt sich also nur um einen Zusammenbau bzw. in diesem Fall die Herstellung einzelner, weniger Produktionsteile für das fast fertige Endprodukt.
15 Archiv der Stiftung Automobile Welt Eisenach, Schrank 62, Programm zur Restrukturierung und Privatisierung der Automobilwerk Eisenach GmbH, ohne Datierung, S. 3.
16 Archiv der Stiftung Automobile Welt Eisenach, Schrank 62, Rede W. Liedke zum Produktionsende, ohne Datierung, S. 6.
17 Ebd.
18 Archiv der Stiftung Automobile Welt Eisenach, Sozialplan 2. Halbjahr 1990, Automobilwerk Eisenach GmbH, 18. 7. 1990, S. 1. IG-Metall und Betriebsleitung legten jeweils eine Fassung vor, aus denen dann in längeren Verhandlungen eine Kompromissfassung erstellt wurde.
19 Archiv der Stiftung Automobile Welt Eisenach, Schrank 62, Antrag zur Bestätigung von Kurzarbeit in der AWE GmbH mit Wirkung vom 1. 8. 1990, 3. 7. 1990, S. 1 f.
20 Ebd.
21 Archiv der Stiftung Automobile Welt Eisenach, Sozialplan 2. Halbjahr 1990, Automobilwerk Eisenach GmbH, 18. 7. 1990, S. 5.
22 Vgl. Der Neue Motor, Ausgabe Nr. 14, 25. 6. 1990, S. 4.
23 Archiv der Stiftung Automobile Welt Eisenach, Sozialplan 2. Halbjahr 1990, Automobilwerk Eisenach GmbH, 18. 7. 1990, S. 3.
24 Archiv der Stiftung Automobile Welt Eisenach, Schrank 62, Antrag zur Bestätigung von Kurzarbeit in der AWE GmbH mit Wirkung vom 1. 8. 1990, 3. 7. 1990, S. 2.
25 Ebd.
26 Archiv der Stiftung Automobile Welt Eisenach, Sozialplan 2. Halbjahr 1990, Automobilwerk Eisenach GmbH, 18. 7. 1990, S. 5.
27 Ebd.
28 Vgl. Dietmar Grosser, Grünes Licht für ersten Opel-Vectra aus Eisenach. Bundeskanzler Kohl gab in Eisenach den Startschuss für Opel-Produktion, in: Thüringer Allgemeine Zeitung, 6. 10. 1990, S. 3.

29 Vgl. Dietmar Grosser, „Die besten Leute für das modernste Autowerk …". So wird in Eisenach die neue Opel-Mannschaft ausgewählt, in: Thüringer Allgemeine Zeitung, 1. 6. 1991, S. 3.

30 Dietmar Grosser, Grünes Licht für ersten Opel-Vectra aus Eisenach. Bundeskanzler Kohl gab in Eisenach den Startschuss für Opel-Produktion, in: Thüringer Allgemeine Zeitung, 6. 10. 1990, S. 1.

31 Alle Zitate: Peter Schmalz: Das Ende vom Wartburg – Tränen, aber auch Hoffnung, in: Die Welt, 11. 4. 1991.

32 Archiv der Stiftung Automobile Welt Eisenach, Schrank 62, Programm zur Umstellung auf marktwirtschaftliche Unternehmenstätigkeit, 10. 5. 1990, S. 12.

33 Vgl. Der Neue Motor, Nr. 16, 9. 7. 1990, S. 3.

34 Vgl. Ulrike Poppe, Frauen in Ostdeutschland nach 1989/1990, in: Nicola Buskotte (Hrsg.), Ungleiche Schwestern? Frauen in Ost- und Westdeutschland, Berlin 1998, S. 42.

DIERK HOFFMANN

Der selbst ernannte Musterschüler

Massenarbeitslosigkeit und Kommunikationsstrategie der sächsischen Landesregierung

Anfang Mai 1991 besuchte eine Gruppe von SPD-Bundestagsabgeordneten Sachsen. Nach einem Zwischenstopp in Dresden, bei dem sich die Parlamentarier von Ministerpräsident Kurt Biedenkopf (CDU) über Erfolgsgeschichten beim wirtschaftlichen Aufbau des Bundeslandes informieren ließen, ging die Reise weiter nach Ostsachsen. In der Gemeinde Oybin – nahe der Grenze zu Polen und zur Tschechoslowakei – trafen sie auf Kommunalpolitiker, die ihrem Unmut Luft machten. „Christus kam nur bis Eboli – und Biedenkopf nur bis Dresden“[1], erklärte ein Kirchenvertreter, der gleichzeitig Mitglied des Stadtparlaments in Zittau war. Die literarische Anleihe kennzeichnete die desolate Stimmungslage in der Region.[2] Der Ministerpräsident habe gut reden, waren sich die kommunalen Vertreter einig. Und der Görlitzer Wirtschaftsdezernent äußerte völlig desillusioniert: „Wir hier unten haben das schlimmste Erbe von 40 Jahren SED-Herrschaft zu verwalten: die Menschen.“ Im Dreiländereck östlich von Dresden legten sich – so der Zeitungsartikel – Verzweiflung und Resignation wie Mehltau auf die Gemüter der einheimischen Bevölkerung.

Der Zeitungsartikel verweist zum einen auf die in ländlichen Regionen geäußerte Befürchtung, den Anschluss an die wirtschaftliche Entwicklung verloren zu haben, und zum anderen auf Kommunikationsprobleme zwischen Landes- und Kommunalpolitik. Sachsen bietet sich wie kein anderes ostdeutsches Bundesland dazu an, die Kommunikationsstrategie einer Landesregierung bei der Privatisierung der volkseigenen Betriebe und der dabei auftretenden Massenarbeitslosigkeit in den Blick zu nehmen. Denn sowohl

Ministerpräsident Biedenkopf als auch Wirtschaftsminister Kajo Schommer (CDU) ging es bei der Transformation der ostdeutschen Wirtschaft frühzeitig darum, Deutungshoheit in der medialen Auseinandersetzung über die Folgen der deutschen Einheit zu erzielen. Dazu wird im Folgenden zunächst die mediale Berichterstattung über die in Ostdeutschland sich rasch ausbreitende Erwerbslosigkeit skizziert. Anschließend wird der Frage nachgegangen, welche Kommunikationsstrategie die sächsische Staatsregierung daraufhin entwickelte. Der Untersuchungszeitraum bleibt auf den Zeitraum vom Sommer 1990 bis Ende 1992 begrenzt.

Die mediale Berichterstattung über die Massenarbeitslosigkeit in Ostdeutschland

Erste Meldungen über steigende Arbeitslosenzahlen in der noch bestehenden DDR gab es bereits im Frühsommer 1990.[3] Anfang Juli teilte die Zentrale Arbeitsverwaltung der DDR mit, dass die Zahl der Erwerbslosen im Juni um 47 289 auf 142 096 gestiegen sei.[4] Damit tauchte in der ostdeutschen Öffentlichkeit ein Phänomen auf, das es in den zurückliegenden vier Jahrzehnten unter dem SED-Regime offiziell nicht gegeben hatte: Arbeitslosigkeit. Der Vereinigungsprozess, der nach der ersten freien Volkskammerwahl am 18. März 1990 deutlich an Fahrt aufgenommen hatte, warf bereits seine Schatten voraus. Eine Zäsur bildete die Währungs-, Wirtschafts- und Sozialunion am 1. Juli 1990; mit ihrem Inkrafttreten wurden die ostdeutschen Betriebe schlagartig den Weltmarktbedingungen ausgesetzt. Die Einführung der D-Mark war aufgrund des politisch festgelegten Umrechnungskurses umstritten und mit erheblichen Härten und Risiken verbunden. Unmittelbar nach der Währungsumstellung drohte vielen Treuhand-Unternehmen die Zahlungsunfähigkeit. Da die Umsätze auf dem ostdeutschen und osteuropäischen Markt dramatisch einbrachen und die Betriebserlöse immer weniger kostendeckend waren, entwickelte sich aus dem Liquiditätsproblem rasch ein Rentabilitätsproblem. Dieses prägte die gesamtwirtschaftliche Entwicklung in den neuen Bundesländern maßgeblich. So teilte etwa eine Keramikwerkstatt in Erfurt dem zuständigen Arbeitsamtsdirektor bereits am 30. Juni 1990 den Arbeitsausfall aufgrund akuter Absatzschwierigkeiten mit; ein halbes Jahr später musste der Betrieb schließen.[5]

Während westdeutsche Kommentatoren frühzeitig vor den langfristigen Risiken der Währungsumstellung warnten, verbreiteten manche Arbeitsmarktexperten erstaunlich optimistische Prognosen.[6] So war der Präsident der Nürnberger Bundesanstalt für Arbeit von der Robustheit des westdeutschen Arbeitsmarktes derart überzeugt, dass er die negativen Folgen der DM-Einführung in Ostdeutschland völlig unterschätzte. Auf die Frage eines Journalisten, ob ihm die in Kraft getretene Währungsunion Sorgen bereite, antwortete der Präsident, Heinrich Franke: „Nein, überhaupt nicht. Sie [die Währungsunion] macht uns allenfalls zusätzlich Arbeit. Ich gehe sehr optimistisch an die Bewältigung der Probleme heran."[7] Außerdem behauptete er, die Wanderungsbewegung in Richtung Westen werde sich mit der Zeit umkehren und die Beitragszahler müssten im Zuge einer vorübergehend erhöhten Arbeitslosigkeit „nicht tiefer in die Tasche greifen". Auch der Leiter der Abteilung Inland beim Bundespresseamt, Wolfgang Bergsdorf, glaubte zu wissen, dass die ostdeutschen Bundesländer „in drei bis vier Jahren"[8] das ökonomische Niveau des Westens erreichen würden. Das bedeute zwar Arbeitslosigkeit, „die aber nicht unbedingt sehr viel höher ist als bei uns".

Journalisten berichteten ab Spätsommer 1990 immer häufiger über gegenläufige Entwicklungen auf dem Arbeitsmarkt in Ost und West. Steigende Arbeitslosenzahlen in Ostdeutschland standen demnach sinkenden Erwerbslosenzahlen in Westdeutschland gegenüber. In Zeitungsartikeln war vom „West-Ost-Gefälle"[9], „Geteilten Arbeitsmarkt"[10] und „Gespaltenen Arbeitsmarkt"[11] die Rede. Die innerdeutsche Grenze bestehe auf dem Arbeitsmarkt „noch trennscharf"[12]; die Zeitung führte diese Entwicklung in erster Linie darauf zurück, dass die bislang verdeckte Arbeitslosigkeit in den ostdeutschen Bundesländern nunmehr offen zutage trete. Insgesamt würden die „alten unrentablen Arbeitsplätze" schneller wegfallen, als neue entstehen könnten. Bei der Einschätzung der wirtschaftlichen Aussichten in Ostdeutschland wurden frühzeitig durchaus realistische Szenarien öffentlich diskutiert. In dem Zusammenhang tauchte der

Analogieschluss zu Süditalien auf, den als Erster der Staatssekretär im Ost-Berliner Wirtschaftsministerium, Martin Dube (parteilos), in einem Interview zog.[13] Doch erst, nachdem sich 1991 die Betriebsschließungen immer mehr gehäuft hatten und die dabei entstandene Massenarbeitslosigkeit durch Vorruhestand und Kurzarbeit nicht hatte gestoppt werden können, setzte sich in Zeitungsartikeln das Bild von abgehängten Regionen in Ostdeutschland durch, die offenbar Parallelen zu pauperisierten ländlichen Regionen in Italien aufwiesen.[14] Ostdeutschland drohte sich demnach zum deutschen Mezzogiorno zu entwickeln.[15]

In der Berichterstattung der Printmedien dominierte zwar im Laufe der Zeit immer mehr das Narrativ einer Deindustrialisierung und damit einer Niedergangsgeschichte. Neben vereinzelten Beispielen über erfolgreich abgeschlossene Privatisierungen finden sich aber auch Zeitungsartikel, in denen die Eigeninitiative der Betroffenen thematisiert und gewürdigt wird. Konkret ging es etwa um die Gründung von Arbeitsloseninitiativen, die eine entsprechende Struktur erst selbst aufbauen mussten, in der Regel auf ehrenamtlicher Basis.[16] In Ostdeutschland bildeten sich zunächst auf Bezirks-, später dann auf Landesebene Arbeitslosenverbände, deren Gründung in Thüringen vom Deutschen Gewerkschaftsbund[17] und in Sachsen von der Gewerkschaft Erziehung und Wissenschaft[18] unterstützt wurde. Zu den selbst gesteckten Zielen gehörten die Beratung von Betroffenen, die Vermittlung bei Umschulungen und Arbeitsbeschaffungsmaßnahmen sowie die organisatorische Unterstützung von Selbsthilfegruppen. Die Mitarbeit in Arbeitsloseninitiativen kann auch als eine Form von Selbstermächtigung beziehungsweise Selbstdemokratisierung verstanden werden, denn Selbsthilfegruppen dieser Art hat es in der DDR erst ab März 1990 gegeben. Inwiefern es dabei nicht nur zu einer Übernahme, sondern auch Aneignung und Neuprägung westdeutscher Vorbilder kam, müsste noch sehr viel eingehender untersucht werden. Darüber hinaus artikulierte sich rasch sozialer Protest. Neben spontanen Streiks und betrieblichen Arbeitsniederlegungen bildeten sich im Sommer 1992 „Komitees für Gerechtigkeit“, zunächst in Dresden und Berlin. Zu den Initiatoren gehörten Vertreter von PDS und Bündnis 90, aber auch der CDU (zum Beispiel Peter-Michael Diestel).[19]

Auffallend ist, dass Kommentatoren auf die zunehmende Mobilität auf dem gesamtdeutschen Arbeitsmarkt, der sich schon vor dem 3. Oktober 1990 herausgebildet hatte, und auf Verwerfungen des ostdeutschen Teilarbeitsmarktes hinwiesen. Aufgrund der pessimistischen Wirtschaftsprognosen für Ostdeutschland wurde in mehreren Zeitungsartikeln eine „Massenflucht neuer Art" in den Westen konstatiert[20], die auch noch von westdeutschen Unternehmern gezielt ausgenutzt werde.[21] Nach Angaben des Arbeitsministers von Nordrhein-Westfalen, Hermann Heinemann (SPD), hatte die Gewerbeaufsicht des Landes bereits im September 1990 in Dutzenden von Fällen illegale Leiharbeit mit Arbeitern aus der noch bestehenden DDR auf Großbaustellen festgestellt. Zu den ersten Verlierern auf dem Arbeitsmarkt gehörten – so das übereinstimmende Urteil in vielen Zeitungen – Frauen[22] und Ausländer.[23] Damit einhergehend gab es bereits Anfang Oktober verstärkt Hinweise auf „Ausländerhass" und „Angst unter den Gastarbeitern".[24]

In der westdeutschen Presse wurden zwar die ostdeutschen Arbeitsmarktprobleme frühzeitig erkannt. Auffallend ist jedoch, dass in vielen Zeitungsartikeln kaum Verständnis für die Besonderheiten der untergehenden sozialistischen Arbeitswelt vorhanden war – angesichts der jahrzehntelangen Teilung des Landes vielleicht auch nicht vorhanden sein konnte. Denn mit den im Spätsommer 1990 einsetzenden Betriebsschließungen gingen nicht nur sicher geglaubte Arbeitsplätze verloren, sondern auch die sozialpolitische Rundumversorgung der DDR, die sehr stark an die volkseigenen Betriebe gekoppelt war. Auf diese Weise waren den Beschäftigten in der DDR über vierzig Jahre lang Plätze in Kitas, Ferienheimen, Feierabend- und Pflegeheimen angeboten worden. Mit dem Übergang von der Plan- zur Marktwirtschaft fielen diese sozialpolitischen, DDR-spezifischen Angebote ersatzlos weg. Diese Verlusterfahrung erhöhte wiederum den Anpassungsdruck für die ostdeutsche Bevölkerung. Obwohl in der westdeutschen Presse die Schwierigkeiten Ostdeutschlands beim Übergang von der Plan- zur Marktwirtschaft durchaus ernst genommen wurden, wiesen manche Beobachter auf die angeblich zu laxe Arbeitseinstellung der Ostdeutschen hin, die sich ändern müsse: „Kaffeepausen von einer Stunde oder mehr gehören ebenso der Vergangenheit an wie der eine oder andere ‚blaue Tag' in der Woche."[25]

Zur Kommunikations- und Privatisierungsstrategie der sächsischen Staatsregierung

Am Anfang war die Arbeitslosigkeit. Mit diesem plakativen Satz könnte eine Analyse der Arbeitsmarktpolitik nicht nur in Sachsen beginnen. Denn erst nach der Landtagswahl am 14. Oktober 1990, bei der die CDU mit ihrem Spitzenkandidaten Kurt Biedenkopf die absolute Mehrheit errungen hatte, konnte der Aufbau einer Landesarbeitsverwaltung erfolgen. Der Landtagswahlkampf war ganz auf Biedenkopf zugeschnitten und lehnte sich an ein geflügeltes Wort von Bundeskanzler Helmut Kohl (CDU) eng an („für ein blühendes Sachsen“[26]). In seiner ersten Regierungserklärung ging der frisch gewählte Ministerpräsident vor den versammelten Landtagsabgeordneten unter anderem auf die wirtschaftlichen Herausforderungen ein, die Sachsen zu bewältigen habe. Dabei versuchte Biedenkopf, Optimismus zu verbreiten: Sachsen sei schließlich ein „starkes [...] und ein reiches Land“.[27] Bereits in wenigen Jahren werde es möglich sein, „den Anschluss an die Entwicklung des Westens unseres Vaterlandes zu sichern“. Biedenkopf, der zwar die wirtschaftspolitischen Aussagen Kohls oftmals nicht teilte und frühzeitig Steuererhöhungen zum Wirtschaftsaufbau in Ostdeutschland ins Gespräch gebracht hatte, rechnete innerhalb eines Zeitraums von zwei Jahren mit einem Wirtschaftsaufschwung in Sachsen.[28] An dieser Einschätzung hielt Biedenkopf in der Folgezeit zunächst noch fest.[29]

In der ersten Regierungserklärung des Ministerpräsidenten nahm die Zusammenarbeit mit der Treuhandanstalt einen breiten Raum ein. So kritisierte Biedenkopf die Organisationsstruktur der Behörde und verlangte, bei der „Reprivatisierung und Neuordnung der Wirtschaft“ die ostdeutschen Länder einzubeziehen. Dazu kündigte er die Bildung eines Treuhandkabinetts an.[30] Anfang Dezember 1990 übten die Regierungschefs der ostdeutschen Bundesländer und Berlins den Schulterschluss. Sie verlangten von der Treuhandanstalt, „die Länder in allen wesentlichen Fragen und Einzelentscheidungen rechtzeitig zu unterrichten, die die Interessen eines oder mehrerer Länder berühren“. Den Ländern müsse Gelegenheit gegeben werden, „landesspezifische Gesichtspunkte in die Entscheidungen einzubringen“.[31]

Die Umstrukturierung der Treuhandanstalt, die Detlev Karsten Rohwedder nach seiner Berufung zum Präsidenten in Angriff genommen hatte, vollzog sich also vor dem Hintergrund des öffentlich ausgetragenen Konflikts zwischen der Behörde und den neu gebildeten Landesregierungen in Ostdeutschland. Dabei ging es um grundlegende staats- und verfassungsrechtliche Fragen, die das Zusammenspiel zwischen Bund und Ländern betrafen. In diesem Punkt erhielten die ostdeutschen von den westdeutschen Bundesländern sofort Unterstützung. So bat der Vorsitzende der Wirtschaftsministerkonferenz, August R. Lang (CSU), seinen Parteifreund Theo Waigel als „fach- und rechtsaufsichtlich" zuständigen Minister, die Treuhandanstalt „schnellstmöglich auf deren ureigenste Aufgabe zurückzuführen" und die unternehmerische Tätigkeit der Behörde „so rasch und so weit wie möglich zu begrenzen".[32] Dahinter stand die Befürchtung, die Treuhandanstalt würde regionale und sektorale Strukturpolitik sowie eine unmittelbare Wirtschaftsförderung zulasten der Länder betreiben.

Von den ostdeutschen Ministerpräsidenten führte vor allem Biedenkopf die Auseinandersetzung mit Rohwedder öffentlich in den Medien. In einem Zeitungsinterview antwortete er auf die Feststellung, er habe doch unlängst Frieden gemacht mit der Treuhandanstalt und ihrem Präsidenten: „Sagen wir: Waffenstillstand."[33] Dabei vermittelte er den irrtümlichen Eindruck, der Verwaltungsrat, in dem zukünftig auch die ostdeutschen Ministerpräsidenten sitzen sollten, sei „der eigentliche Ort der Entscheidung". Zwei Wochen zuvor hatte die Tageszeitung „Die Welt" gemeldet, Biedenkopf und Rohwedder hätten ihren Streit über die Kompetenzverteilung bei der Privatisierung von Treuhandunternehmen beigelegt.[34] Der Burgfrieden hielt jedoch nicht lange: So meldete „Der Spiegel", die sächsische Landesregierung wolle sich von der Treuhandanstalt abkoppeln und ein eigenes Gremium bilden, das über die Sanierung oder Stilllegung von Betrieben entscheiden sollte.[35] Das Nachrichtenmagazin wies allerdings auch darauf hin, dass Wirtschaftsminister Schommer dafür keine Eigenmittel des Landes zur Verfügung habe und auf finanzielle Unterstützung aus Brüssel und Bonn hoffe.

Kurz nach der Regierungsbildung in Sachsen verbreitete Wirtschaftsminister Schommer Zweckoptimismus: Schon am Ende der ersten Legislaturperiode werde Sachsen unter den fünf ostdeutschen Bundesländern „das erste und das Beste sein" und von Anfang an die niedrigste Arbeitslosenquote haben.[36] Der Freistaat werde bereits in Kürze prosperieren: „Die Kessel sind angeheizt, nun müssen wir nachlegen, und dann donnern wir los."[37] Damit ließ Schommer von Anfang an keinen Zweifel am bevorstehenden Erfolg des Wirtschaftsaufbaus in Sachsen, der im Vergleich zu den anderen ostdeutschen Bundesländern auch noch am stärksten ausfallen werde. In dem Kontext kreierte der sächsische Wirtschaftsminister mit „Sachstum" sogar eine eigene Wortschöpfung, um die wirtschaftliche Ausnahmestellung des Freistaates zu unterstreichen.[38] Dahinter stand die Vorstellung, „die Sicherung und Steigerung von Wohlstand unter Beachtung sozialer Gerechtigkeit und ökologischer Verträglichkeit" als Markenzeichen sächsischer Wirtschaftspolitik zu verkaufen. Die Staatsregierung in Dresden verfolgte also frühzeitig das Ziel, Sachsen als ökonomisches Musterland zu vermarkten. In den Medien entstand rasch das Bild, die Sachsen seien „die neuen Schwaben".[39] Auch in der ausländischen Presse wurde Sachsen und seinem Ministerpräsidenten eine Ausnahmestellung attestiert.[40]

Die öffentliche Selbstdarstellung der sächsischen Landesregierung lässt sich als Imagepolitik beschreiben.[41] Sie verfolgte im Wesentlichen drei Ziele. Es ging erstens darum, in der Bevölkerung Zuversicht zu verbreiten und Vertrauen zu den neu geschaffenen Organen des Landes zu schaffen. Dazu grenzte sich die Staatsregierung einerseits von der Treuhandanstalt in Berlin ab und forderte eine Stärkung der Länderkompetenzen. Biedenkopf und Schommer prophezeiten andererseits eine wirtschaftliche Aufwärtsentwicklung innerhalb von ein bis zwei Jahren. Damit weckten sie entsprechende Erwartungen. Es ging zweitens darum, die Stellung Sachsens gegenüber dem Bund zu stärken. Die Landesregierung positionierte sich für die Auseinandersetzung um die künftige Rolle der Treuhandanstalt im föderativen Gefüge der Bundesrepublik.[42] Neben dem institutionellen gab es aber auch einen finanziellen Aspekt, denn es musste eine Antwort auf die Frage gefunden werden, wie die finanziellen Lasten der deutschen Einheit zwischen dem Bund und den Ländern zu verteilen waren. Da die ostdeutschen Länder anfangs über keine großen Steuereinnahmen verfügten, befanden sie sich gegenüber der Bundesregierung rasch in der Rolle eines Bittstellers. Diese Debatte setzte mit der Errichtung der ostdeutschen Landesregierungen im Herbst 1990 massiv ein und war im Frühjahr 1991 noch nicht abgeschlossen.

Es ging drittens darum, in- und ausländische Investoren für Sachsen zu gewinnen.[43] Das entsprach dem wirtschaftspolitischen Leitbild von Biedenkopf und Schommer, denn der Staat sollte ihrer Meinung nach nicht selbst unternehmerisch tätig werden. Stattdessen startete die sächsische Staatsregierung mehrere Initiativen, um finanzstarke Investoren anzuwerben. Dabei suchte die sächsische Staatsregierung, die eine aktive Mitarbeit des Landes in den Beteiligungsgesellschaften aus ordnungspolitischen Erwägungen heraus grundsätzlich ablehnte, eine „privatwirtschaftliche Alternative"[44] zur Sanierung bestehender Unternehmen. Ungefähr im Sommer 1991 entstanden erste Überlegungen für einen sogenannten Sachsenfonds zur Förderung der mittelständischen Wirtschaft. Die Landesregierung in Dresden plante ursprünglich die Gründung eines Investmentfonds mit einem Stammkapital von 500 Millionen DM, das von Banken, Versicherungen, Industrie und vom Handel zur Verfügung gestellt werden sollte.[45] Mithilfe des Fonds war vorgesehen, sächsische Treuhandunternehmen von der Berliner Behörde zu übernehmen, zu sanieren und später mit Gewinn wieder zu verkaufen. Die Anteilszeichner sollten dabei von der erhofften Wertsteigerung profitieren. Karl Schirner, ehemaliges Mitglied des Treuhandvorstands, wurde zeitweilig als aussichtsreicher Kandidat für die Geschäftsführung gehandelt, stand jedoch schon bald für den Posten nicht mehr zur Verfügung.[46] Doch die Banken vereitelten das Prestigeprojekt Biedenkopfs: Nachdem die Deutsche Bank von Anfang an kein Interesse an dem Fonds gezeigt hatte, zog sich die Commerzbank, die bei der Gründung des Sachsenfonds die Federführung übernommen hatte, im Sommer 1992 endgültig aus dem Projekt zurück. Der geplante Kapitalstock konnte nicht aufgebracht werden. Ein Sprecher des Bankhauses begründete den Rückzug mit dem Hinweis, „die deutsche Industrie und der Handel hätten ihr Desinteresse an einer solchen Beteiligung ausgedrückt, da sie zumeist direkt in den neuen Ländern investierten".[47] Doch die Rolle der bundesdeutschen Geschäftsbanken bei der Transformation der ostdeutschen Wirtschaft ist ein anderes Thema.

Fazit

Die mediale Berichterstattung über Massenarbeitslosigkeit in Ostdeutschland, die bereits im Frühsommer 1990 einsetzte, verweist auf eine Transformation vor der Transformation. Bereits vor der Einführung der D-Mark in der DDR am 1. Juli 1990 begannen offenbar Strukturveränderungen auf dem ostdeutschen Arbeitsmarkt, die in der Folgezeit an Dynamik gewinnen sollten. So wurden frühzeitig in ost- und westdeutschen Zeitungen sowohl das Ansteigen der Erwerbslosenzahlen und insbesondere der Frauenarbeitslosigkeit als auch zunehmende Fremdenfeindlichkeit thematisiert. Doch der Blick der westdeutschen Presse blieb weitgehend auf den Verlust der Arbeitsplätze konzentriert; dagegen wurde das mit den Betriebsschließungen verbundene Wegbrechen der betriebszentrierten Sozialpolitik nicht zur Kenntnis genommen. Darüber hinaus fällt im Herbst 1990 bei vielen west- und ostdeutschen Funktionsträgern in Politik und Wirtschaft das Verschweigen der ökonomischen Folgelasten der deutschen Einheit auf, als sich der rasante Niedergang der ostdeutschen Wirtschaft bereits deutlich abzeichnete.

Die Imagepolitik der sächsischen Staatsregierung beabsichtigte, die Eigenständigkeit und das Selbstbewusstsein des neu gegründeten ostdeutschen Bundeslandes zu untermauern. Dabei ging es Ministerpräsident Biedenkopf nicht nur darum, einerseits bei der Privatisierung sächsischer Betriebe beteiligt zu werden und andererseits eine günstige Ausgangsposition für die öffentliche Debatte über die Lastenverteilung der deutschen Einheit gegenüber der Bundesregierung zu gewinnen. Der Verweis auf die historische Vergangenheit Sachsens bis zu August dem Starken und auf die Rolle Sachsens als Industrieland seit dem Ende des 19. Jahrhunderts hatte auch eine identitätsstiftende Funktion. Nach dem Untergang der DDR knüpfte Biedenkopf schon in seiner ersten Regierungserklärung ganz bewusst an diese positiven Traditionsbestände vor 1933 an und wollte damit offenbar einen Beitrag zur Bildung einer sächsischen Identität im vereinten Deutschland leisten.

Anmerkungen

1 Christus kam bis Eboli – und Biedenkopf nur bis Dresden, in: Frankfurter Rundschau, 7. 5. 1991.
2 Vgl. Carlo Levi, Christus kam nur bis Eboli, Zürich 1947 (italienische Erstauflage Turin 1945).
3 Vgl. Zahlen hüben und drüben, in: Neue Ruhr Zeitung Essen, 7. 6. 1990.
4 Vgl. Arbeitslosigkeit weiter gesunken, in: Frankfurter Allgemeine Zeitung, 5. 7. 1990.
5 Thüringisches Hauptstaatsarchiv (ThHStA), 6-71-0001, Agentur für Arbeit Erfurt, Nr. 2055, Bl. 1 f., Anzeige über Arbeitsausfall der Keramikwerkstatt F. U. Schmidt (Erfurt) an den Direktor des Arbeitsamtes Erfurt vom 30. 6. 1990; ebd., Bl. 27, F. U. Schmidt am 19. 12. 1990 an Arbeitsamt Erfurt.
6 Vgl. Problem verlagert, in: Bremer Nachrichten, 7. 6. 1990.
7 Arbeitslose ’90 – im Schnitt unter zwei Millionen, in: Welt am Sonntag, 8. 7. 1990.
8 Arbeitslose in der DDR werden positive Überraschung erleben, in: KANN, 21. 9. 1990.
9 West-Ost-Gefälle, in: Westfälische Rundschau, 7. 11. 1990.
10 Geteilter Arbeitsmarkt, in: Berliner Morgenpost, 7. 11. 1990.
11 Gespaltener Arbeitsmarkt, in: Süddeutsche Zeitung, 6. 12. 1990. Vgl. Wolfgang Klauder/Gerhard Kühlewind, Arbeitsmarkttendenzen und Arbeitsmarktpolitik in den neunziger Jahren, in: Aus Politik und Zeitgeschichte (1991), 34/35, S. 3–13, hier S. 4.
12 Geteilter Arbeitsmarkt, in: Berliner Morgenpost, 7. 11. 1990.
13 Vgl. Dann wäre hier Süditalien, in: Der Spiegel, 24. 9. 1990.
14 Vgl. Deutschlands Osten – ein armer Süden?, in: Der Tagesspiegel, 9. 2. 1992.
15 Vgl. Demonstration in Leipzig für „Soziale Einheit“, in: Der Morgen, 27. 2. 1991; „Mauern niederreißen“, in: Wirtschaftswoche, 27. 9. 1991.
16 Vgl. Von Arbeitslosen für Arbeitslose. Fragen an Peter Bauer, Vorsitzender der Arbeitsloseninitiative Thüringen e. V., in: Tribüne, 19. 11. 1990.
17 Vgl. „Schnupper-Kurse“ für Arbeitslose. Was will die Arbeitsloseninitiative Thüringen?, in: Thüringer Allgemeine, 8. 10. 1990.
18 Interview mit Rüdiger Mikeska am 8. 11. 2018 in Dresden. Mikeska war Vorsitzender des Landesarbeitslosenverbandes Sachsen und später stellvertretender Bundesvorsitzender.
19 Vgl. Frust lag in der Luft. Gerechtigkeitskomitee in Dresden konstituiert, in: Neue Zeit, 20. 7. 1992; Erste Komitees in Dresden und Berlin. Ost-Sammlungsbewegung kommt ins Laufen, in: Neues Deutschland, 20. 7. 1992.
20 Vgl. Die neue Massenflucht. Monatlich ziehen 10 000 Bürger der DDR in die Bundesrepublik, in: Hamburger Abendblatt, 26. 9. 1990; Leiharbeiter aus der DDR unterwegs, in: Volksblatt Berlin, 26. 9. 1990.
21 Vgl. DDR-Leiharbeiter als Billigkräfte in der BRD, in: Die Tageszeitung, 26. 9. 1990.

22 Vgl. Frauen am „sozialen Abgrund“, in: Frankfurter Rundschau, 26. 10. 1990; Frauenarbeitslosigkeit steigt überproportional, in: Handelsblatt, 19. 9. 1990.

23 Vgl. Erst gefeiert, jetzt gefeuert. Ausländer in der Ex-DDR sind Opfer der Einheit, in: Augsburger Allgemeine, 26. 10. 1990; 85 000 Ausländer müssen DDR verlassen, in: Süddeutsche Zeitung, 21. 9. 1990.

24 Die politische Freiheit gibt auch dem Ausländerhass Raum, in: Stuttgarter Zeitung, 10. 10. 1990. Das Nachrichtenmagazin „Der Spiegel“ konstatierte bereits am 2. 4. 1990 den Ausbruch von Rassismus und Ausländerfeindlichkeit in Ostdeutschland. Vgl. Ulrich Herbert, Geschichte Deutschlands im 20. Jahrhundert, München 2014, S. 1173.

25 Nur eine Sommerpause?, in: Neue Osnabrücker Zeitung, 5. 7. 1990.

26 Biedenkopf sprach sich dafür aus, „die Kohl'sche Formel nicht statisch [...], sondern dynamisch zu wenden: Es beginnt zu blühen“, in: Kurt H. Biedenkopf, Ringen um die innere Einheit. Aus meinem Tagebuch August 1992 bis September 1994, München 2015, S. 402 f. [Eintrag zum 19. 3. 1994].

27 Regierungserklärung Biedenkopfs vom 8. 11. 1990, in: Sächsischer Landtag, 1. Wahlperiode, 2. Sitzung, S. 52–65, hier S. 65 [17. 10. 2018].

28 Kurt H. Biedenkopf, Von Bonn nach Dresden. Aus meinem Tagebuch Juni 1989 bis November 1990, München 2015, S. 378 [Eintrag zum 14. 10. 1990].

29 Vgl. Kurt Biedenkopf, Erste Schritte in Richtung einheitlicher Lebensverhältnisse, in: Neue Zeit, 9. 3. 1991.

30 Vgl. Regierungserklärung Biedenkopfs vom 8. 11. 1990, in: Sächsischer Landtag, 1. Wahlperiode, 2. Sitzung, S. 52–65, hier S. 60.

31 Gemeinsame Pressemitteilung der Regierungschefs der neuen Bundesländer und Berlins vom 3. 12. 1990, in: Treuhandanstalt (Hrsg.), Dokumentation 1990–1994, Bd. 9, Berlin 1994, S. 838.

32 Bundesarchiv (BArch) Berlin, B 412/3696, Schreiben August R. Lang vom 4. 10. 1990 an Theo Waigel, S. 5.

33 Wir können Deutschland nicht wieder teilen, in: Neue Zeit, 31. 1. 1991.

34 Vgl. Biedenkopf und Rohwedder einigen sich, in: Die Welt, 14. 1. 1991.

35 Vgl. Sachsen kontra Treuhand, in: Der Spiegel, 7. 9. 1992.

36 Wir wollen die Ersten und die Besten sein!, in: Hamburger Abendblatt, 12. 11. 1990.

37 Nun müssen wir nachlegen, und dann donnern wir los, in: Die Welt, 13. 11. 1990.

38 Problem verlagert, in: Bremer Nachrichten, 7. 6. 1990.

39 Die neuen Schwaben, in: Wirtschaftswoche, 6. 9. 1991.

40 Vgl. The star of the east, in: The Economist, 14. 9. 1991. Darin wurde Biedenkopf als “King of Saxony” bezeichnet.

41 Vgl. dazu Daniela Münkel/Lu Seegers, Einleitung: Medien und Imagepolitik im 20. Jahrhundert, in: Daniela Münkel/Lu Seegers (Hrsg.), Medien und Imagepolitik im 20. Jahrhundert. Deutschland, Europa, USA, Frankfurt a. M. 2008, S. 9–20.

42 Vgl. grundsätzlich dazu Wolfgang Seibel, Verwaltete Illusionen. Die Privatisierung der DDR-Wirtschaft durch die Treuhandanstalt und ihre Nachfolger 1990–2000, Frankfurt a. M. 2005.

43 Im Spätsommer 1991 erschien eine Werbebroschüre über Sachsen („Das größte Infrastrukturprogramm in der europäischen Wirtschaftsgeschichte macht aus Sachsen das Japan Europas"), die in fünf Sprachen erschien. Vgl. Blick durch die Wirtschaft, 20. 9. 1991.

44 Kurt H. Biedenkopf, Ein neues Land entsteht. Aus meinem Tagebuch November 1990 bis August 1992, München 2015, S. 438 [Eintrag zum 1. 6. 1992].

45 Vgl. Sachsenfonds wird nicht gegründet, in: Neue Zeit, 18. 7. 1992.

46 Vgl. Sachsen will das Projekt Sachsenfonds noch nicht aufgeben, in: Frankfurter Allgemeine Zeitung, 22. 8. 1992.

47 Sachsenfonds wird nicht gegründet, in: Neue Zeit, 18. 7. 1992.

48 „Wir bringen zunächst das Wichtigste ein, was wir haben, nämlich uns selbst. Unser Land mit seinen Menschen, unsere Geschichte, unseren Unternehmungsgeist, unsere Phantasie, unseren Witz, aber auch unsere reiche Kultur- und Industrietradition des Freistaates Sachsen." Regierungserklärung Biedenkopfs vom 8. 11. 1990, in: Sächsischer Landtag, 1. Wahlperiode, 2. Sitzung, S. 52–65, hier S. 57 [17. 10. 2018]. Zur Identitätsstiftung durch ost- und westdeutsche Tageszeitungen: Horst Pöttker, Fortschreibung alter Identitäten. Fremd- und Selbstbilder in der Presse des vereinten Deutschland, in: Michael Haller/Klaus Puder/Jochen Schlevoigt (Hrsg.), Presse Ost – Presse West. Journalismus im vereinten Deutschland, Berlin 1995, S. 235–244.

Abkürzungen

AEG	Allgemeine Electricitäts-Gesellschaft
AG	Aktiengesellschaft
AWD	Arzneimittelwerk Dresden
AWE	Automobilwerk Eisenach
BArch	Bundesarchiv
BDI	Bundesverband der Deutschen Industrie
Betriebsarchiv AWE	Betriebsarchiv Automobilwerk Eisenach
BKAmt	Bundeskanzleramt
BLHA	Brandenburgisches Landeshauptarchiv
BMF	Bundesministerium für Finanzen
BMW	Bayerische Motoren Werke
BMWi	Bundesministerium für Wirtschaft
BPI	Bundesverband der Pharmaindustrie
BvS	Bundesanstalt für vereinigungsbedingte Sonderaufgaben
CDU	Christlich Demokratische Union Deutschlands
ČKD	Českomoravská Kolben-Daněk
CSU	Christlich-Soziale Union in Bayern
CZA	Carl Zeiss Archiv Jena
DEMAG	Deutsche Maschinenbau-Aktiengesellschaft
DIHT	Deutscher Industrie- und Handelstag
DKB	Deutsche Kreditbank
DM	Deutsche Mark
DTG	Deutsche Treuhand Gesellschaft
EG	Europäische Gemeinschaft
EKO	Eisenhüttenkombinat Ost
EU	Europäische Union
FDP	Freie Demokratische Partei
FIBOR	Frankfurt Interbank Offered Rate
GmbH	Gesellschaft mit beschränkter Haftung
GMP	Good Manufacturung Practice

IBM	International Business Machines Corperation
IDT	Integrated Device Technology, Inc.
IG	Industriegewerkschaft
IHKn	Industrie- und Handelskammern
KG	Kommanditgesellschaft
KPMG	Klynveld Peat Marwick Goerdeler
LATh – HstA Weimar	Landesarchiv Thüringen – Hauptstaatsarchiv Weimar
LIAZ	Liberecké automobilové závody
OT-Verband	Verband ohne Tarifbindung
PA-DBT	Parlamentsarchiv des Deutschen Bundestags
PCT	PCT Pharmaintra GmbH
Pkw	Personenkraftwagen
RGW	Rat für gegenseitige Wirtschaftshilfe
SBZ	Sowjetische Besatzungszone
SchA	Schering Archiv/Bayer AG, Berlin
SED	Sozialistische Einheitspartei Deutschlands
SKET	Schwermaschinenbau-Kombinat „Ernst Thälmann“ (Magdeburg)
S-M-Öfen	Siemens-Martin-Öfen
S-M-Verfahren	Siemens-Martin-Verfahren
SPD	Sozialdemokratische Partei Deutschlands
SPK	Staatliche Plankommission
THA	Treuhandanstalt
ThHStA	Thüringisches Hauptstaatsarchiv
UdSSR	Union der Sozialistischen Sowjetrepubliken
US	United States
UTE	Umformtechnik Erfurt
VEB	Volkseigener Betrieb
VW	Volkswagen
ZMD	Zentrum Mikroelektronik Dresden

Autorinnen und Autoren

Dr. Marcus Böick, Akademischer Rat a. Z. am Lehrstuhl für Zeitgeschichte an der Ruhr-Universität Bochum.

Jessica Elsner, M. A., Doktorandin am Zentrum für Zeithistorische Forschung Potsdam und Stipendiatin der Hans-Böckler-Stiftung im Graduiertenkolleg „Soziale Folgen des Wandels in der Arbeitswelt in der zweiten Hälfte des 20. Jahrhunderts".

Dr. Katja Fuder, Referentin im Bundesministerium für Wirtschaft und Energie.

Dr. Gerhard Heimpold, wissenschaftlicher Mitarbeiter und stellvertretender Leiter der Abteilung Strukturwandel und Produktivität am Leibniz-Institut für Wirtschaftsforschung Halle (IWH).

Dr. Dierk Hoffmann, stellvertretender Leiter der Abteilung Berlin des Instituts für Zeitgeschichte München–Berlin und apl. Professor für Neuere und Neueste Geschichte an der Universität Potsdam.

Dr. Rainer Karlsch, wissenschaftlicher Mitarbeiter am Institut für Zeitgeschichte München–Berlin.

Wolf-Rüdiger Knoll, M. A., wissenschaftlicher Mitarbeiter und Doktorand am Institut für Zeitgeschichte München–Berlin.

Dr. Andreas Malycha, wissenschaftlicher Mitarbeiter am Institut für Zeitgeschichte München–Berlin.

Dr. Jann Müller, wissenschaftlicher Mitarbeiter am Deutschen Institut für Erwachsenenbildung in Bonn.

Dr. Eva Schäffler, wissenschaftliche Mitarbeiterin am Institut für Zeitgeschichte München–Berlin.

Dr. André Steiner, Projektleiter am Leibniz-Zentrum für Zeithistorische Forschung Potsdam und apl. Professor für Wirtschafts- und Sozialgeschichte an der Universität Potsdam.

Dr. Max Trecker, wissenschaftlicher Mitarbeiter am Leibniz-Institut für Geschichte und Kultur des östlichen Europa in Leipzig.